村集体经济组织会计基础与实务

宋庄云　张　昕　编著

中国矿业大学出版社

图书在版编目(CIP)数据

村集体经济组织会计基础与实务/宋庄云，张昕编著. —徐州：中国矿业大学出版社，2016.12(2020.7 重印)

ISBN 978-7-5646-3367-7

Ⅰ. ①村… Ⅱ. ①宋… ②张… Ⅲ. ①农业合作组织—农业会计—基本知识 Ⅳ. ①F302.6

中国版本图书馆 CIP 数据核字(2016)第 298968 号

书　　名	村集体经济组织会计基础与实务
编　　著	宋庄云　张　昕
责任编辑	李　敬　郭　玉
出版发行	中国矿业大学出版社有限责任公司 (江苏省徐州市解放南路　邮编 221008)
营销热线	(0516)83884103　83885105
出版服务	(0516)83995789　83884920
网　　址	http://www.cumtp.com　**E-mail**：cumtpvip@cumtp.com
印　　刷	江苏淮阴新华印务有限公司
开　　本	787 mm×1092 mm　1/16　**印张** 13.75　**字数** 344 千字
版次印次	2016 年 12 月第 1 版　2020 年 7 月第 2 次印刷
定　　价	30.00 元

(图书出现印装质量问题，本社负责调换)

前　言

随着新农村建设、全面建成小康社会等重大战略措施的全面实施和集体经济的快速发展，农村的集体存量资产日益增长，农村财务管理成为广大农民群众普遍关心的热点问题。而作为农村财务工作的执行者——农村财会人员起着举足轻重的作用，其素质高低、工作状况好坏直接影响农村财务管理水平。因此，如何做好农村财会工作，规范农村财务管理，保障农村集体资产的安全运行，是摆在各级财政部门面前的一个重要课题。

当前农村是以行政村作为一级独立核算单位，其集体资产属于全体村民所有，村民委员会受全体村民的委托进行管理。为了管理好财务，各镇（乡）都为村民委员会配备了代理会计人员，建立了一系列财务管理制度，在一定时期起到了一定作用。但近年来，随着农村综合改革的深入推进和各项惠农支农政策力度的不断加大，国家财政和政府部门将大量资金和物质投放农村，加上农村经济的快速发展，村级财政掌控资产越来越多，如何管好、用好集体资产，提高资金使用效率，已成为广大农民群众关注的热点和焦点。这对农村财务管理工作也提出了更高的要求。农村会计在高效实施农业发展项目，防止集体资产流失，促进农村集体经济健康发展，维护农民群众的根本利益，化解农村矛盾，促进社会主义新农村建设、全面建成小康社会等方面发挥着十分重要的作用。

本书以财政部发布的《村集体经济组织会计制度》为主要依据，分别从村集体经济组织会计核算原理、基本经济业务核算、会计工作流程、会计实务操作、财务分析与审计、村务财务公开与民主管理等方面介绍了农村会计核算方法和技巧、财务管理和民主管理，对于有志于学习农村会计专业知识、管理知识的人员具有系统的指导作用。

本书由徐州市农业干部学校宋庄云、徐州市委农工办张昕合作完成。在本书编著过程中，吴雨龙同志给予了精心指导并提出修改意见和建议；本书吸收了大量已有研究成果,得到徐州市委农工办、徐州市农业干部学校等单位大力支持,在此一并表示感谢。受研究水平、调研程度等方面所限,本书还有诸多不足之处,恳请大家批评指正。

宋庄云　张　昕

2016年11月

目　录

第一篇　会计入门知识

第二篇　村集体经济组织的会计基本经济业务核算

第三篇　会计工作流程

第一篇　会计入门知识

本部分以会计最基础知识为主，具体介绍会计、会计机构和人员、会计要素和等式、会计科目和账户、复式记账与借贷记账法等内容，其中重点和难点是复式记账与借贷记账法。领会、掌握本部分知识，我们将踏入会计之门。

第一章 会计入门

第一节 认识会计

一、会计的产生和发展

（一）会计的产生

1. 中式会计

会计在中国有着悠久的历史，据史籍记载，早在西周时代就设有专门核算官方财赋收支的官职——司会，并对财物收支采取了“月计岁会”（零星算之为计，总合算之为会）的方法。在西汉还出现了名为“计簿”或“簿书”的账册，用以登记会计事项。以后各朝代都设有官吏管理钱粮、赋税和财物的收支。宋代官厅中，办理钱粮报销或移交，要编造“四柱清册”，通过“旧管（期初结存）＋新收（本期收入）＝开除（本期支出）＋实在（期末结存）”的平衡公式进行结账，结算本期财产物资增减变化及其结果。这是中国会计学科发展过程中的一个重大成就。明末清初，随着手工业和商业的发展，出现了以四柱为基础的“龙门账”，它把全部账目划分为“进”（各项收入）、“缴”（各项支出）、“存”（各项资产）、“该”（各项负债）四大类，运用“进－缴＝存－该”的平衡公式进行核算，设总账进行“分类记录”，并编制“进缴表”（即利润表）和“存该表”（即资产负债表），实行双轨计算盈亏，在两表上计算得出的盈亏数应当相等，称为“合龙门”，以此核对全部账目的正误。之后，又产生了“四脚账”（也称“天地合账”），这种方法是：对每一笔账项既登记“来账”，又登记“去账”，以反映同一账项的来龙去脉。“四柱清册”、“龙门账”和“四脚账”显示了中国不同历史时期核算收支方式的发展，体现了传统严谨的中式特色。

2. 现代会计

现代会计是商品经济的产物。14、15世纪，欧洲资本主义商品货币经济的迅速发展，促进了会计的发展。其主要标志：一是利用货币计量进行价值核算；二是广泛采用复式记账法，从而形成现代会计的基本特征和发展基石。20世纪以来，特别是第二次世界大战结束后，资本主义的生产社会化程度得到了空前的发展，现代科学技术与经济管理科学的发展突飞猛进。受社会政治、经济和技术环境的影响，传统的财务会计不断充实和完善，财务会计核算工作更加标准化、通用化和规范化。

与此同时，会计学科在20世纪30年代成本会计的基础上，紧密配合现代管理理论和实践的需要，逐步形成了为企业内部经营管理提供信息的管理会计体系，从而使会计工作从传统的事后记账、算账、报账，转为事前的预测与决策、事中的监督与控制、事后的核算与分析。管理会计的产生与发展，是会计发展史上的一次伟大变革，从此，现代会计形成了财务会计和管理会计两大分支。随着现代化生产的迅速发展和经济管理水平的提高，电子计算机技术广泛应用于会计核算，使会计信息的收集、分类、处理、反馈等操作程序摆脱了传统的手工操作，大大地提高了工作效率，实现了会计科学的根本变革。

从不同角度考察会计，可对会计本质得出不同的认识。这些认识可概括为：① 会计是反映和监督物质资料生产过程的一种方法，是管理经济的工具。② 会计是一个收集、处理和输送经济信息的信息系统。③ 会计是通过收集、处理和利用经济信息，对经济活动进行组织、控制、调节和指导，促使人们比较分析，讲求经济效益的一种以价值活动为对象的管理活动。早期的会计包括审计。习惯上，对担任会计工作的专业人员简称为会计，有时把会计作为会计学的同义语。

（二）会计的发展

1. 古代会计阶段

古代会计阶段，从时间上说，就是从旧石器时代的中晚期至封建社会末期的这段漫长的时期。从会计所运用的主要技术方法方面看，主要涉及原始计量记录法、单式账簿法和初创时期的复式记账法等。这个期间的会计所进行的计量、记录、分析等工作一开始是同其他计算工作混合在一起的，经过漫长的发展过程后，才逐步形成一套具有自己特征的方法体系，成为一种独立的管理工作。

2. 近代会计阶段

近代会计阶段的时间跨度标志一般认为应从 1494 年意大利数学家、会计学家卢卡·帕乔利(Luca Pacioli，又译帕西奥里）所著《算术、几何、比及比例概要》一书公开出版开始，直至 20 世纪 40 年代末。此间在会计的方法技术与内容上有两点重大发展，其一是复式记账法的不断完善和推广，其二是成本会计的产生和迅速发展，继而成为会计学中管理会计分支的重要基础。

3. 现代会计阶段

现代会计阶段的时间跨度是自 20 世纪 50 年代开始的。此间会计方法技术和内容的发展有两个重要标志：一是会计核算手段方面质的飞跃，即现代电子技术与会计融合导致的“会计电算化”；二是会计伴随着生产和管理科学的发展而分化为财务会计和管理会计两个分支。1946 年在美国诞生了第一台电子计算机，1953 年便在会计中得到初步应用，其后迅速发展，至 20 世纪 70 年代，发达国家就已经出现了电子计算机软件方面数据库的应用，并建立了电子计算机的全面管理系统。从系统的财务会计中分离出来的“管理会计”这一术语在 1952 年的世界会计学会上获得正式通过。

二、会计的含义和职能

（一）会计的含义

一个学术科目、一个专业或学院课程名称——会计学。

一种会计工作，是办公室文职及至管理工作之一，内容包括制作财务预算、簿记、核数、年结、账目及成本分析报告等。

一个职业职称，分为会计员、初级会计师、中级会计师、高级会计师。

会计是以货币为主要计量单位，以提高经济效益为主要目标，运用专门方法对企业、机关、事业单位和其他组织的经济活动进行全面、综合、连续、系统地核算和监督，提供会计信息，并随着社会经济的日益发展，逐步开展预测、决策、控制和分析的一种管理活动。

会计特点：

(1) 以货币为主要计量单位反映各单位的经济活动。会计核算以货币量度为主、以实物量度及劳动量度为辅，从数量上综合核算各单位的经济活动状况。

(2) 会计以真实、合法的原始凭证为依据。原始凭证是证明经济业务发生或完成的原始记录，它不仅记录着经济业务的过程和结果，也明确了经济责任。会计以真实、合法的原始凭证为依据，能保证会计记录有凭有据、会计信息真实可靠。

(3) 会计运用专门的核算方法，会计核算具有完整性、连续性和系统性。会计在工作实践中逐步形成了一系列专门的核算方法——设置会计科目和账户、复式记账、填制和审核会计凭证、登记账簿、成本计算、财产清查和编制财务报告。

(4) 会计工作是对经济交易或事项进行的确认、计量、记录和报告。

① 确认——通过一定的标准或方法来确定所发生的经济活动是否应该或能够进行会计处理。

② 计量——以货币为计量单位对已确定可以进行会计处理的经济活动确定其应记录的金额。

③ 记录——通过一定的会计专门方法按照上述确定的金额将发生的经济活动在会计特有的载体上进行登记的工作。

④ 报告——通过编制财务报告的形式向有关方面和人员提供会计信息。

(二) 会计的职能

会计的基本职能包括进行会计核算和实施会计监督两个方面。

会计核算职能是指主要运用货币计量形式，通过确认、计量、记录和报告，从数量上连续、系统和完整地反映各个单位的经济活动情况，为加强经济管理和提高经济效益提供会计信息。

会计监督职能是指对特定主体经济活动和相关会计核算的合法性、合理性进行审查。

三、会计的方法

会计的方法是指用来核算和监督会计对象、完成会计任务的手段。会计的方法包括会计核算方法、会计分析方法和会计检查方法。

会计核算方法是对经济活动进行全面、综合、连续、系统的记录和计算，为经营管理提供必要的信息所应用的方法，它是整个会计方法体系的基础。会计核算方法主要包括以下几种：

(1) 设置会计科目和账户，是对会计对象的具体内容进行归类核算和监督的一种方法。

(2) 复式记账，是对任何一笔经济业务都以相等的金额，在两个或两个以上的相关账户中作相互联系的登记，从而能够全面、系统地核算经济业务对各会计要素的影响及其结果。

(3) 填制和审核会计凭证。会计凭证是用来记录经济业务、明确经济业务责任，并据以登记账簿的书面凭证。

(4) 登记账簿，就是根据会计凭证，在账簿上连续、完整、系统地记录经济业务的一种专门方法。

(5) 成本计算，是按一定对象归集各个经营时期发生的费用，从而计算各个对象的总成本和单位成本的一种专门方法。

(6) 财产清查,是指通过对货币资金、实物资产和往来款项的盘点或核对,确定其实存数,查明账存数与实存数是否相符的一种专门方法。

(7) 编制会计报表,是以书面报告的形式,总括地反映企事业单位财务状况、经营成果和现金流量变动情况的一种专门方法。

四、会计基本假设与会计基础

(一) 会计基本假设

会计基本假设包括会计主体、持续经营、会计分期和货币计量四项。

1. 会计主体

会计主体是指会计所服务的特定单位,它明确了会计工作的空间范围。

《村集体经济组织会计制度》规定:"为适应双层经营的需要,村集体经济组织应实行统一核算和分散核算相结合的两级核算体制。凡是作为发包单位的村集体经济组织发生的收支、结算、分配等会计事项都必须按本制度的规定进行核算。村集体经济组织所属的各承包单位实行单独核算,所发生的经济业务不记入村集体经济组织的账内。"

2. 持续经营

会计核算应当以会计主体持续、正常的生产经营活动为前提,而不考虑是否将破产清算。它明确了会计工作的时间范围。

3. 会计分期

经济活动的连续性决定了会计活动是连续不断的,如何将连续的经济活动以阶段成果形式反映出来,及时地为单位、政府及所有者提供经济和经营状况的信息,这就涉及会计期间划分问题。《村集体经济组织会计制度》规定:"本制度会计年度采用公历制,自公历1月1日起至12月31日止为一个会计年度。"

4. 货币计量

在会计核算中,可能涉及多种货币,由于各种货币单位之间的汇兑率是不断变化的,这就要求会计必须确立一种货币单位为记账用的货币单位,其他所有的货币、实物、债权债务等,都可以通过它来度量、比较和稽核。这一货币单位称之为"记账本位币"。《村集体经济组织会计制度》规定:"会计核算以人民币'元'为金额单位,'元'以下填至'分'。"

(二) 会计基础

会计核算应当以权责发生制为基础。凡是当期已经实现的收入和已经发生或应当负担的费用,不论款项是否收付,都应当作为当期的收入和费用;凡是不属于当期的收入和费用,即使款项已在当期收付,都不应作为当期的收入和费用。

权责发生制以权利取得和责任完成作为收入和费用发生的标志,有助于正确计算会计主体的经营成果。我国企业会计制度和会计准则要求企业在会计核算过程中以权责发生制为基础。与权责发生制相对应的一种收入和费用的确认方法被称之为收付实现制,它是以收到或支付现金作为确认收入和费用的依据。目前,我国的行政单位采用收付实现制,事业单位除经营业务采用权责发生制外,其他业务也采用收付实现制。

《村集体经济组织会计制度》规定:"收入和支出的核算原则上采用权责发生制。"

五、会计信息的质量要求

(1) 客观性。会计核算应当以实际发生的交易或事项为依据,如实反映财务状况、经营成果和现金流量。

会计核算的客观性包括真实性和可靠性两方面的意义。真实性要求会计核算的结果应当与实际的财务状况和经营成果相一致；可靠性是指对于经济业务的记录和报告，应当做到不偏不倚，以客观的事实为依据，不受会计人员主观意志的左右，避免错误并减少偏差。提供会计信息的目的是为了满足会计信息使用者的决策需要，因此，必须做到内容真实、数字准确和资料可靠。

(2) 实质重于形式。应当按照交易或事项的经济实质进行会计核算，而不应当仅仅按照它们的法律形式作为会计核算的依据。

在实际工作中，交易或事项的外在法律形式并不总能真实反映其实质内容。为了使会计信息真实反映企业财务状况和经营成果，就不能仅仅依据交易或事项的外在表现形式来进行核算，而要反映交易或事项的经济实质。违背这一原则，可能会误导会计信息使用者的决策。会计核算上将以融资租赁方式租入的设备作为固定资产入账就是这个原则的具体体现。

(3) 相关性。会计提供的信息应当能够反映单位的财务状况、经营成果和现金流量，以满足会计信息使用者的需要。

会计信息与使用者的决策密切相关，表现在提供的会计信息能帮助决策者预测未来，把握可能的结果，从而改善当前的决策；同时，提供的会计信息也能为决策者证实过去的决策产生的结果，从而修正或坚持原来的决策。因此，在会计核算中应坚持这一原则，在收集、加工、处理和提供会计信息的过程中，充分考虑会计信息使用者的信息需求。

(4) 可比性。会计核算应当按照规定的会计处理方法进行，会计指标应当口径一致、相互可比。

这一原则不仅要求不同单位之间的会计信息要具有横向的可比性，而且要求同一单位的不同时期的会计信息要具有纵向的可比性。不同的单位可能处于不同行业、不同地区，经济业务发生于不同时点，为了保证会计信息能够满足会计信息使用者决策的需要，便于比较不同单位的财务状况、经营成果和现金流量，只要是相同的交易或事项，就应当采用相同的会计处理方法。

(5) 及时性。会计核算应当及时进行，不得提前或延后。

对会计信息使用者来说，会计信息与决策的相关性不仅表现在会计信息的真实可靠，而且表现在会计信息时效性上，过时的会计信息对决策者的使用价值就会大大降低，甚至无效。在会计核算中，坚持这一原则就是要求及时收集会计信息、及时对会计信息进行加工处理、及时传递会计信息，以满足各方面会计信息使用者的决策需要。

(6) 可理解性。亦称明晰性，是指会计核算和编制财务会计报告应当清晰明了，便于理解和利用。

对会计信息使用者来说，首先要能弄懂财务会计报告反映的信息内容，才能加以利用，并作为决策的依据，因此，明晰性是会计信息质量的首要要求。明晰性原则就是要求会计核算提供的信息应当简明、易懂，能简单地反映财务状况、经营成果和现金流量，能为大多数使用者所理解。在会计核算中只有坚持明晰性原则，才能有利于会计信息使用者准确、完整地把握会计信息的内容，从而更好地利用。

(7) 谨慎性。亦称稳健性，或称保守主义，是指某些会计事项有不同的会计处理方法可供选择时，应尽可能选择一种不致虚增账面利润、夸大所有者权益的方法为准。

在进行会计核算时，应当遵循谨慎性原则的要求，不得多计资产或收益、少计负债或费用，但不得设置秘密准备。遵循这一原则，要求在面临经济活动中的不确定因素的情况下作出职业判断并处理会计事项时，应当保持必要的谨慎。对于预计会发生的损失应计算入账，对于可能产生的收益则不预计入账。谨慎性在我国会计实务中有多种表现，如对固定资产计提折旧采用加速折旧法、物价上涨情况下存货计价采用后进先出法、对可能发生的各项资产损失计提减值准备等。当然，遵循这一原则并不意味着企业可以任意设置各种秘密准备。

(8) 重要性。在全面核算的前提下，对于在会计核算过程中的交易或事项应当区别其重要程度，采用不同的核算方式。

对资产、负债、损益等有较大影响，并进而影响财务会计报告使用者据以作出合理判断的重要会计事项，必须按照规定的会计方法和程序进行处理，并在财务会计报告中予以充分、准确地披露；对于次要的会计事项，在不影响会计信息真实性和不误导财务会计报告使用者作出正确判断的前提下，可适当简化处理。

会计核算中遵循重要性原则就是要考虑提供会计信息的成本与效益问题，使得提供会计信息的收益大于成本，避免出现提供会计信息的成本大于收益的情况，在全面反映企业财务状况和经营成果的基础上，突出重点，简化核算，节约人力、物力和财力，提高会计核算的工作效率。会计核算中，评价某些项目的重要性时，很大程度上取决于会计人员的职业判断。一般来说，应当从质和量两个方面进行分析。从性质上说，当某一事项有可能对决策产生一定影响时，就属于重要项目；从数量方面来说，当某一项目的数量达到一定规模时，就可能对决策产生影响。

六、会计法律规范体系

会计法律规范体系就是由各项会计法律规范所组成的具有一定结构和功能且相互联系相互作用的有机整体。基本特征有：

(1) 权威性。权威性表现在两个方面：其一，制定者为独立的立法机构，或受立法机构授权支持的行政机构，例如，我国的会计法律规范体系是由我国人大常委会和国务院、财政部所制定；其二，司法上的相对独立性，如西班牙、加拿大等国家设立审计法院，专门受理违法会计案件，我国则在法院下设有经济庭，处理会计违法案件。会计法律规范体系是调整会计法律关系的行为准绳，严格地规范制约着会计行为。

(2) 规范客体的双重性。这是会计法律规范体系的主要特点，即不但规范会计人，而且更重要的是规范会计主体，使会计主体与会计人达到目的和行为的统一，缓解会计主体和会计人利益冲突，使会计人不再成为“替罪羊”，铸造其独立的人格，摆脱会计主体的操纵，独立开展会计行为，发挥中介人的作用。

(3) 会计法律规范体系的灵活性与严肃性的统一。会计毕竟是一个人造信息系统，有较强的技术性，有的人称其为一项“艺术”。因而会计法律规范体系，不仅要体现法律的严肃性和权威性，而且还要符合会计技术性的要求，体现出会计行为的本质，否则就不是会计法律规范。成功的会计法律规范体系应是灵活性与严肃性的统一。

(4) 会计法律规范体系的层次结构性。会计法律规范体系是由三个层次所构成。相关法律处于最高层次，是其他一切会计法律规范的基础。会计法处于该体系的第二个层次，直接约束会计人，也是制定会计行政法规的依据，行政法规不得与此相抵触。会计行政法规处于第三层次，体现会计法的要求，对会计行为进行某一方面的规范。

第二节　会计机构和会计人员

《村集体经济组织会计制度》规定："村集体经济组织应配备必要的会计人员，也可以按照民主、自愿的原则，委托乡(镇)经营管理机构及代理记账机构代理记账、核算。"

农村集体经济组织，是以土地等集体所有财产为纽带，承担土地承包、资源开发、资本积累、资产增值等集体资产经营管理服务的基层经济性组织，依法代表集体成员行使集体资产所有权，享有独立经济活动自主权。

农村集体经济组织承担资源开发与利用、资产经营与管理、生产发展与服务、财务管理与分配的职能。农村集体经济组织依法履行下列具体职责：

(1) 保护管理农村集体所有或使用的土地和森林、山岭、荒地、滩涂等资源。

(2) 经营管理农村集体所有的资源性资产、经营性资产和公益性资产，组织各业集体资产的发包、租赁，拓展物业经营。

(3) 提供社员生产经营和平共处生活所需的服务。

(4) 建立健全农村集体资产经营管理、财务会计、民主理财、收益分配和产权制度。

村集体经济组织是按村或村民小组设置的社区性集体经济组织。一般而言，村民委员会代替村集体经济组织的有关职能，因此，代行村集体经济组织职能的村民委员会也执行《村集体经济组织会计制度》。村集体经济组织的会计工作组织形式可以采用"村级会计委托代理制"，将村级财务工作委托代理服务机构办理，也可以采用"村财村管"的管理体制，自行组建村会计机构管理村集体经济组织财务及会计工作。

一、村级会计委托代理制

(一) 村级会计委托代理的意义

村级会计委托代理管理体制，就是指经村集体经济组织成员大会(村民大会)或成员代表大会(村民代表会议)讨论同意，将村级财务与村级资金委托给代理服务机构(如乡镇经营管理站或依托其设立的农村会计服务中心)，在确保村级资金所有权、使用权、处置权、审批权、收益权、监督权和债权、债务关系不变的情况下，由代理服务机构按照一定的原则、方法、程序进行村级会计核算的一种管理形式。可见，这种会计管理体制不会影响村里财务的自主权，它只是为村级会计代理服务的一种形式。

为什么要采用村级会计委托代理制呢？在 2002 年以前，各地农村普遍实行"村财村管"的模式，2002 年后，许多地方不断加强农村会计管理，规范基层会计工作，出现了村级会计委托代理服务等一些新的有益做法，受到了广大农民群众的一致欢迎。为此，财政部以财会[2008]8 号文件(《财政部关于开展村级会计委托代理服务工作的指导意见》)为指导，向全国推广村级会计委托代理管理体制，使其成为现阶段我国村集体经济组织会计管理体制的主要形式。

(二) 村级会计委托代理制下会计机构的设置

村级会计委托代理制必须先设置村级会计委托代理服务机构及其相关人员，在村里要实行村主任会计负责制，成立村民主理财小组，选举一个报账员。

1. 村级会计委托代理服务机构的设置

代理服务机构原则上由乡、镇财政部门负责组建，设总会计一人，代理会计、资金会计(出纳)若干人，由持有会计从业资格证的人员担任。负责发放备用金，审核报销票据，进行账务处理，汇总编制明细账、总账和月报、季报、年报，并对各村的财务档案进行归集管理。担任代理服务机构总会计的人员应当熟悉农村财务工作，并具备助理会计师以上专业技术资格或者专门从事会计工作三年以上。

2. 村集体经济组织会计机构设置

村集体经济组织内部实行由村集体经济组织法人代表(村主任)负责的、村民主理财小组行使审核监督权的报账员定期报账制。第一，村集体经济组织法人代表(村主任)作为村级财务会计工作负责人，对本村的会计工作和会计资料的真实性、完整性负责。第二，村集体经济组织报账员，应由通过民主选举产生的村干部兼任或由通过民主程序产生的村民担任，主要负责村级收入、支出原始凭证的收集整理，村级备用金的领取、保管和定期向代理服务机构报账。报账员产生后应及时向代理服务机构备案，并积极参加财政部门组织的业务培训，经考核合格，具备相应的政策水平和报账业务技能后方可上岗，在不违反法律、法规和财经纪律的前提下，不宜随意更换。第三，村民民主理财小组，应由实行代理服务的行政村通过民主程序产生，对村级收入、支出情况逐项进行审核，并提出意见。村民民主理财小组的成员不得由村干部以及与村干部有直系亲属关系的人担任。村民民主理财小组组成人员应向代理服务机构进行备案，并留相关印鉴。

(三) 村级会计委托代理运行的机制和流程

村级会计委托代理制的运行机制及流程可分为以下几个步骤：召开村民会议，签订委托协议；建立村民主理财小组，审核村里的支出等事项；选举报账员，具体办理报账事项。具体做法如下：

(1) 签订委托协议。在尊重农民群众意愿和民主权利的基础上，由村集体经济组织和代理服务机构签订委托协议书，确立委托代理关系。为充分体现民主管理村级财务的原则，书面委托协议应由村民代表大会讨论通过，委托协议书一式三份，应由村集体经济组织、代理服务机构、财政主管部门各留存一份。

(2) 统一资金。实行村级会计委托代理后，各村取消会计岗位，在银行原有的账户全部撤销，其存款余额一次性划转到代理服务机构开设的账户上，其财务专用章统一移交代理服务机构，其资金结算、财政拨款、预算外资金收支等均通过代理服务机构统一开设的银行账户处理。代理服务机构备各村财务专用章、代理服务机构总会计章、各村报账员章三个印鉴。往来结算、上级拨款、转移支付款项等全部进入代理服务机构监管账户。

(3) 编制村级财务预算。开展代理服务后，各行政村应编制村级财务预算，并经村民会议审议通过后，报代理服务机构备案，作为其当年资金开支的依据。

(4) 村级资金支取备用金制度。实行代理服务的村级资金采取备用金领取方式进行管理。备用金的金额由各行政村村民委员会与代理机构协商决定，备用金的使用额度标准由村民会议讨论确定。实际开支时，经办人员需经村民主理财小组审核同意并加盖印鉴后，由村集体经济组织法定代表人审批签字；如遇重大开支和事项，还需先经过村民会议审议通过。

(5) 统一报账与统一会计核算。开展代理服务后，村级财务实行村报账员向代理服务机构定期统一报账，具体报账时间由代理服务机构与各村民委员会协商确定。统一报账后，由代理服务机构负责登记各村账目、编制会计报表，对村集体经济组织的财务收支进行统一会计核算，各村报账员只负责登记本村的内部往来。为了统一进行报账与会计核算，代理服务机构为每个村分别设立“五账一簿一单”，即：总账、银行存款日记账、明细账、现金日记账、固定资产账和各种合同登记簿、统一报账单。

村集体经济组织从发生业务到会计核算完成的程序为：发生开支取得原始凭证→经手人签字→村民民主理财组审核→村委会主任审签（较大型的由两议代表签字）→报账员填制统一报账单报账→中心主任审核签字→资金类报资金监管员（记账），非资金类报代理会计→统一交由总会计编制记账凭证→电算化记账员记账→输出报表账簿→纳入会计档案并保管。

必须强调的是，上述村级收支的审核包括村级和代理服务机构两级审核。首先，村级财务收支应由村民主理财小组对村集体经济组织收支票据逐一进行真实性、合理性审查，审核同意并加盖印鉴后，由村集体经济组织法定代表人审批签字；如遇重大开支和事项，还需先经过村民会议审议通过。其次，在报账时，再由代理服务机构对村组的报账单据进行复审。审查其是否经过村民主理财小组审查盖章、是否超越审批权限、是否规范齐备，有无坐收坐支和截留收入以及收入是否公开，并实行谁审核、谁负责的岗位责任制。对符合规定的票据、凭证同意入账；对手续不全的，退回重新补办手续；对违反财务制度的不予入账，并责成有关人员迅速纠正。各村重大支出如土地转让、修路等采取“一事一议”，由村民代表讨论决议，依照决议进行入账处理。

（6）统一档案管理。代理服务机构进行统一会计核算后，要对村级财务、会计档案进行统一管理。代理服务机构应建立村级财务档案室，采用专用档案柜，做到“一村一柜”，并配置防火、防盗、防潮、防蛀等设施，保证统一管理档案的安全完整。

（7）编制村级财务决算。年度终了时，代理服务机构根据该年各行政村资金实际使用情况，编制决算报告，送各行政村村民会议审议。

（四）村级会计委托代理制的监督

为切实发挥代理服务工作的效能，强化对代理服务机构的监督，确保资金的安全，村级会计委托代理管理体制应积极构建部门监督、群众监督、舆论监督“三位一体”的监督管理体系。

实行村级财务会计定期审计制度，对村级会计委托代理工作进行部门监督。开展代理服务后，代理服务机构应主动接受上级部门及有关单位实施的审计监督，并公开审计结果。村民委员会换届、代理服务机构主要负责人轮换时，还应组织相应的离任审计。

实行账务公开制度，对村级会计委托代理工作进行群众监督。开展代理服务后，代理服务机构应定期向村民委员会提供详细、完整的村财务信息。村民委员会收到代理服务机构提供的村财务信息后，应定期在本村公开位置予以公布，包括村资产负债表、收益表、收入明细表、支出明细表等，让广大农户看得懂、算得清，接受村民的监督。

加强宣传和动员，对村级会计委托代理工作进行舆论监督。通过广播、宣讲、培训等形式，对村级会计委托代理的意义和作用进行宣传、动员，让老百姓能够广泛了解代理服务的内容以及其所拥有的权利和义务，调动各级各届对村级会计委托代理工作的关注，强化舆论监督。

二、以村核算会计管理机制

不实行村级会计委托代理制的村集体经济组织，可以实行以村核算的会计管理体制，主要设置会计员和出纳员进行会计核算与管理工作。

（一）会计员的职责

(1) 制定本组织会计事务处理的具体办法。

(2) 审核原始票据的真实性、合法性、正确性、完整性，对审核无误的票据加盖印鉴，作为入账依据；对不真实、不合法的原始票据不予受理，情节严重的上报村负责人；对不正确、不完整的原始凭证退回原开具单位进行重开或更正。

(3) 对本组织的经济活动进行会计核算，根据审核无误的原始凭证编制记账凭证，登记会计账簿，编制会计报表，向有关方面提供会计信息。

(4) 编制并严格执行财务预算，遵守各项财务收入制度、费用开支范围和开支标准。

(5) 妥善保管会计凭证、账簿、报表等档案资料。

（二）出纳员的职责

(1) 制定本组织收付款的具体程序与办法。

(2) 与会计员一起按时办理现金收付和银行结算业务。支取现金或进行转账业务时，必须加盖会计和村集体经济组织负责人(村主任)两个印鉴，使用资金数额必须严格按照手续完备的审批标准执行，对不真实、不合法的原始凭证有权拒绝付款。

(3) 管理银行存款户，登记银行存款日记账，按期结出余额并进行账簿核对，定期与会计员及其他监督人员一起进行银行对账。

(4) 管理库存现金，登记现金日记账。库存现金限额一般不得超过 1 000 元，超出限额的现金立即存入银行；每日结出余额并进行账簿核对，每日与会计员一起进行现金盘点。

(5) 负责保管有价证券、空白支票、发票、收据等票据，建立空白票据申领、审批、登记、核销制度，按规定办理支票等票据的领取。

三、会计人员与会计工作交接

（一）会计人员应具备的条件

(1) 会计人员应具备较高的政治觉悟和职业道德：① 坚持党的四项基本原则，认真学习领会党和国家在农村的各项方针、政策；② 热爱农村财务会计工作，坚持原则，廉洁奉公，办事公道；③ 遵守财会职业道德。

(2) 会计人员应具备必要的专业知识和专业技能：① 具有初中以上文化程度，熟练掌握财务会计的一般原理和基本知识；② 参加省或市组织的农村财会人员培训，并经考试通过，取得会计从业资格证书；③ 了解农村审计、农村经济统计、农民负担监督管理、农村承包合同管理等基本知识和其他法律、法规和制度；④ 能熟练进行村集体经济组织会计业务处理，包括能独立填制原始凭证和记账凭证、登记会计账簿、编制会计报表及进行一般的财务分析。

（二）会计人员的任免

会计人员应当按照有关会计人员管理权限及规定任免，一般情况下，实行村级会计委托代理制的村报账员在不违犯法律、法规和财经纪律的前提下，不宜随意更换；“以村核算”制的会计人员应实行聘任制，被聘任的会计人员必须向上级主管及财政部门备案，村会计可以连续聘任，不称职的可以随时解聘。

（三）会计人员配备的回避制度

根据村集体经济组织财务制度的规定，村主要干部（包括村支部书记、村民委员会主任、村经济合作社社长）的近亲属不得担任本村会计和出纳工作，村会计的近亲属不得担任本村的出纳工作。

上述所讲需回避的近亲属为：夫妻关系、直系血亲关系、三代内旁系血亲关系以及配偶关系。

（四）会计工作交接

会计人员由于工作调动、离退休或因病因事不能继续进行会计工作时，上任会计人员应与接管人员办理工作交接。会计工作的交接制度是明确责任，保持会计工作连续性的重要制度。村集体经济组织会计人员应根据《中华人民共和国会计法》和《会计基础工作规范》的要求，认真做好会计交接工作。会计人员调动工作或离职时，必须将本人所经管的会计工作全部移交给接替人员，没有办清交接手续的不得离职。会计人员移交时应由相关人员进行监交：实行村级会计委托代理制的，代理会计及资金会计办理交接应由总会计负责监交；总会计进行交接的，应由代理服务机构负责人进行监交；实行“以村核算”制的，会计人员进行交接时应由村集体经济组织负责人进行监交。办理会计工作交接应注意以下几方面：

（1）在办理移交手续前，必须将已经受理的经济业务的会计凭证填制完毕，将尚未登记的账目登记完毕，并在最后一笔余额后加盖印章，整理好应该移交的各项资料，对未了事项写出书面材料，编制移交清册，列明应该移交的会计凭证、会计账簿、会计报表、公章、现金、支票簿、文件、资料和其他物品的内容。

（2）移交人员要按照移交清册逐项移交，接管人员要逐项核实点收。

（3）会计机构负责人、会计主管人员移交时，还应将全部财务会计工作、重大的财务收支的遗留问题写成书面材料。

（4）会计人员办理工作交接，必须有专人负责监交。交接完毕后，交接双方和监交人要在移交清册上签名或盖章，并在移交清册上注明：单位名称，交接日期，交接双方和监交人的职务、姓名、移交清册页数以及需要说明的问题和意见等。移交清册一般应填制一式三份，交接双方各执一份，存档一份。

第三节　会计要素和会计等式

一、会计要素

会计要素是对会计对象进行的基本分类，即第一层次的分类，是会计核算对象的具体化。

村集体经济组织的会计要素可划分为资产、负债、所有者权益、收入、费用、收益六大要素。资产、负债、所有者权益，是财务状况的静态表现，也是资产负债表的构成要素，体现的是基本的产权关系；收入、费用、收益是经营成果的动态反映，也是收益及收益分配表的构成要素，体现的是经营中发生的财务关系。

（一）资产要素

资产是由过去的交易、事项形成并由村集体经济组织拥有或控制的资源，该资源预期会给其带来经济利益。如村集体经济组织的现金、银行存款、农产品、林业产品、牲畜等，都可以为村集体经济组织带来经济利益，尽管它们的形式不同，但都是村集体经济组织的资产。

村集体经济组织资产有的是现金形式的，有的通过出售等可以很快地变为现金（如农产品），有的却要使用很多年（如收割机等固定资产），各项资产的变现能力不同。为了更好地反映村集体经济组织的会计信息，资产按其流动性的不同可分为流动资产和非流动资产，如图 1-1-1 所示。流动资产是指在一年或者超过一年的一个营业周期内变现或耗用的资产，包括货币资金（现金、银行存款）、短期投资、应收款项、存货；非流动资产是指准备超过一年或者超过一年的一个营业周期内变现或耗用的资产，包括农业资产［牲畜（禽）资产、林木资产］、长期投资（长期股权投资、长期债权投资）、固定资产（在建工程、农业机械）等。

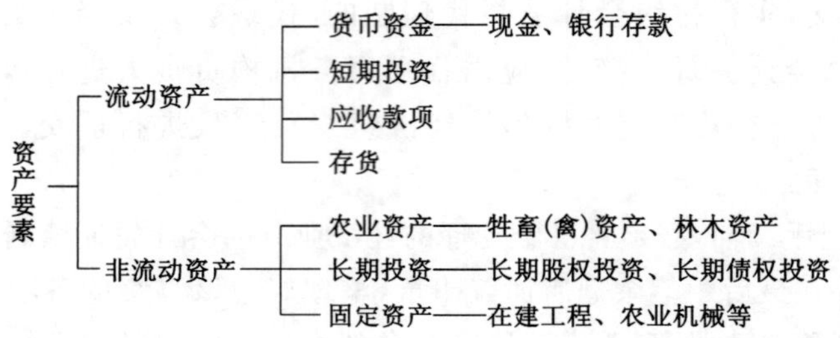

图 1-1-1　资产的分类

（二）负债要素

负债是过去的交易、事项形成的现时义务，履行该义务预期会导致经济利益流出村集体经济组织。如村集体经济组织购买物资后没有支付的应付款、向银行借入的借款等，这些债务今后都要进行偿还。

村集体经济组织的负债有的需在一年内偿还，有的可在一年后的时间内偿还。为了提供村集体经济组织短期和长期各需偿还负债的信息，负债按偿还期的长短分为流动负债和非流动负债，如图 1-1-2 所示。偿还期限为一年以内（含一年）的债务为流动负债，如短期借款、应付款、应付工资、应付福利费；偿还期超过一年以上（不含一年）的债务为非流动负债，如长期借款及应付款、一事一议资金。

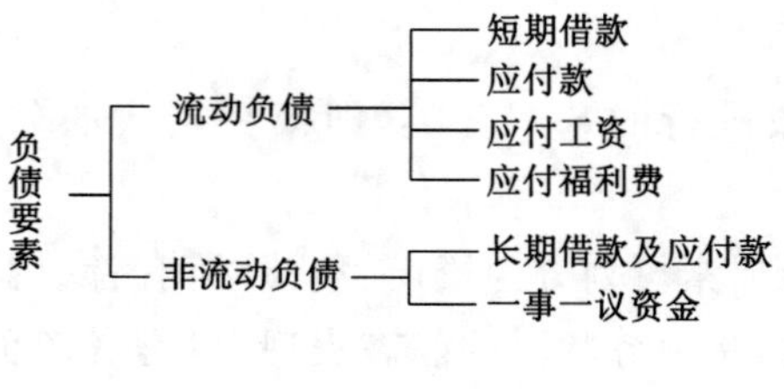

图 1-1-2　负债的分类

（三）所有者权益要素

所有者权益是所有者在村集体经济组织资产中享有的经济利益，其金额为资产减去负债后的余额，包括资本、公积公益金、未分配收益等。

（四）收入要素

收入是在销售商品、提供劳务及让渡资产使用权等日常活动中及政府补助等所形成的经济利益的总流入，如图 1-1-3 所示。

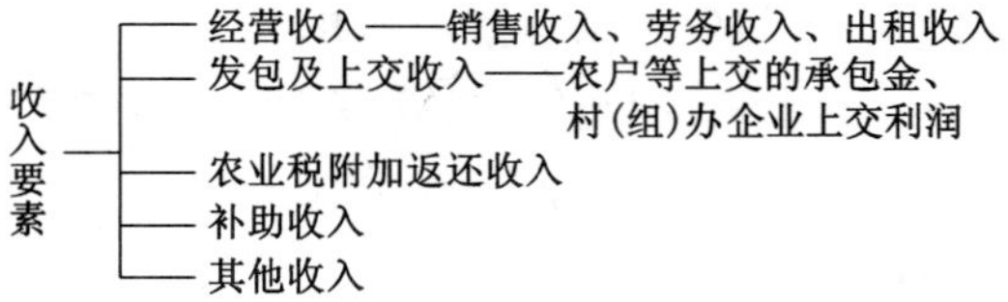

图 1-1-3　收入的分类

（五）费用要素

费用是村集体经济组织为销售商品、提供劳务等日常经营活动所发生的各种经济利益的流出，如图 1-1-4 所示。

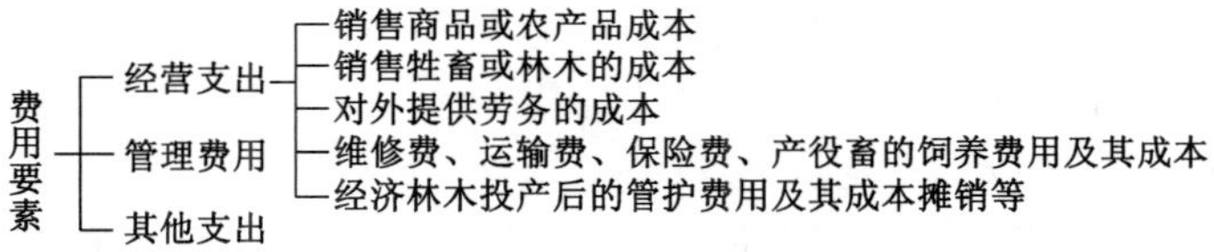

图 1-1-4　费用的分类

（六）收益要素

收益是指村集体经济组织在一定会计期间的经营成果，是当年实现的各项收入扣除应由当年收入补偿的各项费用支出后的余额。收入的分类如图 1-1-5 所示。

收益＝经营收益＋农业税附加返还收入＋补助收入＋其他收入－其他支出

经营收益＝经营收入＋发包及上交收入＋投资收益－经营支出－管理费用

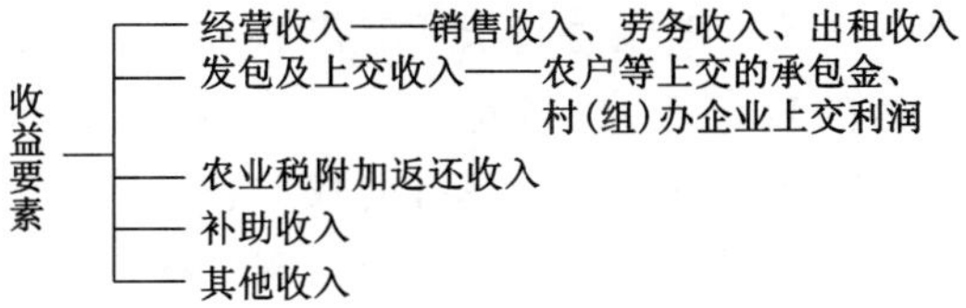

图 1-1-5　收益的分类

二、会计等式

（一）定义

会计等式是在会计核算中反映各个会计要素经济关系利用数学公式即数量关系的数学表达式，又称会计方程式、会计平衡公式、会计恒等式。它是各会计主体进行复式记账和编制会计报表的理论依据。

会计等式提示各会计要素之间的联系，是复式记账、试算平衡和编制会计报表的理论依据，反映资产负债表要素之间的数量关系的等式是：资产＝负债＋所有者权益。反映收益表要素之间的数量关系的等式是：收入－费用＝收益。

任何单位要从事生产经营活动，必定有一定数量的资产。而每一项资产，如果一分为二地看，就不难发现，一方面，任何资产只不过是经济资源的一种实际存在或表现形式，或为机器设备，或为现金、银行存款等。另一方面，这些资产都是按照一定的渠道进入企业的，或由投资者投入，或通过银行借入等，即必定有其提供者，显然，一般人们不会无偿地将经济资源（即资产）让渡出去，也就是说，任何资产都有其相应的权益要求，谁提供了资产谁就对资产拥有索偿权，这种索偿权在会计上称为权益。这样就形成了最初的会计等式：

资产＝权益

这一等式表明，会计等式之所以成立就是因为资产和权益是同一事物的两个方面：一方面是归企业所有的一系列财产（资产），另一方面是对这些财产的一系列所有权（权益）。而且，由于权益要求表明资产的来源，而全部来源又必与全部资产相等，所以全部资产必须等于全部权益。

而权益通常分为两种：一是以投资者的身份投入资产而形成的权益，称为所有者权益；二是以债权人的身份提供资产而形成的权益，称为债权人权益或负债。这样，上述等式又可表达成：

资产＝负债＋所有者权益

这就是基本的会计等式。

然而上述等式仍存在以下不足：

一方面，一旦进入正常的经营活动循环，其资产就会不断地变换形态。这时，再试图区分哪部分资产是业主投入形成的，哪部分资产是通过借款等渠道形成的，相当困难。对规模较大的企业来说，几乎是不可能的。

另一方面，从性质上看，债权人和业主对会计主体的要求权（权益）也是不同的。债权人希望借款人到期能顺利偿还本金，并能支付预定的利息；业主则希望通过有效的经营等活动，尽可能多地赚取利润，然而，赚得再多，债权人也只能得到约定的本息，多余的就归所有者了。这样，上述资产负债表等式也可以表述为：

资产－负债＝所有者权益

这一等式一方面表明负债的求偿能力高于所有者权益，另一方面表明所有者权益是单位全部资产抵减全部负债后的剩余部分，因此，所有者权益也被称为“剩余权益”。这一术语，形象、贴切地说明了单位所有者对单位所享有的权益和风险：当经营成功、不断实现利润时，剩余权益就越来越大；反之，如果经营失败，不断出现亏损，剩余权益就会越来越小，当资不抵债时，剩余权益就为零或负数。

对基本会计等式，要理解牢记的是：任何时点，单位的所有资产，无论其处于何种形态（如现金、银行存款、固定资产等），都必须有相应的来源。或者是借入的，或者是所有者投入的，或者是经营过程中所赚取的（这一部分也归所有者）。换言之，企业的所有资产都必定有相应的来源，这样，“资产＝负债＋所有者权益”这一等式，在任何情况下，其左右平衡的关系都不可能被破坏。

（二）分类

1. 静态等式

静态会计等式是反映企业在某一特定日期财务状况的会计等式，由静态会计要素（资产、负债和所有者权益)组合而成。其公式为：

资产＝权益＝债权人权益＋所有者权益＝负债＋所有者权益

这一等式，称为财务状况等式，它反映了资产、负债和所有者权益三个会计要素之间的关系，揭示了会计主体在某一特定时点的财务状况。具体而言，它表明了企业在某一特定时点所拥有的各种资产以及债权人和投资者对会计主体资产要求权的基本状况，表明会计主体所拥有的全部资产，都是由投资者和债权人提供的。

2. 动态等式

动态会计等式是反映企业在一定会计期间经营成果的会计等式，由动态会计要素(收入、费用和利润)组合而成。其公式为：

收入－费用＝收益

这一会计等式，称为财务成果等式，它反映了收入、费用和收益三个会计要素的关系，揭示了在某一特定期间的经营成果。

3. 综合等式

综合会计等式为：

$$\text{期末资产}=\left(\begin{matrix}\text{期末}\\\text{负债}\end{matrix}+\begin{matrix}\text{期初所有}\\\text{者权益}\end{matrix}\right)+(\text{收入}-\text{费用})=\left(\begin{matrix}\text{期末}\\\text{负债}\end{matrix}+\begin{matrix}\text{期初所有}\\\text{者权益}\end{matrix}\right)+\text{利润}$$

资产＝负债＋(所有者权益＋收入－费用)

这一等式综合了利润分配前财务状况等式和经营成果等式之间的关系，揭示了财务状况与经营成果之间的相互联系。

(三) 应用

1. 资产＝负债＋所有者权益

一个单位的资产和权益(负债和所有者权益)，实际上是同一资金的两个不同方面，是从资金的占用形式和来源两个不同角度观察和分析的结果。有一定数额的资产，就有一定数额的权益；反之，有一定数额的权益，就有一定数额的资产。资产和权益这种相互依存的关系，决定了在数量上一个单位的资产总额与权益总额必定相等。即：

资产＝权益

或：

资产＝负债＋所有者权益

上述会计等式，说明了资产、负债和所有者权益三大会计要素的内在关系，是设置、复式记账、试算平衡和编制资产负债表的理论依据，因此，又称之为资产负债表等式。

有时资产负债表等式也表述为：

资产－负债＝所有者权益(股东权益)　　(1-1-1)

资产和权益(包括所有者权益和债权人权益)实际是单位所拥有的经济资源在同一时点上所表现的不同形式。资产表明的是资源在单位存在、分布的形态，而权益则表明了资源取得和形成的渠道。资源来源于权益，资产与权益必然相等。

在生产经营过程中，每天都会发生多种多样、错综复杂的经济业务，从而引起各会计要素的增减变动，但并不影响资产与权益的恒等关系。

2. 收入－费用＝收益

收入、费用与收益的关系表示如下：

$$收入-费用=收益 \quad (1\text{-}1\text{-}2)$$

上述会计等式说明了收入、费用和收益三大会计要素的内在关系，是编制收益表的理论依据。因此，又称之为收益表等式。

3. 资产负债表等式与收益表等式之间的关系

等式(1-1-1)反映的是某一时点的全部资产及其相应的来源情况，是反映资金运动的静态公式。等式(1-1-2)反映的是某一时期的盈利或亏损情况，是反映资金运动的动态公式。但仅从这两个等式还不能完整反映会计六大要素之间的关系。

等式(1-1-1)与等式(1-1-2)可合并为：

$$资产=负债+所有者权益+(收入-费用)$$

或：

$$资产=负债+所有者权益+收益 \quad (1\text{-}1\text{-}3)$$

如图 1-1-6 所示。

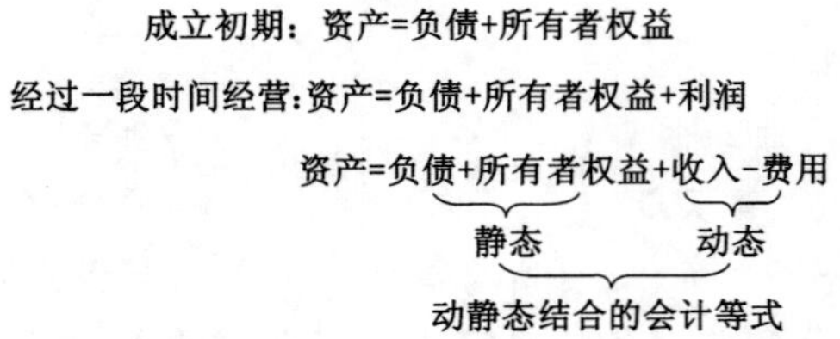

图 1-1-6　综合会计等式

定期结算并计算出取得的收益，取得的收益在按规定分配给投资者(股东)之后，余下的部分归投资者共同享有，也是所有者权益的组成部分。因此上述等式又回复到：

$$资产=负债+所有者权益$$

由此可见：

等式(1-1-1)是会计的基本等式，通常称之为基本会计等式或会计恒等式。

等式(1-1-2)和等式(1-1-3)虽不是基本会计等式，但等式(1-1-2)是对基本会计等式的补充。等式(1-1-3)是基本会计等式的发展，它将财务状况要素(资产、负债和所有者权益)和经营成果要素(即收入、费用和收益)进行有机结合，完整地反映了会计主体财务状况和经营成果的内在联系。

各会计等式的内容及意义如表 1-1-1 所列。

表 1-1-1　会计等式的内容及意义

等式特征	会计等式的内容	意义
静态等式	资产=负债+所有者权益	1. 复式记账法的理论基础 2. 编制试算平衡表的理论基础 3. 编制资产负债表的理论基础 4. 编制收益及收益分配表的理论基础
动态等式	收益=收入-费用	
综合等式	资产+费用=负债+所有者权益+收入	

收益及收益分配表示例如表 1-1-2 所列。

表 1-1-2　　**收益及收益分配表**

村会 02 表

编制单位：　　年　月　　单位：元

项目	行次	金额	项目	行次	金额
本年收益			**收益分配**		
一、经营收入	1		四、本年收益	21	
加：发包及上交收入	2		加：年初未分配收益	22	
投资收益	3		其他转入	23	
减：经营支出	6		五、可分配收益	26	
管理费用	7		减：1. 提取公积公益金	27	
二、经营收益	10		2. 提取应付福利费	28	
加：农业税附加返还收入	11		3. 外来投资分利	29	
补助收入	12		4. 农户分配	30	
其他收入	13		5. 其他	31	
减：其他支出	16				
三、本年收益	20		六、年末未分配收益	35	

第二章

会计账户与借贷记账法

第一节 会计科目和账户

一、会计科目

会计科目是为了核算、监督和分析各种经济业务事项而对会计要素进一步细分所形成的若干项目。每一个会计要素都包含有许多特点不同的经济内容，为了更加系统完整地反映村集体经济组织的经济业务内容，就必须对会计要素按照经济特征进行分类，从而形成不同种类的会计科目，这是第二层次的分类。有了会计科目就可以以其为名称在账簿中设置，分类系统地记录经济业务、登记会计账簿、编制会计报表。

（一）会计科目的分类

学习理解会计科目，并进而为记账打下基础，必须将会计科目进行分类。《村集体经济组织会计制度》将会计科目分为资产、负债、所有者权益、成本和损益五大类，具体见表1-2-1。

表 1-2-1　　会计科目表

顺序号	科目编号	科目名称
		一、资产类
1	101	现金
2	102	银行存款
3	111	短期投资
4	112	应收款
5	113	内部往来
6	121	库存物资
7	131	牲畜（禽）资产
8	132	林木资产
9	141	长期投资
10	151	固定资产

续表 1-2-1

顺序号	科目编号	科目名称
11	152	累计折旧
12	153	固定资产清理
13	154	在建工程
		二、负债类
14	201	短期借款
15	202	应付款
16	211	应付工资
17	212	应付福利费
18	221	长期借款及应付款
19	231	一事一议资金
		三、所有者权益类
20	301	资本
21	311	公积公益金
22	321	本年收益
23	322	收益分配
		四、成本类
24	401	生产(劳务)成本
		五、损益类
25	501	经营收入
26	502	经营支出
27	511	发包及上交收入
28	521	农业税附加返还收入
29	522	补助收入
30	531	其他收入
31	541	管理费用
32	551	其他支出
33	561	投资收益

附注：村集体经济组织有无形资产的，可增设“无形资产”科目(科目编号 161)；有向所属单位拨付资金业务的，可增设“拨付所属单位资金”科目(科目编号 171)；有接受国家拨入的具有专门用途的拨款的，可增设“专项应付款”科目(科目编号 241)。

上述会计科目表是制度按照一般的要求所设置的，各省、自治区、直辖市财政部门和代理服务机构也可在不影响会计核算要求和会计报表指标汇总的前提下，根据实际情况，自行增设、减少或合并某些会计科目，如表 1-2-1 附注所示。

(二) 会计科目的分级

上述会计科目表中的科目划分是《村集体经济组织会计制度》对会计要素所进行的总括分类,它所反映的是一项经济内容的总括信息,我们将之称为总分类会计科目,也称之为一级科目。但是在实际工作中,我们还需要对这些总括的会计科目再按照村里管理工作的需要进行进一步分类,如"应收款"科目提供的是应收款项的总额,如果要想得到"应收A公司"或"应收B村"款项的具体信息,就必须在"应收款"科目下再开设"A公司"、"B村"等更具体的会计科目。因此,在会计核算中,会计科目还应该按提供信息的详略程度的不同进行分级,分为总分类会计科目和明细会计科目。我们把上述科目表中所列的用于提供总括信息的会计科目称为总分类会计科目,把总分类科目下设的反映具体详细信息的会计科目称为明细分类科目,也称之为二级科目。如果村集体经济组织在核算和管理中还需要在二级科目下进一步进行明细分类科目的划分的话,可依次称之为三级、四级明细科目。一般情况下,村集体经济组织的会计核算设置二级明细科目就可以满足需要了。

二、会计账户

会计账户是指根据会计科目开设的,用来连续、系统、分类记录和反映会计要素变动情况的一种专门工具。实务中,会计账户的设置就是将一个个会计科目写在具有一定格式与结构的账页上,使其成为专门核算某项经济内容的专门场所。如表1-2-2所列,我们将"现金"这个会计科目写在三栏式账页上,则该账页就成为专门反映现金增减变动情况的"现金"账户。

三、建立账簿体系

账簿是由具有一定格式、相互连接的账页所组成,以会计凭证为依据,全面、连续、系统、科学地记录和反映各项经济业务的簿籍。村集体经济组织会计核算首先要建立账簿体系,然后通过账簿的登记,把会计凭证所提供的大量零散的核算资料,加以归类整理,以序时地、分门别类地记入相关的会计账簿,使账簿成为积累、储存会计主体经济业务信息的数据库。按照《中华人民共和国会计法》和《会计基础工作规范》的要求,村集体经济组织至少应建立现金日记账、银行存款日记账、总分类账和明细分类账。

第二节　复式记账与借贷记账法

一、复式记账原理

会计记账必须是完整科学的。例如用600元钱购入了种子,在记录中,就必须既记录600元钱的减少,也记录价值600元钱的种子的增加。如果只记录其中的一项,记账就不完全,也不科学。因此,在现代记账中,我们通常都会从一项业务所引起的相应的两个或几个方面同时进行记账,而不会只记一方面,这就是复式记账的原理。

复式记账是指将发生的每笔经济业务,都以相等的金额,同时在两个或两个以上的账户中相互联系地进行登记的记账方法。例如,用银行存款2万元支付购买收割机的款项,就要一方面在"银行存款"上登记减少2万元,另一方面在"固定资产"上登记增加2万元。可以看出,复式记账原理的关键之处在于"复",即对于所有的经济业务都必须从业务涉及的两个或几个方面进行分析和记录。假设上述业务只记录银行存款减少了2万元或固定资产增加

表 1-2-2

账户样表

科目名称　现金

总第　页　分第　页

户名或编号：

2015年		记账凭证		摘要	对应科目	借方													√	贷方													√	借或贷	余额												
月	日	类别	号数			百	十	亿	千	百	十	万	千	百	十	元	角	分		百	十	亿	千	百	十	万	千	百	十	元	角	分			百	十	亿	千	百	十	万	千	百	十	元	角	分
2	1			期初余额																														借								3	0	0	0	0	0

了2万元,则无法反映经济业务的全貌。所以,复式记账法的学习首要是学会对经济业务的复式分析。下面,我们通过举例具体了解复式记账的原理。

【例1-2-1】 华村于1月1日向工商银行借入一笔80万元的借款,还款期为两年,已存入银行存款户。

该笔业务的发生,一方面使华村“银行存款”增加了80万元,另一方面使负债“长期借款及应付款”增加了80万元,因此应同时记录“银行存款”和“长期借款及应付款”的增加。

【例1-2-2】 华村用银行存款支付前欠A公司化肥款5 800元。

该笔业务的发生,一方面使华村“银行存款”减少了5 800元,另一方面使华村对A公司“应付款”减少了5 800元,因此应同时记录“银行存款”和“应付款”的减少。

【例1-2-3】 华村用银行存款支付购入固定资产款项3万元。

该笔业务的发生,一方面使华村“固定资产”增加了3万元,另一方面使“银行存款”减少了3万元,因此应同时记录“固定资产”的增加和“银行存款”的减少。

【例1-2-4】 华村经成员代表大会讨论通过,将公积公益金20万元转为资本。

该笔业务的发生,一方面使华村“资本”增加了20万元,另一方面使“公积公益金”减少了20万元,因此应同时记录“资本”的增加和“公积公益金”的减少。

二、借贷记账法

目前世界上普遍使用的复式记账法是借贷记账法。《村集体经济组织会计制度》规定:“村集体经济组织的会计记账采用借贷记账法”。借贷记账法是以“借”、“贷”二字作为记账符号,以“有借必有贷,借贷必相等”为记账规则,来反映经济业务增减变化的一种复式记账方法。

(一)借贷记账法的记账符号

借贷记账法的记账符号为“借”、“贷”。在借贷记账法下,分为左、右两个基本部分,左方为借方,右方为贷方。

(二)账户的结构

账户的结构是指借、贷方分别登记的内容、账户的余额方向及含义。借贷记账法下,账户的借方和贷方分别用来登记其经济内容的增加额和减少额,如用借方登记增加额,则贷方就登记减少额;反之,如果用贷方登记增加额,则用借方登记减少额。至于哪一方登记增加金额,哪一方登记减少金额,则取决于各账户的性质。我们按照反映经济内容的不同,将账户分为资产类、负债类、所有者权益类、成本费用类、损益类(损益类包括收入损益类和费用损益类)。各类账户应如何记录增减变动,主要取决于它本身的性质。我们按照会计等式“资产+费用=负债+所有者权益+收入”,可以把账户分为两类性质不同的账户。处于等式左边的资产和费用(包括成本费用、计入损益的费用)为一类,它们反映村集体经济组织资金的使用形式,也就是资金都干了什么,这类账户用左方也就是借方记录增加,右方也就是贷方记录减少,期末余额在借方,表示期末资产的实有数额;处于等式右边的负债、所有者权益、收入(损益类)为一类,它们反映资金是从哪里来的,这类账户用右方也就是贷方记录增加,左方也就是借方记录减少,期末余额在贷方,表示负债和所有者权益的实有数额。可见,两类性质不同的账户,其记录增加、减少的方向是相反的。我们可用图1-2-1直观地反映它们的不同。

如结构图1-2-1所示,在借贷记账法下,主要反映的金额指标有期初余额、本期增加额、

借方	贷方
资产增加	资产减少
负债减少	负债增加
所有者权益减少	所有者权益增加
费损增加	费损减少
收益减少	收益增加

等式左边　　　　等式右边

资产+费用(成本费用、损益费用)　= 负债 + 所有者权益 + 收入

借方　账户名称(会计科目)	贷方
期初余额 期初资产实有额	
本期增加额 ×××××	本期减少或转出额 ×××××
本期发生额 ×××××	本期发生额 ×××××
期末余额 期末资产实有额	

借方	账户名称(会计科目)　贷方
	期初余额 期初权益实有额
本期减少或转出额 ×××××	本期增加额 ×××××
本期发生额 ×××××	本期发生额 ×××××
	期末余额 期末权益实有额

图 1-2-1　借贷记账法账户的结构

本期减少额和期末余额。由于资产类与负债、所有者权益类账户记录增减的方向不同，所以其期末余额的计算公式也不相同：

期末余额＝期初余额＋本期增加－本期减少

资产类：

期末余额＝期初余额＋本期借方发生额－本期贷方发生额

负债、所有者权益：

期末余额＝期初余额＋本期贷方发生额－本期借方发生额

对于损益类而言，无论是收入还是费用，由于期末时要将本期的所有发生额都转入“本年收益”，即发生多少就转出多少，因此损益类期末余额为零。

(三) 记账规则

每一种记账方法都有其规则，那么借贷记账法的记账规则是什么呢？我们先来看两个例子。

【例 1-2-5】　以银行存款购进拖拉机一台，价值 10 万元。

这项经济业务的发生涉及“固定资产”和“银行存款”这两个账户，固定资产的增加，应记在“固定资产”的借方；银行存款的减少，应记在“银行存款”的贷方。

【例 1-2-6】　向银行借入短期借款 5 万元。

这项经济业务的发生涉及“银行存款”和“短期借款”两个账户，银行存款的增加，应记在“银行存款”的借方；短期借款的增加，应记在“短期借款”的贷方。

【例 1-2-7】　村干部丁江报销差旅费 780 元，交回现金 220 元，结清原借款 1 000 元。

这项经济业务的发生涉及“管理费用”、“现金”和“内部往来”三个账户，管理费用、现金的增加，应记在“管理费用”(780)和“现金”(220)账户的借方；内部债权的减少，应记在“内部往来”(1 000)账户的贷方。

【例 1-2-8】 华村收到甲企业投入全新设备一套，价值 20 万元，协商确定资本额为 15 万元。

这项经济业务的发生涉及“固定资产”、“资本”和“公积公益金”三个账户，固定资产的增加，应记在“固定资产”(200 000)账户的借方；所有者权益增加，应记在“资本”(150 000)、“公积公益金”(50 000)账户的贷方。

从上述例子中，我们看到两项业务记账时的共同点，即每项经济业务所引起的资金增减变化，都要在记入一个(或几个)账户借方的同时，以相等的金额记入另一个(或几个)账户的贷方；或者在记入一个(或几个)账户的贷方的同时，以相等的金额记入另一个(或几个)账户的借方。这就是借贷记账法的记账规则，我们将其概括为：“有借必有贷，借贷必相等。”

明确借贷记账法的记账规则可以帮助我们在日常核算中利用它去判断账务处理的正确与否。如果在实际业务处理过程中，出现了一笔业务同时都记入几个账户的借方或几个账户的贷方，或者借贷方金额不相等的情况，则说明账务处理发生了错误，应及时查找更正。

(四) 试算平衡

从上面的学习中我们知道，借贷记账法遵循“有借必有贷，借贷必相等”的记账规则，总是以相等的金额在不同账户的借、贷方进行登记，这就会使之间存在一定的平衡关系。借贷记账法下账户之间的平衡关系主要有两个：

(1) 发生额试算平衡：

全部账户借方发生额合计数＝全部账户贷方发生额合计数

(2) 余额试算平衡：

全部账户期初(末)借方余额合计数＝全部账户期初(末)贷方余额合计数

借贷记账法下发生额及余额的试算平衡关系，可以用来检查和验证账户记录的正确性。在实务中，账户记录的试算平衡，是通过编制试算平衡表来进行的，是期末对账的主要方式之一，我们将在有关对账的内容中进行介绍。

三、会计分录

上面我们直观地介绍了如何运用借贷记账法在账户中进行记账，但是在会计实际工作中，为了保证记录的正确性，在把经济业务记入账户之前，应先根据经济业务发生时所取得的原始凭证编制会计分录。会计分录是会计的专门语言，是在正式记入账户前用以指明某项经济业务应借、应贷的账户名称以及金额的一种记录。因此每笔会计分录都包括三个要素，即账户的名称及其所属明细分类账户名称、记账符号和金额。在我国的会计实务中，会计分录编制于记账凭证上，在教学过程中，我们则采用下述的格式来书写会计分录：

如华村向工商银行借入 80 万元三年期借款，已存入银行的经济业务，应编制会计分录如下：

借：银行存款　　　　800 000

　贷：长期借款及应付款　　　　800 000

该笔会计分录的会计意义是指明：将 80 万元记入“银行存款”的借方和“长期借款及应付款”的贷方。可见，有了会计分录，就可以根据它的指示进行记账，避免错账的发生。

第二篇　村集体经济组织的会计基本经济业务核算

本部分以华村为例，具体介绍了村集体经济组织的基本经济业务核算。主要有：货币资金与往来业务、资金筹集业务、投资业务、库存物资业务与固定资产业务、农业资产业务、生产过程业务、经营过程业务、收益形成及其分配业务等。本部分为会计核算的核心内容，领会、掌握并能熟练运用本部分知识是发挥会计核算职能的基础，也是合格会计人员应具备的基本能力。

第一章

货币资金与往来业务核算

第一节　货币资金的核算

货币资金是村集体经济组织在生产经营管理活动过程中处于货币形态的那部分资金，主要包括现金和银行存款。

一、现金的核算

现金是指存放于村集体经济组织财会部门由出纳人员经管的货币，是货币资金的重要组成部分，它可以随时用来购买其他资产和清偿债务，支付有关费用。

（一）现金的管理

现金是日常经济活动中一种最重要的支付手段，可以随时购买产品物资、支付费用、偿还债务等，具有流动性强、首付频繁两个特点，这决定了现金在保管和使用过程中容易出现差错，甚至被挪用贪污等，必须严格管理。

（1）村集体经济组织向单位和农户收取现金时手续要完备，使用统一规定的收款凭证。所有现金均应及时入账，不准以白条抵库，不准坐支，不准挪用，不准公款私存。

（2）村集体经济组织必须建立现金开支审批制度，严格现金开支审批手续。

（3）村集体经济组织要组织专人定期或不定期清点核对现金，做到账款相符。

（4）村集体经济组织应严格遵守库存现金限额（为保证村集体经济组织日常零星开支的需要，允许其留存现金的最高数额）制度。

（二）账户设置

为准确反映和核算村集体经济组织库存现金的收付和结存情况，应设置“现金”总账，如表 2-1-1 所列。

表 2-1-1　　　　**现金总账账户**

××年		凭证		摘要	借方	贷方	借或贷	结余
月	日	字	号					
1	1			上年结余			借	2 000
	31	科汇	1	本月发生额及余额	100 000	60 000		42 000

为了详细核算村集体经济组织现金的收支和结存情况，村集体经济组织还应当设置现金日记账进行明细分类核算。月终应将现金日记账余额与现金总账余额核对，保证账账相符。

（三）主要业务举例

【例 2-1-1】 6 月 1 日，华村从开户信用社提取现金 6 000 元。其会计分录为：

借：现金　　6 000

　贷：银行存款　　6 000

【例 2-1-2】 6 月 5 日，华村以现金支付 5 月份办公室电话费 800 元。其会计分录为：

借：管理费用　　800

　贷：现金　　800

【例 2-1-3】 6 月 18 日库存现金 1 900 元，银行核定限额为 1 000 元，超过限额部分存入银行。其会计分录为：

借：银行存款　　900

　贷：现金　　900

【例 2-1-4】 6 月 30 日现金账面余额 3 300 元，但盘点现金有 3 450 元，无法查明原因，经批准后处理。其会计分录为：

发生现金溢余：

借：现金　　150

　贷：应付款——应付现金溢余　　150

查明原因批准处理：

借：应付款——应付现金溢余　　150

　贷：其他收入　　150

【例 2-1-5】 接【例 2-1-4】，假如盘点现金有 3 200 元，经查是出纳工作失误，并责成赔偿收回现金。其会计分录为：

发生现金短缺：

借：应收款——应收现金短缺　　100

　贷：现金　　100

收到出纳赔偿的现金：

借：现金　　100

　贷：应收款——应收现金短缺　　100

【例 2-1-6】 村干部李默参加组织部培训，预借差旅费、培训费 1 000 元。

借：内部往来——李默　　1 000

　贷：现金　　1 000

【例 2-1-7】 李默培训结束，报销差旅费、培训费 870 元，剩余现金 130 元交回。

借：现金　　130

　　管理费用　　870

　贷：内部往来——李默　　1 000

二、银行存款的核算

银行存款是指村集体经济组织存放于银行、信用社或其他金融机构的款项。

（一）银行存款的管理

（1）村集体经济组织应当按照国家有关支付结算办法，进行银行存款收支业务的结算。

（2）村集体经济组织要定期与银行、信用社或其他金融机构核对账目。

（3）支票和财务印鉴不得由一人保管。

（二）账户设置

为准确反映和核算村集体经济组织银行存款的取得、支付和结存情况，应设置“银行存款”账户，村集体经济组织应当设置银行存款总账进行总分类核算，应按开户银行、信用社或其他金融机构分别设置银行存款日记账进行明细核算。

（三）主要业务举例

【例 2-1-8】 6 月 3 日，华村销售稻谷一批，取得收入为 12 000 元，收到村办企业上交的利润 5 000 元，款项于当日存入银行。其会计分录为：

借：银行存款　　17 000

　贷：经营收入　　12 000

　　发包及上交收入　　5 000

【例 2-1-9】 6 月 19 日，华村购入化肥为 30 吨，价款合计为 28 000 元，发票等结算凭证已经收到，货款已通过银行转账支付，化肥已验收入库。其会计分录为：

借：库存物资　　28 000

　贷：银行存款　　28 000

【例 2-1-10】 6 月 25 日，华村支付合同违约金 6 000 元。其会计分录为：

借：其他支出　　6 000

　贷：银行存款　　6 000

（四）银行存款的期末核对与银行存款余额调节表编制

村集体经济组织期末时要和银行核对银行存款数额，防止贪污挪用。具体核对时要将村集体经济组织的“银行存款日记账”与银行提供的“银行对账单”逐笔、逐项进行核对。“银行存款日记账”与“银行对账单”核对时，一般应先核对两者的余额，如果两者的余额相符，一般表明双方账簿记录正确；如两者余额不符，则存在两种可能：一种可能是村集体经济组织或银行至少有一方存在记账错误，另一种可能是双方在记账中存在未达账项。在会计实务中，如发现双方余额不符时，一般应首先查找是否存在未达账项，并通过编制“银行存款余额调节表”的方法对未达账项进行调整，如经调整后双方余额相符，则基本证明账簿记录正确，银行存款账实相符；如经调整后双方余额仍不符，则说明账簿登记有误，应进一步逐笔进行核对，查找有无重记、错记、漏记、串户等情况，并及时更正。下面就未达账项及“银行存款余额调节表”的编制作进一步介绍。

（1）未达账项。未达账项是指由于收、付款的结算凭证在传递、接收时间上的不一致而导致的一方已经入账，另一方因没有接到凭证尚未入账的事项。

未达账项是会计主体与银行、往来单位之间在款项结算过程中发生的正常现象。村集体经济组织与银行之间的未达账项，总体来说有两大类：一是村集体经济组织已经入账而银行尚未入账的事项；二是银行已经入账而村集体经济组织尚未入账的事项。从收、付款的角度划分，又可以把这两类未达事项分为以下四种情况：

① 村集体经济组织已经收款入账，而银行未作收款入账的事项，如村集体经济组织送存收到的转账支票，而银行尚未入账；

② 村集体经济组织已经付款入账，而银行未作付款入账的事项，如村集体经济组织开出转账支票并已入账，而持票人尚未到银行办理转账业务；

③ 银行已经收款入账，而村集体经济组织未作收款入账的事项，如采用委托收款方式进行结算时，银行已代村集体经济组织划收货款，但村集体经济组织因尚未收到“收账通知”而没有入账；

④ 银行已经付款入账，而村集体经济组织未作付款入账的事项，如银行受村集体经济组织委托代村集体经济组织按期支付的水电费、通信费等，村集体经济组织因没有收到“付款通知”而没有入账。

当存在上述未达账项的时候，由于一方入账而另一方未入账，则必然导致双方余额的不相符。在第①、④种情况下，村集体经济组织银行存款日记账余额大于银行对账单余额；在第②、③种情况下，村集体经济组织银行存款日记账余额小于银行对账单余额。银行存款日记账余额、银行对账单余额、未达账项之间的关系如下：

$$\begin{array}{c}\text{村集体经济组织}\\\text{银行存款日记账余额}\end{array}+\begin{array}{c}\text{银行已收村集体}\\\text{经济组织未收款项}\end{array}-\begin{array}{c}\text{银行已付村集体}\\\text{经济组织未付款项}\end{array}$$

$$=\begin{array}{c}\text{银行}\\\text{对账单余额}\end{array}+\begin{array}{c}\text{村集体经济组织}\\\text{已收银行未收款项}\end{array}-\begin{array}{c}\text{村集体经济组织}\\\text{已付银行未付款项}\end{array}$$

利用上述公式所揭示的未达账项与银行存款日记账余额、银行对账单余额之间的关系，可以通过编制“银行存款余额调节表”的方法对未达账项进行调整。

（2）编制“银行存款余额调节表”。编制“银行存款余额调节表”，是在“银行对账单”和村集体经济组织“银行存款日记账”账面余额的基础上，各自加上对方已收、本方未收的款项，减去对方已付、本方未付的款项，以调整双方账面余额使其一致的一种用以验证银行存款账簿记录正确与否的方法。“银行存款余额调节表”的一般格式如表 2-1-2 所列。

表 2-1-2　　银行存款余额调节表

村集体经济组织名称：　　　　年　月　日　　　　单位：元

项目	金额	项目	金额
村集体经济组织银行存款日记账余额： 加：银行已收村集体经济组织未收 减：银行已付村集体经济组织未付		银行对账单余额： 加：村集体经济组织已收银行未收 减：村集体经济组织已付银行未付	
调节后余额：		调节后余额：	

【例 2-1-11】 某村 2015 年 6 月的“银行存款日记账”和本月底银行送来的“银行对账单”分别如表 2-1-3 和表 2-1-4 所列，据此编制 2015 年 6 月的银行存款余额调节表。

表 2-1-3　　　　　　　　　　**银行存款日记账**

账号：

2015 年		凭证号数	摘要	结算凭证		对方科目	借方	贷方	结余
月	日			种类	号数				
6	1		期初余额						700 000
	3	略	销售农产品	支票	00439	经营收入	280 000		980 000
	5		收到贷款	支票	00528	应收款	100 000		1 080 000
	10		支付货款	支票	00127	库存物资		500 000	580 000
	16		销售农产品	支票	00649	经营收入	120 000		700 000
	20		提取现金	支票	00123	现金		30 000	670 000
	29		支付货款	支票	00193	应付款		20 000	650 000
6	30		销售农产品		00987	经营收入	100 000		750 000

表 2-1-4　　　　　　　　　　**银行对账单**

账号：

2015 年		摘要	结算凭证		借方	贷方	结余
月	日		种类	号数			
6	1	结余					700 000
	3	存入	支票	00439		280 000	980 000
	11	支取	支票	00127	500 000		480 000
	17	存入	支票	00649		120 000	600 000
	26	支取	支票	00187	20 000		580 000
	27	存入	支票	00193		60 000	640 000
	30	支取	支票	00198	90 000		550 000

经过“银行存款日记账”和“银行对账单”逐笔核对发现双方有下列未达账项，并编制“银行存款余额调节表”：

（1）村集体经济组织已收、银行未收的款项为 20 万元；

（2）村集体经济组织已付、银行未付的款项为 3 万元；

（3）银行已收、村集体经济组织未收的款项为 6 万元；

（4）银行已付、村集体经济组织未付的款项为 9 万元。

表 2-1-5　　　　　　　　　　**银行存款余额调节表**

村集体经济组织名称：　　　　2015 年 6 月 30 日　　　　单位：元

项目	金额	项目	金额
村集体经济组织银行存款日记账余额：	750 000	银行对账单余额：	550 000
加：银行已收村集体经济组织未收	60 000	加：村集体经济组织已收银行未收	200 000
减：银行已付村集体经济组织未付	90 000	减：村集体经济组织已付银行未付	30 000
调节后余额：	720 000	调节后余额：	720 000

“银行存款余额调节表”有两个作用：一是村集体经济组织核对银行存款的工具；二是表中调节后的余额表示村集体经济组织当时可以实际动用的银行存款数额。但需要特别注意的是，“银行存款余额调节表”只是村集体经济组织对账的工具，而不是原始凭证，因而不能作为调节村集体经济组织账簿记录的依据，对于银行已入账而村集体经济组织尚未入账的未达账项，必须在收到银行的收、付款通知时方可进行账务处理。对于长期闲置的未达账项，应及时查询原始凭证、账簿及有关资料，弄清原因。必要时与银行联系，查明情况，及时解决悬账问题。

第二节　应收款的核算

应收款是指村集体经济组织因销售产品、提供劳务或因其他业务，应向购买单位或农户收取的款项或代垫的运杂费等。应收款属于村集体经济组织的债权，是村集体经济组织的资产。加强应收款项的管理，控制应收款项的数额和回收时间，并采取切实可行的措施积极组织催收，对于村集体经济组织而言非常重要。应收款的入账时间应根据经济业务的发生时间来确定；应收款的计价按照实际发生的金额计价入账，确认的坏账必须按规定程序批准核销，任何人不得擅自核销应收款。

一、账户设置

为准确反映和核算村集体经济组织因销售商品、提供劳务等而发生应收及暂付款项，应设置“应收款”总账账户。村集体经济组织因销售商品、提供劳务等而发生应收及暂付款项时，借记本账户，贷记“经营收入”、“现金”、“银行存款”等有关账户；收回款项时，借记“现金”、“银行存款”等账户，贷记本账户。对确实无法收回的应收款项，按规定程序批准核销时，借记“其他支出”等账户，贷记本账户。本账户应按应收款的不同单位和个人设置明细账户，进行明细核算。本账户的期末借方余额，反映村集体经济组织应收而未收回和暂付的款项。

二、主要业务举例

【例 2-1-12】 7 月 2 日，华村销售给 A 公司甲农产品一批，取得价款合计13 000元，尚未收到货款。农产品的实际成本为 9 000 元。其会计分录为：

借：应收款——A 公司	13 000	
贷：经营收入——甲农产品		13 000

同时，结转成本：

借：经营支出	9 000	
贷：库存物资——甲农产品		9 000

【例 2-1-13】 7 月 10 日，华村收到上述农产品销售款 13 000 元，当日存入银行。销售西瓜给水果公司，发票金额 2 500 元，用现金代垫运杂费 200 元。其会计分录为：

借：银行存款	13 000	
贷：应收款——A 公司		13 000
借：应收款——水果公司	2 700	
贷：经营收入——西瓜销售		2 500

现金　　200

【例 2-1-14】 华村于 7 月 29 日，批准核销因外村乙债务人死亡而确实无法收回的应收款 810 元。其会计分录为：

借：其他支出　　810

　贷：应收款——乙债务人　　810

第三节　内部往来的核算

内部往来是村集体经济组织与内部所属单位和农户发生的各项经济往来的款项。内部往来有时是农户欠村集体经济组织的钱，如村集体经济组织借给某农户钱，这对于村集体经济组织而言是债权，是村集体经济组织的资产；有时是村集体经济组织欠农户的钱，如应付给本村农户的临时用工费等，这对于村集体经济组织而言是债务，是村集体经济组织的负债。因此，“内部往来”是村集体经济组织与本村农户之间进行结算的一个账户。

一、账户设置

为准确反映和核算村集体经济组织与所属单位和农户的经济往来业务，应设置“内部往来”账户，村集体经济组织与所属单位和农户发生应收款项和偿还应付款项时，借记本账户，贷记“现金”、“银行存款”等账户；收回应收款项和发生应付款项时，借记“现金”、“银行存款”等账户，贷记本账户。村集体经济组织因所属单位和农户承包集体耕地、林地、果园、鱼塘等而发生的应收承包金或村（组）办企业的应收利润等，年终按经过批准的方案结算出本期所属单位和农户应交未交的款项时，借记本账户，贷记“发包及上交收入”账户；实际收到款项时，借记“现金”、“银行存款”等账户，贷记本账户。村集体经济组织因筹集一事一议资金与农户发生的应收款项，在筹资方案经成员大会或成员代表大会通过时，按照筹资方案规定的金额，借记本账户，贷记“一事一议资金”账户；收到款项时，借记“现金”等账户，贷记本账户。本账户应按村集体经济组织所属单位和农户设置明细账户，进行明细核算。本账户各明细账户的期末借方余额合计数反映村集体经济组织所属单位和农户欠村集体经济组织的款项总额，期末贷方余额合计数反映村集体经济组织欠所属单位和农户的款项总额。各明细账户年末借方余额合计数应在资产负债表的“应收款项”项目内反映，年末贷方余额合计数应在资产负债表的“应付款项”项目内反映。

二、主要业务举例

【例 2-1-15】 7 月 10 日，华村借给农户王强 700 元，为村民李旺提供机耕服务，应收费 300 元，款项尚未收到。其会计分录为：

借出款项：

借：内部往来——王强　　700

　贷：现金　　700

若在 7 月 17 日收回款项时：

借：现金　　700

　贷：内部往来——王强　　700

提供机耕服务：

借:内部往来——李旺　　300

　贷:经营收入　　300

【例 2-1-16】 7月16日,华村从所属某农场购入幼猪一批,价款合计为17 500元,款项尚未支付。其会计分录为:

发生应付款项:

借:牲畜(禽)资产——幼猪　　17 500

　贷:内部往来——村农场　　17 500

若在7月28日偿还款项时:

借:内部往来——村农场　　17 500

　贷:银行存款　　17 500

【例 2-1-17】 华村12月31日结算出村鱼塘欠交承包金2万元。其会计分录为:

发生欠交承包金时:

借:内部往来——鱼塘　　20 000

　贷:发包及上交收入　　20 000

实际收到款项时:

借:银行存款　　20 000

　贷:内部往来——鱼塘　　20 000

第四节　应付款的核算

应付款是指村集体经济组织因采购材料和商品、接受劳务或因其他业务,应向外部销售单位或个人支付的一年以下(含一年)的各种应付及暂收款项等。应付款是村集体经济组织欠外部的单位或个人的款项,是村集体经济组织的负债。应付款应当在业务实际发生时入账,一般按业务发生时的实际金额入账。

一、账户设置

为准确反映和核算村集体经济组织因采购材料和商品、接受劳务等与外单位和外部个人而发生的偿还期在一年以下(含一年)的应付及暂收款项,应设置"应付款"总账。村集体经济组织发生以上应付及暂收款项时,借记"现金"、"银行存款"、"库存物资"等账户,贷记本账户;偿付应付及暂收款项时,借记本账户,贷记"现金"、"银行存款"等账户。发生确实无法支付的应付款项时,借记本账户,贷记"其他收入"账户。本账户应按应付款的不同单位和个人设置明细账户,进行明细核算。本账户的期末贷方余额,反映村集体经济组织应付而未付及暂收的款项。

二、主要业务举例

【例 2-1-18】 12月7日,华村向乡种子公司购买玉米种子1 000公斤,每公斤为5元,合计为5 000元,款项尚未支付;另以现金支付运费150元。其会计分录为:

借:库存物资——玉米种子　　5 150

　贷:应付款——乡种子公司　　5 000

　　　现金　　150

【例 2-1-19】 12 月 20 日，华村以银行存款支付了上述货款，代自来水公司向村民收取水费 1 500 元。其会计分录为：

借：应付款——乡种子公司　　5 000

　贷：银行存款　　5 000

借：现金　　1 500

　贷：应付款——自来水公司　　1 500

【例 2-1-20】 华村 12 月 31 日发现因债权 B 单位已经撤销而无法支付欠其的货款 2 800 元。其会计分录为：

借：应付款——B 单位　　2 800

　贷：其他收入　　2 800

第五节　应付工资

应付工资是村集体经济组织应支付给管理人员及其他固定人员的报酬，包括工资、奖金、津贴和福利补助等。

一、账户设置

为了准确反映和核算工资支付情况，村集体经济组织必须设置“应付工资”账户，核算村集体经济组织应付给其管理人员及固定员工的报酬总额。上述人员的各种工资、奖金、津贴、福利补助等，不论是否在当月支付，都应通过本账户核算。村集体经济组织应付给临时员工的报酬，不通过本账户核算，在“应付款”或“内部往来”账户中核算。村集体经济组织按照经过批准的金额提取工资时，根据人员岗位，分别借记“管理费用”、“生产（劳务）成本”、“牲畜（禽）资产”、“林木资产”、“在建工程”等账户，贷记本账户。按规定程序批准后，实际发放工资时，借记本账户，贷记“现金”等账户。本账户应设置“应付工资明细账”，按照管理人员和员工的类别及应付工资的组成内容进行明细核算。本账户的期末贷方余额，反映村集体经济组织已提取但尚未支付的工资额。

二、主要业务举例

【例 2-1-21】 月末，华村村集体经济组织按照批准的工资标准，提取村干部工资为 3 000 元、生产部门人员工资 2 000 元、工程人员工资 4 000 元。其会计分录为：

借：管理费用　　3 000

　　生产（劳务）成本　　2 000

　　在建工程　　4 000

　贷：应付工资　　9 000

【例 2-1-22】 提取现金为 3 000 元。其会计分录为：

借：现金　　3 000

　贷：银行存款　　3 000

支付村干部工资 3 000 元：

借：应付工资　　3 000

　贷：现金　　3 000

第二章

资金筹集业务核算

农村集体经济组织资金的筹集主要来源于以下五个方面：投资者投入资本，从银行、金融机构及企业、个人处借入资金，一事一议资金，财政拨款形成的补助收入及公积公益金。

第一节　投资者投入资本的核算

村集体经济组织首先可以通过投资者投入资本进行资金的筹集，资本是指投资者投入村集体经济组织的财产物资及劳务的价值。“投资者”包括村集体经济组织本身、外单位及个人、村集体经济组织所属单位及农户等。每个投资者投入的资本不同，其享受的权益和承担的风险就不同，投资者应按照投入资本的比例或依照合同、章程、协议的约定参与村集体经济组织的收益分配和承担风险。当这些资本投入村集体经济组织后，村集体经济组织就对这些资本依法享有经营权，投资者除依法转让外，不得随意抽出，如在特殊情况下确需抽出的须经村成员大会讨论决定。

一、账户设置

为准确反映和核算村集体经济组织资本的投入、增减及结存情况，应设置“资本”总账。村集体经济组织收到以固定资产作为投资时，按照投资各方确认的价值，借记“固定资产”账户，贷记本账户；收到以劳务形式投资时，按当地劳务价格，借记“在建工程”等账户，贷记本账户；收到以其他形式投资时，借记“银行存款”、“库存物资”等有关账户，贷记本账户。将公积公益金转增资本时，借记“公积公益金”账户，贷记本账户。按照协议规定投资者收回投资时，借记本账户，贷记“银行存款”、“固定资产”等有关账户。原生产队积累折股股金及农业合作化时期社员入社的股份基金，也在本账户中核算。本账户应按投资的单位和个人设置明细账户，进行明细核算。本账户的期末贷方余额，反映村集体经济组织实有的资本数额。

二、主要业务举例

【例 2-2-1】　6 月 3 日，华村村集体经济组织收到 A 企业投入的全新机器设备一台，计价为 10 万元，协议确定 A 企业拥有的资本金额为 8 万元。其会计分录为：

借：固定资产	100 000	
贷：资本——外单位资本——A 企业		80 000
公积公益金		20 000

【例 2-2-2】　6 月 5 日，华村村集体经济组织收到农户王明投入的现金为 5 000 元，村民张三要求退回投资 10 000 元，经村民大会通过，以价值 5 000 元的化肥和 5 000 元现金抵偿

张三的投资。其会计分录为：

借：现金　　5 000

　贷：资本——个人资本——王明　　5 000

借：资本——张三　　10 000

　贷：库存物资——化肥　　5 000

　　现金　　5 000

第二节　借入款项的核算

村集体经济组织筹集资金的第二个渠道是借款。借款是村集体经济组织从银行、信用社和有关单位、个人借入的款项。其中，借款期限在一年以内(含一年)的借款为短期借款，借款期限在一年以上(不含一年)的借款或应付款项为长期借款及应付款。

一、账户设置

为准确反映和核算村集体经济组织长、短期借款的借入、偿还、结存及利息等情况，应设置“短期借款”、“长期借款及应付款”等账户。

“短期借款”核算村集体经济组织从银行、信用社和有关单位、个人借入的期限在一年以下(含一年)的各种借款。村集体经济组织借入的期限在一年以上(不含一年)的借款在“长期借款及应付款”核算。村集体经济组织借入各种短期借款时，借记“现金”、“银行存款”，贷记本账户；归还借款时，借记本账户，贷记“现金”、“银行存款”账户。短期借款利息应按期计提，借记“其他支出”，贷记“应付款”、“现金”、“银行存款”等账户。本账户应按借款单位或个人名称设置明细科目，进行明细核算。本账户的期末贷方余额，反映村集体经济组织尚未归还的短期借款的本金。

“长期借款及应付款”核算村集体经济组织从银行、信用社和有关单位、个人借入的期限在一年以上(不含一年)的借款及偿还期在一年以上(不含一年)的应付款项。村集体经济组织发生长期借款及应付款项时，借记“现金”、“银行存款”、“库存物资”等账户，贷记本账户；归还和偿付长期借款及应付款项时，借记本账户，贷记“现金”、“银行存款”账户。发生长期借款的利息支出，借记“其他支出”，贷记“应付款”、“现金”、“银行存款”等账户。发生确实无法偿还的长期借款及应付款时，借记本账户，贷记“其他收入”。本账户应按借款及应付款单位和个人设置明细科目，进行明细核算。期末贷方余额，反映村集体经济组织尚未偿还的长期借款及各种应付款项。

二、主要业务举例

【例 2-2-3】　6 月 1 日，华村向农村信用社借入一笔期限为 6 个月的借款为 5 万元，年利率为 12%，到期一次还本付息，其会计分录为：

借：银行存款　　50 000

　贷：短期借款——农村信用社　　50 000

【例 2-2-4】　接【例 2-2-3】，6 月末计提利息时，其会计分录为：

借：其他支出　　500

　贷：应付款——应计利息　　500

(50 000×12%÷12)

【例 2-2-5】 接【例 2-2-3】、【例 2-2-4】,11 月 30 日,偿还本金及利息,其会计分录为:

借:短期借款——农村信用社　　50 000

　应付款——应计利息　　3 000

　贷:银行存款　　53 000

【例 2-2-6】 2015 年 3 月 1 日,华村与某外商签订合同,采用补偿贸易方式引进需安装的农产品深加工设备一套,设备款 15 万元。约定投产后以产品分五年偿还。其会计分录为:

借:在建工程——农产品加工设备　　150 000

　贷:长期借款及应付款——某外商　　150 000

【例 2-2-7】 接【例 2-2-6】,年底华村用引进的设备生产的产品偿还设备款 3 万元,该批产品成本 2.2 万元。其会计分录为:

借:长期借款及应付款——某外商　　30 000

　贷:经营收入　　30 000

同时结转该批产品成本:

借:经营支出　　22 000

　贷:库存物资　　22 000

【例 2-2-8】 接【例 2-2-6】、【例 2-2-7】,因某国发生战争,该外商企业被夷为平地,人员全部死亡,无法偿还剩余款项。

发生确实无法偿还的款项,经批准后处理,其会计分录为:

借:长期借款及应付款——某外商　　120 000

　贷:其他收入　　120 000

第三节　村民一事一议资金的核算

一事一议资金是指村集体经济组织对兴办生产、公益事业,经村集体经济组织成员大会讨论决定按一事一议的形式筹集的专项资金,包括一事一议酬资和一事一议酬劳。

筹资筹劳,是指为兴办村民直接受益的集体生产生活等公益事业,按照《村民一事一议筹资筹劳管理办法》规定经民主程序确定的村民出资出劳的行为。筹资筹劳应遵循村民自愿、直接受益、量力而行、民主决策、合理限额的原则。农业部负责全国筹资筹劳的监督管理工作。县级以上地方人民政府农民负担监督管理部门负责本行政区域内筹资筹劳的监督管理工作。乡镇人民政府负责本行政区域内筹资筹劳的监督管理工作。

筹资筹劳的适用范围:村内农田水利基本建设、道路修建、植树造林、农业综合开发有关的土地治理项目和村民认为需要兴办的集体生产生活等其他公益事业项目。对符合当地农田水利建设规划,政府给予补贴资金支持的相邻村共同直接受益的小型农田水利设施项目,先以村级为基础议事,涉及的村所有议事通过后,报经县级人民政府农民负担监督管理部门审核同意,可纳入筹资筹劳的范围。属于明确规定由各级财政支出的项目,以及偿还债务、企业亏损、村务管理等所需费用和劳务,不得列入筹资筹劳的范围。

筹资筹劳的议事范围为建制村。筹资的对象为本村户籍在册人口或者所议事项受益人口。筹劳的对象为本村户籍在册人口或者所议事项受益人口中的劳动力。五保户、现役军人不承担筹资筹劳任务；退出现役的伤残军人、在校就读的学生、孕妇或者分娩未满一年的妇女不承担筹劳任务。对家庭确有困难，不能承担或者不能完全承担筹资任务的农户，因病、伤残或者其他原因不能承担或者不能完全承担劳务的村民，由当事人提出申请，经符合规定的民主程序讨论通过，给予减免。

需要村民出资出劳的项目、数额及减免等事项，应当经村民会议讨论通过，或者经村民会议授权由村民代表会议讨论通过。筹资筹劳事项可由村民委员会提出，也可由 1/10 以上的村民或者 1/5 以上的村民代表联名提出。对提交村民会议或者村民代表会议审议的事项，会前应当向村民公告，广泛征求意见。提交村民代表会议审议和表决的事项，会前应当由村民代表逐户征求所代表农户的意见并经农户签字认可。

召开村民会议，应当有本村 18 周岁以上的村民过半数参加，或者有本村 2/3 以上农户的代表参加。召开村民代表会议，应当有 2/3 以上的组成人员参加。

村民委员会在召开村民会议或者村民代表会议前，应当做好思想发动和动员组织工作，引导村民积极参与民主议事。在议事过程中要充分发扬民主，吸收村民合理意见，在民主协商的基础上进行表决。

村民会议所做筹资筹劳方案应当经到会人员的过半数通过。村民代表会议表决时按一户一票进行，所做方案应当经到会村民代表所代表的户过半数通过。

村民会议或者村民代表会议表决后形成的筹资筹劳方案，由参加会议的村民或者村民代表签字。相邻村村民共同直接受益的筹资筹劳项目，应当由受益村协商、乡镇人民政府协调，按照分村议事、联合申报、分村管理资金和劳务的办法实施。

筹资筹劳方案报经乡镇人民政府初审后，报县级人民政府农民负担监督管理部门复审。对符合《村民一事一议筹资筹劳管理办法》规定的，县级人民政府农民负担监督管理部门应当在收到方案的 7 个工作日内予以答复；对不符合筹资筹劳适用范围、议事程序以及筹资筹劳限额标准的，县级人民政府农民负担监督管理部门应当及时提出纠正意见。

省级人民政府农民负担监督管理部门应当根据当地经济发展水平和村民承受能力，分地区提出筹资筹劳的限额标准，报省级人民政府批准。对经审核的筹资筹劳事项、标准、数额，乡镇人民政府应当在省级人民政府农民负担监督管理部门统一印制或者监制的农民负担监督卡上登记。村民委员会将农民负担监督卡分发到农户，并张榜公布筹资筹劳的事项、标准、数额。村民委员会按照农民负担监督卡登记的筹资筹劳事项、标准、数额收取资金和安排出劳。同时，应当向出资人或者出劳人开具筹资筹劳专用凭证。

村民应当执行经民主程序讨论通过并经县级人民政府农民负担监督管理部门审核的筹资筹劳方案。对无正当理由不承担筹资筹劳的村民，村民委员会应当进行说服教育，也可以按照村民会议通过的符合法律法规的村民自治章程、村规民约进行处理。

筹集的资金应单独设立账户、单独核算、专款专用。村民民主理财小组负责对筹资筹劳情况实行事前、事中、事后全程监督。筹资筹劳的管理使用情况经民主理财小组审核后，定期张榜公布，接受村民监督。任何单位或者个人不得平调、挪用一事一议所筹资金和劳务。任何机关或者单位不得以检查、评比、考核等形式，要求村民或者村民委员会组织筹资筹劳，开展达标升级活动。任何单位或者个人不得擅自立项或者提高标准向村民筹资筹劳；不得以一事一议为名设立固定的筹资筹劳项目。

村民或者村民委员会有权拒绝违反规定的筹资筹劳要求，并向乡镇人民政府及县级以上地方人民政府农民负担监督管理部门举报。地方人民政府农民负担监督管理部门应当将筹资筹劳纳入村级财务公开内容，并对所筹集资金和劳务的使用情况进行专项审计。

属于筹劳的项目，不得强行要求村民以资代劳。村民自愿以资代劳的，由本人或者其家属向村民委员会提出书面申请，可以以资代劳。以资代劳工价标准由省级人民政府农民负担监督管理部门根据不同地区的实际情况提出，报经省级人民政府批准后予以公布。

由村民筹资筹劳，开展村内集体生产生活等公益事业建设的，政府可采取项目补助、以奖代补等办法给予支持，实行筹补结合。对政府给予扶持资金的筹资筹劳项目，有关项目管理部门在进行项目审核、审批时，农民负担监督管理部门应就项目筹资筹劳是否符合村民一事一议的有关规定进行审查，并参与对项目筹资筹劳和资金使用情况的监督。

根据受益主体和筹资筹劳主体相对应的原则，可适当缩小议事范围。以村民小组或者以自然村为单位议事的，参照《村民一事一议筹资筹劳管理办法》有关规定执行。

村集体经济组织向农民筹资筹劳应本着量力而行、村民受益、事前预算、民主决定、上限控制、定期公开的原则。

一、账户的设置

为准确反映和核算村集体经济组织兴办生产、公益事业，按一事一议的形式筹集的专项资金的筹集、使用、结存等情况，应设置“一事一议资金”账户。村集体经济组织应于一事一议筹资方案经成员大会或成员代表大会通过时，借记“内部往来”账户，贷记本账户；收到农户交来的一事一议专项筹资时，借记“现金”等账户，贷记“内部往来”账户。村集体经济组织使用一事一议资金购入不需要安装的固定资产的，借记“固定资产”账户，贷记“现金”、“银行存款”等账户，同时，借记本账户，贷记“公积公益金”账户。村集体经济组织使用一事一议资金购入需要安装或建造固定资产的，借记“在建工程”账户，贷记“现金”、“银行存款”等账户。固定资产完工后，借记“固定资产”账户，贷记“在建工程”账户，同时，借记本账户，贷记“公积公益金”账户。村集体经济组织对于使用一事一议资金而没有形成固定资产的项目，在项目支出发生时，借记“在建工程”账户，贷记“现金”、“银行存款”等账户；项目完成后按使用一事一议资金金额，借记“管理费用”、“其他支出”等账户，贷记“在建工程”账户，同时，借记本账户，贷记“公积公益金”账户。本账户应按所议项目设置明细账户，进行明细核算。同时，必须另设备查账簿对一事一议资金的筹集和使用情况进行登记。本账户的期末贷方余额，反映村集体经济组织应当用于一事一议专项工程建设的资金；期末借方余额，反映村集体经济组织一事一议专项工程建设的超支数。

二、主要业务举例

【例 2-2-9】 2015 年 6 月 8 日，华村村集体经济组织通过成员大会决定通过一事一议的方式修建本村的学校，按照预算每人筹资 20 元，共计为 46 000 元，2015 年 6 月 15 日，上述一事一议款项收回 45 000 元，1 000 元暂欠。2015 年 6 月 20 日工程开工至 2015 年 8 月 15 日完工，施工中用筹资款购买物资为 41 000 元，支付工人工资为 6 000 元，超支部分经村集体经济组织通过成员大会决定待下次议事时筹取，将本次实际支出全部转为集体积累。会计分录为：

(1) 2015 年 6 月 10 日，筹资方案审核批准时：

借：内部往来　46 000

　贷：一事一议资金——学校　46 000

(2) 2015 年 6 月 15 日，收到 45 000 元筹资款时：

借：现金　45 000

　贷：内部往来　45 000

(3) 使用筹资款时：

借：在建工程——学校　47 000

　贷：现金　47 000

　　(物资款 41 000＋工资 6 000)

(4) 工程完工，结转固定资产时：

借：固定资产——学校　47 000

　贷：在建工程——学校　47 000

(5) 将实际支付金额转为集体积累：

借：一事一议资金　47 000

　贷：公积公益金　47 000

【例 2-2-10】 接【例 2-2-9】，如学校在建造过程中，村民以劳动力筹工，共投入劳动力 500 工时，计价为 5 000 元，应将其计入在建工程成本，并同时作为“公积公益金”的增加。其会计分录为：

借：在建工程——学校　5 000

　贷：公积公益金　5 000

借：固定资产——学校　52 000

　贷：在建工程——学校　52 000

第四节　财政补助收入的核算

为了扎实推进社会主义新农村建设，统筹城乡发展，做好“三农”工作，全面建成小康社会，各级财政部门在农村实施税费改革之后，为保障农村基层组织的正常运转，每年按照国家支农惠农政策向各村集体经济组织拨付财政补助款项，包括财政转移支付资金及其他补助资金。其中，财政转移支付资金只能用于农村干部补助、日常办公经费和五保户补助。其他补助资金，如大豆、小麦、水稻等良种补贴，粮食种植补贴，超过机具价格 30%的农业机械购置补贴，退耕还林补助，植树绿化补助，防火护林补助，防洪、清理河道补助等，应按国家政策规定的用途使用和支付。

村集体经济组织会计核算应区别不同情况对上述财政补助款项进行处理：一是如果补助对象为村集体经济组织的，其补助款项将直接划拨到村集体经济组织账户上，因此，村集体经济组织应通过“补助收入”对其进行核算；二是如果补助对象为农户，如种粮农民补贴等，其补助款项通过“一卡(折)通”直接拨付给农户个人，村集体经济组织不经手该项补助款项的，村集体经济组织不需对其进行会计核算。但由于这些直接补贴款的申请、发放等须通过村集体经济组织提供农户的姓名、补助项目的数量、补贴金额等信息，村集体经济组织应建立备查账簿，对本村农户直接获得的补贴进行备查登记，以便向各级财政、农业管理部门提供综合信息。下面我们主要介绍以村集体经济组织为补助对象的各项财政支农惠农补助款项的核算。

一、账户设置

为准确反映补助资金的到位、使用、结存情况，村集体经济组织必须设置“补助收入”总账，如表 2-2-1 所列。

表 2-2-1　　“补助收入”账户

<table>
<tr><td rowspan="8">补助收入</td><td>核算内容</td><td colspan="3">本账户核算村集体经济组织收到的财政等有关部门的补助资金</td></tr>
<tr><td>账户类别</td><td colspan="3">反映收入的损益类账户</td></tr>
<tr><td>账户的运用</td><td colspan="3">收到财政部门的补助资金时，记入账户的贷方，表示收入的增加，年末结转本年收益时，记入账户的借方，期末无余额</td></tr>
<tr><td>明细账户</td><td colspan="3">按补助项目设置明细账户，如财政转移支付资金、植树造林补助等</td></tr>
<tr><td rowspan="4">主要业务</td><td>业务内容</td><td>业务分析</td><td>会计分录</td></tr>
<tr><td>收到补贴款时</td><td>收到补助资金时，则现金、银行存款增加的同时，补助收入也增加。如果收到的是村级转移支付资金实行“村账乡管”的地方，应借记“应收款”</td><td>借：银行存款
　现金
　应收款——乡经营站
贷：补助收入——××项目</td></tr>
<tr><td>使用补助款支付各种费用时</td><td>使用财政补助款项支付其抵用的专门费用时，应按照支付费用的性质借记“管理费用”、“应付工资”等；贷记“现金”或“银行存款”</td><td>借：管理费用——办公费
　应付工资——干部补助
贷：现金</td></tr>
<tr><td>年末结转损益</td><td>年末应将本期的补助收入结转计入本年收益，此时记入“本年收益”的贷方表示收益的增加，而记入“补助收入”借方，表示结转</td><td>借：补助收入——××项目
贷：本年收益</td></tr>
</table>

二、主要业务举例

【例 2-2-11】 华村村集体经济组织按照规定收到村属补贴收入，包括每亩 10 元的优质小麦良种补贴款 6 万元和每亩 30 元的优质小麦良种繁殖基地补贴款 3 万元，共计为 9 万元，已存入银行。其会计分录为：

借：银行存款　　90 000

　贷：补助收入——优质小麦良种补贴　　60 000

　　　　　　——优质小麦良种繁殖基地补贴　　30 000

【例 2-2-12】 华村村集体经济组织按照规定收到植树绿化补助为 2 万元，其会计分录为：

借：银行存款　　20 000

　贷：补助收入——植树绿化补助　　20 000

【例 2-2-13】 华村村集体经济组织按照规定收到防火护林补助 5 万元，其会计分录为：

借：银行存款　　50 000

　　贷:补助收入——防火护林补助　　50 000

【例 2-2-14】　华村村集体经济组织按照规定收到防洪、清理河道补助 10 万元,其会计分录为:

　借:银行存款　　100 000

　　贷:补助收入——防洪、清理河道补助　　100 000

【例 2-2-15】　华村村集体经济组织收到乡财政所转来的财政转移支付资金18 000元,其中用于五保户救济款为 3 000 元(注:财政转移支付资金中用于支付“五保户”、残疾人救济款的部分计入“应付福利费”)。其会计分录为:

　借:银行存款　　18 000

　　贷:补助收入——财政转移支付资金　　15 000

　　　应付福利费——财政转移支付资金　　3 000

【例 2-2-16】　华村村集体经济组织用转移支付资金支付村干部补助为 6 000 元,支付管理费用为 500 元,两项费用全部用现金支付。其会计分录为:

　借:应付工资——干部补助　　6 000

　　管理费用　　500

　　贷:现金　　6 500

第五节　公积公益金的核算

村集体经济组织的资金还可以来源于村集体经济组织通过各种渠道形成的公积公益金。公积公益金是对村集体经济组织按规定从收益中提取的和从其他来源渠道取得的用于扩大再生产、承担经营风险和集体文化、福利、卫生等公益事业设施建设的专用基金。公积公益金的主要来源包括:① 村集体经济组织在筹集资金时,投资者实际出资额超过约定资本金比例的那部分差额;② 村集体经济组织接受捐赠的资产及有关部门无偿拨付的专项款项;③ 村集体经济组织收到的土地征用补偿费及拍卖荒山、荒坡、荒滩和荒地等使用权得到的款项;④ 村集体经济组织使用“一事一议”资金时转增公积公益金;⑤ 村集体经济组织通过一事一议资金程序支付酬劳时增加公益公积金;⑥ 村集体经济组织以固定资产形式对外进行投资时,双方协议价高于账面净值的差额;⑦ 村集体经济组织按规定从收益中提取的公积公益金。

一、账户设置

为准确反映公积公益金的增加及使用情况,村集体经济组织必须设置“公积公益金”总账。从收益中提取公积公益金时,借记“收益分配”账户,贷记本账户。收到应计入公积公益金的征用土地补偿费及拍卖荒山、荒地、荒水、荒滩等使用权价款,或者收到由其他来源取得的公积公益金时,借记“银行存款”账户,贷记本账户。收到捐赠的资产时,借记“银行存款”、“库存物资”、“固定资产”等账户,贷记本账户。按国家有关规定,并按规定程序批准后,公积公益金转增资本、弥补福利费不足或弥补亏损时,借记本账户,贷记“资本”、“应付福利费”或“收益分配”账户。本账户的期末贷方余额,反映村集体经济组织的公积公益金数额。

二、主要业务举例

（一）征地补偿费

征地补偿费包括土地补偿费、安置补助费以及地上附着物和青苗补偿费，是对被征地农民和农村集体经济组织失地后的经济补偿。根据政策规定，征地补偿费分为两部分：一部分是属于村集体经济组织的征地补偿费；另一部分是属于农户个人或承包经营者的征地补偿费。按照《村集体经济组织会计制度》的规定，征地补偿费中属于村集体经济组织的部分应计入“公积公益金”进行核算，属于农户的应发放给农户个人。但是在实际工作中，村集体经济组织在收到征地补偿费时，并不能及时地划清哪部分征地补偿费是属于集体的，哪部分是属于农户个人或承包经营商的，征地补偿费从资金划拨到按分配方案进行分配需要一段时间。在此期间，多数村集体经济组织的征地补偿费就以银行存款的形式存在银行（或信用社）。在这种情况下，有可能造成征地补偿费的挪用，资金的安全完整性得不到保障。为此，在处理相关业务时，如分配计划时间较长的可先将这部分资金通过“专项应付款”核算，然后视其分配方案将归属村集体经济组织的部分转作“公积公益金”，将归属于个人的部分贷记“现金”，并予以发放。

【例 2-2-17】 国家修公路征用土地，华村村集体经济组织收到村属土地征用补偿费为20 万元，款存银行，其会计分录为：

借：银行存款　　200 000

　贷：公积公益金　　200 000

【例 2-2-18】 华村村集体经济组织收到征地补偿款为 1 000 万元，按规定 400 万元用于失地农民安置费，200 万元用于为失地农民购买养老保险，其余用于生产性、建设性支出和必要的办公经费等，但若用于办公经费必须经过村民会议讨论通过并报上级批准，相关会计分录为：

（1）收到土地补偿款时：

借：银行存款　　10 000 000

　贷：专项应付款——征地补偿款　　10 000 000

（2）支付失地农民安置费 400 万元：

借：专项应付款——征地补偿款　　4 000 000

　贷：现金（银行存款）　　4 000 000

（3）为失地农民购买保险 200 万元：

借：专项应付款——征地补偿款　　2 000 000

　贷：银行存款　　2 000 000

（4）将剩余的款项转作公积公益金：

借：专项应付款——土地补偿款　　4 000 000

　贷：公积公益金　　4 000 000

（5）确实因村级经费不足，经村民会议通过并报上级批准，用于办公经费 10 万元：

借：管理费用　　100 000

　贷：现金　　100 000

（二）农村道路硬化

农村道路硬化工程造价高，资金筹集复杂，因此，在其资金筹集中会涉及包括“公积公益金”在内的多个账户。

【例 2-2-19】 华村村集体经济组织为造福于民，决定采用竞标发包的方式硬化一条长 1 000 米的中心街道，工程资金预算为 13 万元，具体筹资方式如下：收到乡财政转来的村村通油路修建补助款为 5 万元，“一事一议”筹资为 9 000 元，社会各界捐款为 3 万元，村集体经济组织自有资金为 2 万元，信用社贷款为 1 万元，缺口资金为 11 000 元，暂由竞标方垫付。

（1）资金筹集时的会计分录为：

借：银行存款　　99 000
　贷：公积公益金　　80 000
　　一事一议资金——水泥路资金　　9 000
　　短期借款——信用社　　10 000

（2）工程开工时，预付款项 91 000 元，会计分录为：

借：在建工程——水泥路建设　　91 000
　贷：银行存款　　91 000

（3）工程完工验收合格后，补付部分工程款 28 000 元，尚欠竞标方 11 000 元，会计分录为：

借：在建工程——水泥路建设　　39 000
　贷：银行存款　　28 000
　　应付款——竞标方　　11 000

（4）工程使用前，为完善配套设施，用劳动积累 800 个，当地劳务价格每工日为 20 元，会计分录为：

借：在建工程——水泥路建设　　16 000
　贷：公积公益金　　16 000

（5）工程完工后，结转全部建造成本，会计分录为：

借：固定资产——水泥路　　146 000
　贷：在建工程——水泥路建设　　146 000

（6）结转已使用一事一议资金金额：

借：一事一议资金　　9 000
　贷：公积公益金　　9 000

（三）其他公积公益金取得

【例 2-2-20】 华村村集体经济组织收到乡镇企业捐赠的水泥 50 吨，计价为 1 万元，入库备用。

借：库存物资——水泥　　10 000
　贷：公积公益金　　10 000

【例 2-2-21】 华村村集体经济组织拍卖荒山一座，期限 50 年，收到存款 25 万元，其会计分录为：

借：银行存款　　250 000
　贷：公积公益金　　250 000

【例 2-2-22】 华村村集体经济组织收到乡财政转来的卫生所改造费 5 万元，学校配套费 10 万元，存入银行。

借：银行存款　　150 000

　贷：公积公益金　　150 000

（四）公积公益金减少的核算

【例 2-2-23】 华村 2015 年福利费开支超出预算 4 000 元，年底经村民大会批准用公积公益金弥补应付的福利费；同时经村民大会批准用公积公益金 10 万元转增资本；用公积公益金 3 万元弥补亏损。

借：公积公益金　　134 000

　贷：应付福利费　　4 000

　　资本　　100 000

　　收益分配——未分配收益　　30 000

第三章

投资业务核算

投资是指村集体经济组织根据国家法律、法规规定，以货币资金、实物资产或者购买股票、债券等有价证券方式向其他单位的投资。投资主要有两个方面的目的：一是有效利用闲置资金，以获取一定的收益；二是影响或控制其他单位的经济业务，为村集体经济组织经营活动创造好的环境。其中，能够随时变现、持有时间不准备超过一年（含一年）并且符合一定条件的投资为短期投资，不准备在一年内（不含一年）变现的有价证券等投资为长期投资。

第一节　账户设置

为准确反映和核算村集体经济组织长、短期投资的取得以及持有期间的损益和处置等情况，应设置“短期投资”、“长期投资”等账户。

“短期投资”核算村集体经济组织购入的各种能随时变现并且持有时间不准备超过一年（含一年）的股票、债券等有价证券等投资。村集体经济组织购入各种有价证券等进行短期投资时，按照实际支付的价款，借记本账户，贷记“现金”、“银行存款”等账户；出售或到期收回有价证券等短期投资时，按实际收回的价款，借记“现金”、“银行存款”等账户，按原账面价值，贷记本账户，实际收回价款与原账面价值的差额借记或贷记“投资收益”账户。本账户应按投资的种类设置明细账户，进行明细核算。本账户的期末借方余额，反映村集体经济组织实际持有的对外短期投资的成本。

“长期投资”核算村集体经济组织不准备在一年内（不含一年）变现的投资，包括股票投资、债券投资和村集体经济组织举办企业等投资。村集体经济组织以现金或实物资产（含牲畜和林木）等方式进行长期投资时，按照实际支付的价款或合同、协议确定的价值，借记本账户，贷记“现金”、“银行存款”等账户，合同或协议约定的实物资产价值与原账面价值之间的差额，借记或贷记“公积公益金”账户。收回投资时，按实际收回的价款或价值，借记“现金”、“银行存款”等账户，按投资的账面价值，贷记本账户，实际收回价款或价值与原账面价值的差额借记或贷记“投资收益”账户。被投资单位宣告分配现金股利或利润时，借记“应收款”账户，贷记“投资收益”账户；实际收到现金股利或利润时，借记“现金”、“银行存款”等账户，贷记“应收款”账户。投资发生损失时，按规定程序批准后，按照应由责任人和保险公司赔偿的金额，借记“应收款”、“内部往来”等账户，按照扣除由责任人和保险公司赔偿金额后的净损失，借记“投资收益”账户，按照发生损失的投资的账面金额，贷记本账户。本账户应按长期投资的种类设置明细账户，进行明细核算。本账户的期末借方余额，反映村集体经济组织对外长期投资的实际成本。

第二节　主要业务举例

【例 2-3-1】 2015 年 1 月 10 日，华村购入甲上市公司股票 5 000 股，买入价为每股 12 元，其中买价中含有已宣告发放尚未支付的股利 1 元，另付佣金等费用为 1 000 元，均以银行存款支付。

该股票准备随时变现。其会计分录为：

借：短期投资——甲公司　56 000
　　应收款——应收甲公司股利　5 000
　贷：银行存款　61 000

【例 2-3-2】 2015 年 2 月 8 日，华村收到甲公司派发的股利 5 000 元，其会计分录为：

借：银行存款　5 000
　贷：应收款——应收股利　5 000

【例 2-3-3】 2015 年 10 月 30 日，华村因资金需要出售短期持有的甲公司股票，实际收到 6 万元。其会计分录为：

借：银行存款　60 000
　贷：短期投资——甲公司　56 000
　　　投资收益　4 000

【例 2-3-4】 2015 年 2 月 10 日，华村以拥有的房屋对乙公司进行投资，该房屋的账面价值为 120 万元，已提折旧为 20 万元。投资协议约定的价值为 95 万元，其会计分录为：

借：长期投资——乙公司　950 000
　　累计折旧　200 000
　　公积公益金　50 000
　贷：固定资产——房屋建筑物　1 200 000

【例 2-3-5】 乙公司于 2015 年 2 月 15 日宣告分配利润 150 万元，华村可分得利润为 3.5 万元。其会计分录为：

借：应收款——乙公司股利　35 000
　贷：投资收益　35 000

【例 2-3-6】 2015 年 2 月 27 日，华村收到乙公司支付的利润分配款 3.5 万元。其会计分录为：

借：银行存款　35 000
　贷：应收款——乙公司股利　35 000

【例 2-3-7】 2015 年 11 月 30 日，华村以 89 万元的价格转让了对乙公司的投资，款项于当日存到银行。其会计分录为：

借：银行存款　890 000
　　投资收益　60 000
　贷：长期投资——乙公司　950 000

第四章

库存物资与固定资产核算

第一节　库存物资的核算

库存物资又称为存货，是指在日常生产经营过程中持有以备出售，或者仍然处在生产过程，或者在生产或提供劳务过程中将消耗的材料、物料、产品等，包括原材料、农用材料、燃料、机械零部件、低值易耗品、在产品等。其中，原材料包括原料及主要材料、辅助材料、外购半成品、其他材料等，农用材料包括种子、饲料、肥料、农药等，饲料包括饲草、青贮、青割、干草、骨粉等。为了核算库存物资的取得、发出、期末结存情况，应设置“库存物资”账户。本账户核算村集体经济组织库存的各种原材料、农用材料、农产品、工业产成品等物资。

村集体经济组织在购买或其他单位及个人投资投入的原材料、农用材料等物资验收入库时，借记本账户，贷记“现金”、“银行存款”、“应付款”、“资本”等账户。会计期末，对已收到发票账单但尚未到达或尚未验收入库的购入物资，借记本账户，贷记“应付款”账户。村集体经济组织生产的农产品收获入库或工业产成品完工入库时，按照其实际成本，借记本账户，贷记“生产(劳务)成本”账户。库存物资领用时，借记“生产(劳务)成本”、“应付福利费”、“在建工程”等账户，贷记本账户。库存物资销售时，按实现的销售收入，借记“现金”、“银行存款”等账户，贷记“经营收入”账户；按照销售物资的实际成本，借记“经营支出”账户，贷记本账户。村集体经济组织的库存物资应定期盘点清查，发现物资盘盈时，经审核批准后，借记本账户，贷记“其他收入”账户；出现盘亏和毁损时，经审核批准后，按照应由责任人或保险公司赔偿的金额，借记“应收款”、“内部往来”等账户，将扣除过失人或保险公司应赔偿金额后的净损失，借记“其他支出”账户，贷记本账户。本账户应按库存物资的品名设置明细账户，进行明细核算。本账户的期末借方余额，反映村集体经济组织库存物资的实际成本。

一、库存物资的取得

库存物资的取得来源主要有购入、自制、投资者投入以及接受捐赠等，库存物资的来源不同，其计价与会计处理也不相同。购入物资的入账价值包括买价、运杂费(含运输费、装卸费、保险费等)以及运输途中合理损耗和相关税金；自制物资按生产过程中发生的实际支出计价；盘盈的按同类或类似物资的市场价格计入其他收入；投资者投入的按投资各方确认的价值确定；接受捐赠的，有凭据的按凭据上标明的金额加上应支付的相关税费作为入账价值，没有提供有关凭据的参照同类或类似物资市场价格再加上应支付的相关税费作为入账价值。

【例 2-4-1】 华村村集体经济组织用银行存款向某化肥厂购入尿素一批，货款为 5.2 万元，运费为 300 元，已验收入库。其会计分录为：

借：库存物资——尿素　　52 300

　贷：银行存款　　52 300

【例 2-4-2】 华村村集体经济组织从县种子公司购买小麦种子，计 2 万元，货款尚未支付。种子已验收入库。其会计分录为：

借：库存物资——小麦种子　　20 000

　贷：应付款——县种子公司　　20 000

二、库存物资发出的核算

库存物资会根据生产经营活动的需要发出，主要分为生产领用和出售两种情况。库存物资发出的核算首先应根据一定的方法计算发出物资的金额，另一方面要根据发出物资用途的不同，确定其减少应借记的成本、费用等账户。

（一）库存物资发出的计价

库存物资发出，首先要根据一定的方法计算发出物资的金额。发出物资的金额应是发出物资的数量乘以单价。其中，数量可根据“出库单”确定，关键是单价的确定，因为同一种库存物资由于取得的时间、地点、途径甚至人员的不同，其单价是不完全相同的。那么，我们应该如何确定这个单价呢？主要有以下三种计价方法。

1. 个别计价法

个别计价法是指每次发出库存物资的实际成本，按照购入时的实际成本分别计价的方法。

【例 2-4-3】 华村所属粮食加工厂 2015 年 6 月 1 日结存小麦 300 公斤，每公斤实际成本 1.1 元，6 月 5 日以 1.2 元单价购入 200 公斤，6 月 8 日以 1.3 元单价购入 300 公斤，6 月 15 日发出小麦 200 公斤，6 月 25 日发出小麦 340 公斤，发出的小麦中，200 公斤为月初结存的，160 公斤为单价 1.2 元购入的，180 公斤为单价 1.3 元购入的。按照个别计价法，发出库存物资的计价为：

$$1.1\times200+1.2\times160+1.3\times180=646(\text{元})$$

用个别计价法计价符合成本的真实情况，但是在库存物资收发频繁的情况下，难以一一区分每次发出物资的来源，同时这种方法要求在库存物资的保管中必须对同一种物资区别其不同的进价分别保管，这也加大了保管的工作量，因此，个别计价法不适合单价频繁变动的库存物资的发出计价。

2. 先进先出法

先进先出法是基于“先购进的先发出”这样的假设，即先按第一批入库存货的单价计算发出存货的成本，领发完毕后，再按第二批入库存货的单价计算，以此类推。若领发的存货属于前后两批入库的，单价又不相同，就分别要用两个单价计算。采用先进先出法，必须按照取得物资的顺序逐笔登记入库物资的数量、单价和金额。

【例 2-4-4】 依【例 2-4-3】，发出库存物资按先进先出法计价，则 6 月 15 日发出的 200 公斤小麦应视为期初结存的小麦（单价 1.1 元），6 月 25 日发出的 340 公斤小麦，应视为首先发出了期初结存的 100 公斤小麦（单价 1.1 元）、其次发出了单价 1.2 元购入的小麦 200 公斤、最后发出了单价 1.3 元购入的小麦 40 公斤。因此，按先进先出法发出存货的计价为：

$$1.1\times200+1.1\times100+1.2\times200+1.3\times40=622(\text{元})$$

3. 加权平均法

加权平均法是用某种库存物资的总金额除以该物资的总数量以确定平均单价，进而用该平均单价乘以发出物资的数量计算发出物资金额的方法。其平均单价的计算公式为：

$$\text{库存物资加权平均单位成本}=\frac{\text{月初库存物资的实际成本}+\text{本月入库各批库存物资实际成本}}{\text{月初库存物资数量}+\text{本月入库各批进货数量}}$$

$$\text{本期发出库存物资实际成本}=\text{本期发出数量}\times\text{加权平均单价}$$

【例 2-4-5】 依【例 2-4-3】，按加权平均法计价，则当月小麦的平均单价为：

$$\frac{1.1\times300+1.2\times200+1.3\times300}{300+200+300}=1.2(\text{元/公斤})$$

发出物资金额为：

$$1.2\times540=648\ (\text{元})$$

在三种计价方法中，加权平均法最为简单实用，是村集体经济组织库存物资发出计价的主要方法。

（二）库存物资发出的会计处理

发出库存物资的会计处理主要视发出物资用途的不同而不同，按照会计“谁受益谁承担”的原则，发出库存物资用于哪些方面，就应计入其相应的成本、费用账户。下面通过表2-4-1 具体说明库存物资发出的会计处理。

表 2-4-1　　库存物资的发出

	发出用途	业务分析	会计分录
库存物资发出的核算	用于生产	受益对象为生产的产品，因此应增加“生产成本”	借：生产（劳务成本） 　贷：库存物资
	用于自繁牲畜（禽）	受益对象为牲畜（禽），因此应增加“牲畜（禽）资产”成本	借：牲畜（禽）资产 　贷：库存物资
	用于营造林木资产	受益对象为林木资产，因此应增加“林木资产”成本	借：林木资产 　贷：库存物资
	用于村集体经济组织管理耗费	受益对象为村集体经济组织管理，因此应作为村集体经济组织的管理费用核算	借：管理费用 　贷：库存物资
	用于出售	出售增加了经营收入，因此库存物资的成本应作为与经营收入相配比的经营支出	借：银行存款等 　贷：经营收入 借：经营支出 　贷：库存物资
	用于发放福利	如果用于发放“五保户”等福利，应作为福利费的发放，减少“应付福利费”	借：应付福利费 　贷：库存物资
	用于在建工程	受益对象为在建工程，因此应增加在建工程的成本	借：在建工程 　贷：库存物资

【例 2-4-6】 华村村集体经济组织在直属的小麦生产过程中领用小麦种子成本 1.8 万

元，从仓库领取大米500公斤、计价1 000元，发给困难户。其会计分录为：

借：生产成本——小麦　　18 000

　贷：库存物资——种子（小麦）　　18 000

借：应付福利费　　1 000

　贷：库存物资——大米　　1 000

【例2-4-7】 华村村集体经济组织出售玉米，收入1万元已存入银行，玉米的成本为9 200元。其会计分录为：

借：银行存款　　10 000

　贷：经营收入　　10 000

借：经营支出　　9 200

　贷：库存物资——玉米　　9 200

三、库存物资清查的核算

在实际工作中，由于自然损耗、收发错误、损坏变质、丢失被盗等原因，常常会造成库存物资账实不符。为了真实地反映村集体经济组织的资产情况，保护财产物资的安全完整，村集体经济组织应定期组织会计人员、保管人员及其他相关人员对库存物资进行清查，即核对库存物资的账面数与实存数是否相符，并查明账实不符的原因，进行相应的会计处理，以不断改进经营管理、减少损失。

村集体经济组织库存物资的清查，首先应组织会计、保管及其他相关人员通过实地盘点、技术推算等方式取得库存物资的实有数额，并填写“库存物资盘点表”。其次，再将盘点表上的实有数额与账面数额进行核对，如果账面数大于实有数，则说明发生了盘亏，如果账面数小于实有数，则说明发生了盘盈，无论盘亏或者盘盈，都要填制“库存物资盘点报告单”，注明盘盈盘亏库存物资的品种、规格、数量、金额等，按一定程序报批后进行会计处理。

（一）盘亏的核算

库存物资盘亏，说明账面的数额大于实际的数额，应减少账面数额以保证账实相符。同时，要根据盘亏产生的不同原因，经审核批准后记入不同的账户。如果是由于保管员等责任人保管不力造成的盘亏，应由相关人员赔偿，记入“内部往来”、“应收款”；如果造成的盘亏应由保险公司赔偿的，应记入“应收款”；扣除过失人和保险公司赔偿后的净损失，应记入“其他支出”。

【例2-4-8】 华村年终盘库，发现面粉丢失20袋，账面成本为1 000元，经查，主要属于保管员王明保管过失责任，经研究决定由其赔偿800元。其会计分录为：

借：内部往来——王明　　800

　　其他支出　　200

　贷：库存物资——面粉　　1 000

（二）盘盈的核算

库存物资盘盈，说明账面的数额小于实际的数额，应增加账面数额以保证账实相符。经审核批准后，盘盈的资产应借记“库存物资”，贷记“其他收入”。

第二节　固定资产的核算

一、固定资产的概念及账户设置

固定资产是指使用期限超过1年、单位价值500元以上的房屋、建筑物、机器、设备、工具、器具和农业基本建设设施等劳动资料；某些主要生产工具和设备，虽然单位价值低于500元的单价标准，但使用期限在1年以上的，也可以列为固定资产。未作为固定资产管理的工具、器具等，作为低值易耗品在“库存物资”中核算。

村集体经济组织应当建立健全固定资产内部控制制度，建立人员岗位责任制；定期对固定资产进行盘点清查，做到账实相符；年度终了前，必须进行一次全面的盘点清查；要定期或不定期地对固定资产内部控制进行监督检查，对发现的薄弱环节应当及时采取措施加以纠正和完善。

固定资产的核算主要包括固定资产增加、折旧、减少等方面，为此，应设置“固定资产”、“在建工程”、“累计折旧”等账户。

“固定资产”核算村集体经济组织所有的固定资产的原值。购入不需安装的固定资产，按原价加采购费、包装费、运杂费、保险费和相关税金等，借记本账户，贷记“现金”、“银行存款”等账户。购入需要安装的固定资产，先记入“在建工程”账户，安装完毕交付使用时，按照其实际成本，借记本账户，贷记“在建工程”账户。自行建造完成交付使用的固定资产，按照其实际成本，借记本账户，贷记“在建工程”账户。收到捐赠的全新固定资产，按照所附发票所列金额加上应支付的相关税费，借记本账户，贷记“公积公益金”账户；收到捐赠的旧固定资产，按照经过批准的评估价值，借记本账户，贷记“公积公益金”账户。投资者投入的固定资产，按照投资各方确认的价值，借记本账户，按照经过批准的投资者所拥有的资本金额，贷记“资本”账户，按照两者之间的差额，借记或贷记“公积公益金”账户。对外投资投出固定资产时，按照评估确认或者合同、协议约定的价值，借记“长期投资”等账户，按已提折旧，借记“累计折旧”账户，按固定资产原价，贷记本账户，评估价或协议价与固定资产账面净值之间的差额借记或贷记“公积公益金”账户。固定资产出售、报废和毁损等时，按固定资产账面净值，借记“固定资产清理”账户，按照应由责任人或保险公司赔偿的金额，借记“应收款”、“内部往来”等账户，按已提折旧，借记“累计折旧”账户，按固定资产原价，贷记本账户。本账户应按固定资产的类别或名称设置明细账户，进行明细核算。本账户的期末借方余额，反映村集体经济组织所有固定资产的原始价值。

“累计折旧”核算村集体经济组织所有的固定资产计提的累计折旧。生产经营用的固定资产计提的折旧，借记“生产（劳务）成本”账户，贷记本账户；管理用的固定资产计提的折旧，借记“管理费用”账户，贷记本账户；用于公益性用途的固定资产计提的折旧，借记“其他支出”账户，贷记本账户。本账户的期末贷方余额，反映村集体经济组织提取的固定资产折旧累计数。

“固定资产清理”核算村集体经济组织因出售、报废和毁损等原因转入清理的固定资产净值及其在清理过程中所发生的清理费用和清理收入。出售、报废和毁损的固定资产转入清理时，按固定资产账面净值，借记本账户，按照应由责任人和保险公司赔偿的金额，借记“应收款”、“内部往来”等账户，按已提折旧，借记“累计折旧”账户，按固定资产原价，贷记“固定资产”账户。按照发生的清理费用，借记本账户，贷记“现金”、“银行存款”等账户；按照出售固定资产的价款和残值收入，借记“现金”、“银行存款”等账户，贷记本账户。清理完毕后发生的净收益，借记本账户，贷记“其他收入”账户；清理完毕后发生的净损失，借记“其他支出”账户，贷记本账户。本账户应按被清理的固定资产设置明细账户，进行明细核算。本账户的期末余额，反映村集体经济组织转入清理但尚未清理完毕的固定资产净值，以及固定资产清理过程中所发生的清理费用和变价收入等各项金额的差额。

“在建工程”核算村集体经济组织进行工程建设、设备安装、农业基本建设设施大修理等发生的实际支出。购入不需要安装的固定资产，不通过本账户核算。发生购买待安装设备的原价及运输、保险、采购费用，为建筑和安装固定资产及兴建农业基本建设设施购买专用物资及支付各项工程费用，借记本账户，贷记“现金”、“银行存款”、“应付款”、“库存物资”等账户。购建固定资产过程中发生的劳务投入，凡属于一事一议筹劳且不需支付劳务报酬的，按当地劳务价格标准作价，借记本账户，贷记“公积公益金”账户；支付劳务报酬的，按实际支付的款项，借记本账户，贷记“应付工资”、“内部往来”等账户；收到以劳务形式投资时，按当地劳务价格标准作价，借记本账户，贷记“资本”账户。购建和安装完成并交付使用固定资产时，借记“固定资产”账户，贷记本账户。工程完成未形成固定资产时，借记“经营支出”、“其他支出”等账户，贷记本账户。本账户应按工程项目设置明细账户，进行明细核算。本账户的期末借方余额，反映村集体经济组织尚未完工或虽已完工但尚未办理竣工决算的工程项目实际支出。

二、固定资产增加的核算

固定资产应当按取得时的成本作为入账价值。固定资产的增加主要包括购入、自建、改扩建、投资者投入、融资租入、接受捐赠等。

【例 2-4-9】 华村村集体经济组织以银行存款购入不需要安装的收割机一台，取得增值税发票，发票价税合计为 12 万元，支付运输费为 6 000 元，接受外商捐赠汽车一辆，发票所列价格为 18 万元。其会计分录为：

借：固定资产——生产经营用——收割机　　126 000
　贷：银行存款　　126 000
借：固定资产——汽车　　180 000
　贷：公积公益金　　180 000

【例 2-4-10】 华村村集体经济组织购入需要安装的机床一台，发票价格 10 万元，支付包装费 6 000 元、运输费 2 000 元，以银行存款付讫，另支付安装人工费 2 000 元。其会计分录为：

(1) 设备交付安装前付款：
借：在建工程——机床　　108 000
　贷：银行存款　　108 000
(2) 设备交付安装的工资费用：
借：在建工程——机床　　2 000
　贷：应付工资　　2 000
(3) 设备安装完毕交付使用：

借:固定资产——生产经营用——机床　　110 000
　贷:在建工程——机床　　110 000

【例 2-4-11】 6 月 2 日,华村村集体经济组织为修建猪舍领用库存红砖 14 万元,库存水泥 16 万元。6 月 13 日,用现金支付猪舍工程耗用临时人工费 22 800 元;6 月 30 日,用银行存款为猪舍工程支付工程机械费 4 万元。7 月 1 日,猪舍修建完工并交付使用。其会计分录为:

(1) 修建猪舍领用红砖、水泥时:

借:在建工程——猪舍　　300 000
　贷:库存物资——红砖　　140 000
　　　　　　——水泥　　160 000

(2) 发生临时人工费时:

借:在建工程——猪舍　　22 800
　贷:现金　　22 800

(3) 支付工程机械费时:

借:在建工程——猪舍　　40 000
　贷:银行存款　　40 000

(4) 猪舍工程完工,交付使用,转入固定资产时:

猪舍实际成本＝300 000＋22 800＋40 000＝362 800(元)

借:固定资产　　362 800
　贷:在建工程——猪舍　　362 800

【例 2-4-12】 华村村集体经济组织委托某建筑公司改建一栋房屋,该房屋原值 12 万元,用银行存款支付改建费用 4 万元,改建中残料收入 1 万元存入银行。其会计分录为:

(1) 房屋交付改建时:

借:固定资产——未使用固定资产——房屋　　120 000
　贷:固定资产——生产用固定资产——房屋　　120 000

(2) 支付改建费用时:

借:在建工程——房屋改建　　40 000
　贷:银行存款　　40 000

(3) 收到残料收入:

借:银行存款　　10 000
　贷:在建工程——房屋改建　　10 000

(4) 房屋改建完工,交付使用时,应将改扩建时转为未使用固定资产的价值 12 万元转为生产用固定资产,并将改扩建净成本由在建工程转入固定资产,增加该固定资产原值。

改扩建净成本＝改扩建工程实际支出－改扩建残值收入
＝40 000－10 000
＝30 000(元)

借:固定资产——生产用固定资产　　150 000
　贷:固定资产——未使用固定资产　　120 000
　　　在建工程——房屋改建　　30 000

三、固定资产折旧的核算

（一）固定资产折旧的概念

固定资产因为使用会发生损耗，房屋会越来越旧，机器会越来越老，我们把固定资产逐渐发生的这种损耗称为固定资产的折旧。固定资产折旧意味着固定资产的价值逐渐转移，如生产农具的价值逐渐转移到农产品的价值中，因此，村集体经济组织应在固定资产的预计使用年限内，按照国家规定的方法对固定资产计提折旧，并按照“谁受益谁承担”的原则，将折旧计入受益对象的成本或费用中。

（二）折旧计提的范围

折旧计提的范围是指哪些固定资产要提折旧，哪些固定资产不提折旧。固定资产增加后从什么时候提折旧，固定资产减少到什么时候不再计提折旧，我们用表 2-4-2 表示固定资产折旧范围的内容。

表 2-4-2　固定资产的折旧范围

应提折旧的固定资产	不提折旧的固定资产	折旧计提的期间	备　注
(1) 房屋及建筑物。 (2) 在用机器设备、机械(包括农业机械)、运输车辆、工具器具。 (3) 季节性停用和大修理停用的固定资产。 (4) 经营性租赁方式租出的固定资产和融资租赁方式租入的固定资产	(1) 房屋、建筑物以外的未使用、不需用的固定资产。 (2) 以经营租赁方式租入的固定资产。 (3) 已提足折旧继续使用的固定资产。 (4) 国家规定不提取折旧的其他固定资产	在计提固定资产折旧时，应以月初应提取折旧的固定资产账面价值为依据。因此当月增加的固定资产，当月不计提折旧，从下月起计提折旧；当月减少的固定资产，当月仍计提折旧，从下月起不再计提折旧。因此，固定资产的折旧期间为：从增加后的下月至减少月	(1) 固定资产提足折旧后，不管是否继续使用，均不再提取折旧。 (2) 提前报废的固定资产，也不补提折旧。 (3) 季节性停用的设备(如拖拉机、收割机、农机具等)，应在使用季节内提足全年折旧，并计入使用期间的成本

（三）影响折旧的因素

固定资产折旧的计提是将固定资产的价值总损耗在预计使用年限中分别计入相关的成本或费用。因此，要提固定资产折旧，首先要估计固定资产的总损耗，其次要预计固定资产的使用年限，最后要选择固定资产折旧的计提方法。上述三项构成了影响固定资产折旧的因素。

固定资产的总损耗是指固定资产的原值减去固定资产报废时的净残值。固定资产的净残值是指固定资产使用年限到期清理时，预计可收回的残余价值扣除预计清理费用后的余额。通常我们用固定资产净残值率估计净残值，净残值率是指净残值与固定资产原值的比例，通常按 3%～5%确定。假设村集体经济组织的拖拉机原值为 3 万元，报废时预计可收回的残余价值为 1 400 元，清理费用为 200 元，则固定资产的总损耗价值为 28 800 元(30 000－1 400＋200)，净残值率为 4%(1 200/30 000)。

固定资产的预计使用年限应由村集体经济组织根据固定资产的性质和消耗方式合理确定。

（四）固定资产折旧的计算方法

固定资产折旧方法有“年限平均法”、“工作量法”等，村集体经济组织可选择一种，但折旧方法一经确定后，一般不得随意变更。

1. 年限平均法

(1) 固定资产折旧额直接计算法。年限平均法也称使用年限法，是指根据固定资产原值减去净残值后的余额，按固定资产预计使用年限平均计算各期折旧额的一种方法。其计算公式为：

$$固定资产年折旧额=\frac{固定资产原值-固定资产预计净残值}{固定资产预计使用年限}$$

$$固定资产月折旧额=\frac{固定资产年折旧额}{12}$$

(2) 通过折旧率计算折旧额法。在实际工作中，为了简化核算，提取折旧时，可以按照固定资产原值乘以固定资产折旧率直接计算折旧额。固定资产折旧率是一定时期内的折旧额与固定资产原值的比率，分为个别折旧率、分类折旧率和综合折旧率三种。

第一，个别折旧率是指以某项固定资产单独计算的折旧率。其计算公式为：

$$某项固定资产的年折旧率=\frac{固定资产的年折旧额}{固定资产的原值}\times 100\%$$

$$固定资产年折旧额=\frac{固定资产原值-固定资产预计净残值}{固定资产预计使用年限}$$

$$某项固定资产月折旧率=\frac{该固定资产年折旧率}{12}$$

$$某项固定资产年折旧额=该固定资产原值\times 年折旧率$$

$$某项固定资产月折旧额=该固定资产原值\times 月折旧率$$

第二，分类折旧率。计算分类折旧率首先应把性质、结构和使用年限接近的固定资产归为一类，再按类计算平均折旧率，如将房屋建筑物划分为一类，将机械设备划分为一类等。分类折旧率是指每类固定资产一定期间内的折旧额与该类固定资产原价的比率。

其计算公式为：

$$\begin{matrix}某类固定资产\\年分类折旧率\end{matrix}=\frac{该类固定资产年折旧额之和}{该类固定资产原值之和}\times 100\%$$

采用分类折旧率计算固定资产折旧，其优点是计算方法简单，但准确性不如个别折旧率。

第三，综合折旧率。综合折旧率是指某一期间全部固定资产折旧额与全部固定资产原价的比率。其计算公式为：

$$\begin{matrix}固定资产年\\综合折旧率\end{matrix}=\frac{各类固定资产年折旧额之和}{各类固定资产原值之和}\times 100\%$$

与采用个别折旧率和分类折旧率计算固定资产折旧相比，采用综合折旧率计算结果的准确性较差。

【例 2-4-13】 华村村集体经济组织 1 台联合收割机的原值为 12 万元，预计报废时残值收入 6 000 元、清理费用 1 200 元，预计使用 10 年。某月应提取折旧额的计算如下：

① 直接计算折旧额：

$$该收割机年折旧额=[120\ 000-(6\ 000-1\ 200)]\div 10=11\ 520(元)$$

$$该收割机月折旧额=11\ 520\div 12=960(元)$$

② 按照折旧率计算：

$$\text{该收割机年折旧率}=11\ 520\div 120\ 000\times 100\%=9.6\%$$

$$\text{该收割机月折旧率}=9.6\%\div 12=0.8\%$$

$$\text{该收割机年折旧额}=120\ 000\times 9.6\%=11\ 520(\text{元})$$

$$\text{该收割机月折旧额}=120\ 000\times 0.8\%=960(\text{元})$$

按照折旧率计算折旧额,不用每次计算详细的年折旧额、月折旧额,比较简便,而且结果一样。

2. 工作量法

工作量法是根据实际工作量计提折旧的方法。在这一方法中,先预计固定资产在预计使用年限内可以完成的总工作量,再结合其原值、预计净残值,计算单位工作量的折旧额,然后根据每个月实际完成的工作量乘以单位工作量的折旧额,计算该固定资产的月折旧额。这种折旧方法主要适用于拖拉机、联合收割机、挖掘机、粮食处理机械、灌溉机械、运输车辆等专用设备的折旧计算。其主要有以下三种具体方法:

(1) 按行驶里程计算折旧。其计算公式为:

$$\text{单位里程折旧额}=\frac{\text{固定资产原值}-\text{固定资产预计净残值}}{\text{总里程}}$$

$$\text{月折旧额}=\text{当月实际行驶里程}\times\text{单位里程折旧额}$$

【例 2-4-14】 华村村集体经济组织上月新购入一辆运输汽车,原值 6 万元,预计总行驶里程为 30 万公里,预计净残值率为 5%,本月共行驶 8 000 公里。则:

$$\text{该汽车单位里程折旧额}=(60\ 000-60\ 000\times 5\%)\div 300\ 000=0.19(\text{元/公里})$$

$$\text{该汽车本月折旧额}=8\ 000\times 0.19=1\ 520(\text{元})$$

(2) 按工作小时计算折旧。其计算公式为:

$$\text{每工作小时折旧额}=\frac{\text{固定资产原值}-\text{固定资产预计净残值}}{\text{总工作小时数}}$$

$$\text{月折旧额}=\text{当月实际工作小时}\times\text{每工作小时折旧额}$$

【例 2-4-15】 华村村集体经济组织上月新购入一台灌溉机械,本月应该提取折旧,其原值为 2 万元,预计总工作小时为 1.6 万小时,预计净残值率为 3%,本月共工作 200 小时。则:

$$\text{灌溉机工作小时折旧额}=(20\ 000-20\ 000\times 3\%)\div 16\ 000=1.212\ 5(\text{元/小时})$$

$$\text{灌溉机月折旧额}=200\times 1.212\ 5=242.50(\text{元})$$

(3) 按台班计算折旧。一个台班是指一台机器工作一个班次,一般 8 小时为一个班次。其计算公式为:

$$\text{每台班折旧额}=\frac{\text{固定资产原值}-\text{固定资产预计净残值}}{\text{总台班次}}$$

$$\text{月折旧额}=\text{当月实际工作台班数}\times\text{每台班折旧额}$$

【例 2-4-16】 华村村集体经济组织上月新购入一台碾米机,本月应该提取折旧,其原值为 1 万元,预计总工作台班为 5 000 台班,预计净残值率为 4%,本月共工作 80 个台班。则:

$$\text{每台班折旧额}=(10\ 000-10\ 000\times 4\%)\div 5\ 000=1.92(\text{元/台班})$$

$$\text{碾米机月折旧额}=80\times 1.92=153.6(\text{元})$$

(五) 固定资产折旧的账务处理

为了反映固定资产因折旧而带来的价值减少,我们专门设置了“累计折旧”账户,其具体内容如表 2-4-3 所列。

表 2-4-3　　**“累计折旧”账户**

累计折旧	核算内容	核算村集体经济组织所有的固定资产计提的累计折旧	
	账户类别	资产类账户（表示固定资产价值的减少）	
	账户的运用	借方登记出售等固定资产减少时转出的折旧金额，贷方登记计提折旧的金额，期末余额在贷方，反映村集体经济组织提取的固定资产折旧累计数。 固定资产计提折旧时按固定资产用途的不同，分别记入不同的借方账户	
		用　途	会计分录
		生产经营用	借：生产（劳务）成本 　贷：累计折旧
		管理用	借：管理费用 　贷：累计折旧
		公益性用途（如村小学、养老院、卫生所）	借：其他支出 　贷：累计折旧
	明细账户	一般不开设明细账户	

【例 2-4-17】 华村村集体经济组织 2015 年 6 月固定资产折旧计算表如表 2-4-4 所列。

表 2-4-4　　**固定资产折旧计算表**

2015 年 6 月

使用部门	固定资产类别	应提折旧固定资产原值/万元	月折旧率/%	月折旧额/元
生产部门	拖拉机	60	1	6 000
	收割机	80	0.8	6 400
	其他农具	20	1.2	2 400
	小计	160		14 800
村集体经济组织管理部门	房屋	20	0.25	500
村养老院	房屋	10	0.25	250
合　计		190		15 550

根据上述资料，编制会计分录为：

借：生产（劳务）成本　　14 800
　　管理费用　　500
　　其他支出　　250
　贷：累计折旧　　15 550

四、固定资产修理的核算

固定资产由于使用和自然侵蚀必然会发生磨损。为了保持固定资产正常的使用功能，保证正常运转，必须进行固定资产的修理，发生的修理费用可直接计入有关费用成本。发生时，按照固定资产使用单位和部门，借记“生产（劳务）成本”、“管理费用”、“其他支出”等，按照发生修理费用的内容，贷记“现金”、“银行存款”、“库存物资”、“应付工资”等。

五、固定资产减少的核算

固定资产减少包括出售、报废、毁损、转让、投资、捐赠等，出售报废毁损而减少的固定资产，将净值、发生的清理费用，借记“固定资产清理”，将出售固定资产收入和残料变价收入、保险赔偿等贷记“固定资产清理”。固定资产清理后的净收益，借记“固定资产清理”，贷记“其他收入”；净损失，借记“其他支出”，贷记“固定资产清理”。盘亏的固定资产经核准后，按账面净值借记“其他支出”。投资转出的，评估确认价与净值间差额，借记或贷记“公积公益金”；捐赠转出的，净值借记“固定资产清理”，按“固定资产清理”账户余额借记“其他支出——捐赠支出”。

【例 2-4-18】 华村村集体经济组织 2015 年 6 月将一台使用期满的灌溉机予以报废，原始价值为 6 万元，预计残值收入为 4 000 元，预计清理费用为 1 500 元，已提折旧 57 500 元。在拆卸搬运中实际发生的清理费用为 900 元，设备清理实际所得零部件残料入库备用，作价 4 600 元，上述款项均通过银行存款收付。其会计分录如下：

（1）固定资产报废清理时：

借：固定资产清理——灌溉机	2 500	
累计折旧	57 500	
贷：固定资产——灌溉机		60 000

（2）支付清理费用时：

借：固定资产清理——灌溉机	900	
贷：银行存款		900

（3）收回残料入库时：

借：库存物资	4 600	
贷：固定资产清理——灌溉机		4 600

（4）固定资产清理完毕结转净收益时：

净收益＝4 600－2 500－900＝1 200（元）

借：固定资产清理——灌溉机	1 200	
贷：其他收入		1 200

【例 2-4-19】 华村村集体经济组织 2015 年 6 月出售一台碾米机，原始价值为 3 万元，已提折旧 1 万元，出售价款为 1.4 万元，在出售中实际发生的清理费用为 900 元，上述款项均通过银行存款收付。其会计分录如下：

（1）固定资产报废清理时：

借：固定资产清理——碾米机	20 000	
累计折旧	10 000	
贷：固定资产		30 000

（2）支付清理费用时：

借：固定资产清理——碾米机	900	
贷：银行存款		900

（3）收到出售款时：

借:银行存款　　14 000

　贷:固定资产清理——碾米机　　14 000

(4) 固定资产清理完毕结转净损失时:

$$净损失=14\ 000-20\ 000-900=-6\ 900(元)$$

借:其他支出　　6 900

　贷:固定资产清理　　6 900

【例 2-4-20】 华村在财产清查时,盘亏柴油机一台,原价 5 000 元,已提折旧 1 900 元,经查明,属保管人员王宁看护失误,由其赔偿 500 元,经批准做账务处理。

借:累计折旧　　1 900

　　内部往来——王宁　　500

　　其他支出　　2 600

　贷:固定资产　　5 000

【例 2-4-21】 经批准,华村将旧加工设备一套捐赠给某经济薄弱村,该设备原值 8 000 元,已提折旧 3 980 元。

借:累计折旧　　3 980

　　固定资产清理　　4 020

　贷:固定资产　　8 000

借:其他支出——捐赠支出　　4 020

　贷:固定资产清理　　4 020

第五章

农业资产核算

村集体经济组织的农业资产主要包括牲畜(禽)资产和林木资产。农业资产的核算不仅要反映牲畜(禽)资产和林木资产的增加、减少、死亡毁损情况,还要进行林木生产成本与畜牧业生产成本的核算。农业资产价值构成与其他资产的价值构成有明显差别,主要体现在生物的成长期间增加了农业资产价值。

第一节　农业资产的计价原则

农业资产的价值主要体现在生物成长期间增加的价值,一般按原始价值、饲养价值(培植价值)、摊余价值计价。原始价值是指购入的农业资产按照购买价及相关税费等计价;饲养价值是指产役畜成龄之前在饲养过程中发生的费用;培植价值是指经济林木投产前发生的培植费用和非经济林木郁闭前的培植费用;摊余价值是指农业资产的原始价值加饲养价值或培植价值减去农业资产累计摊销后的余额,其反映农业资产的现有价值。农业资产具体按以下原则计价:

(1) 购入的农业资产按照购买价及相关税费等计价。

(2) 幼畜及育肥畜的饲养费用、经济林木投产前的培植费用、非经济林木郁闭前的培植费用按实际成本计入相关资产成本。

(3) 产役畜、经济林木投产后,应将其成本扣除预计残值后的部分在其正常生产周期内按直线法分期摊销,预计净残值率按照产役畜、经济林木成本的5%确定。

(4) 已提足折耗但未处理仍继续使用的产役畜、经济林木不再摊销。

(5) 农业资产死亡毁损时,按规定程序批准后,按实际成本扣除应由责任人或者保险公司赔偿的金额后的差额,计入其他收支。

第二节　林木资产的核算

林木资产是指村集体经济组织农业资产中购入或营造的林木,对村集体经济组织有两项用途:一是林木资产作为生产工具,能够重复地生产出产品,如果树的果实等;二是在砍伐后能够售出,实现其成本补偿。按林木资产的不同用途分类,可将林木资产分为经济林木和非经济林木,其中,用于作为村集体经济组织生产工具的林木资产称为经济林木,其特点在于能够重复地生产出相应的产品,因而其成本是通过不断地生产出的产品的售出而获得补偿，其性质有点类似于固定资产，我们也将此类林木资产称为生产性林木资产；非经济林木则无法重复地提供某一类农产品，而是只有通过砍伐后售出才能获得其成本补偿的林木资产，其性质有点类似于企业的存货，我们也将此类林木资产称为消耗性林木资产。由于两类林木资产的成本补偿方式不一致，在进行会计核算时，必须将两类林木资产严格区分开来单独进行核算。

为了对村集体经济组织拥有的林木资产进行集中核算，村集体经济组织应设置“林木资产”账户，并设置“经济林木”和“非经济林木”两个二级账户，以分别对经济林木和非经济林木进行核算。本账户核算村集体经济组织购入或营造的林木的成本。

村集体经济组织购入经济林木时，按购买价及相关税费，借记本账户（经济林木），贷记“现金”、“银行存款”等账户；购入或营造的经济林木投产前发生的培植费用，借记本账户（经济林木），贷记“应付工资”、“库存物资”等账户。经济林木投产后发生的管护费用，不再记入本账户，借记“经营支出”账户，贷记“应付工资”、“库存物资”等账户。经济林木投产后，其成本扣除预计残值后的部分应在其正常生产周期内，按照直线法摊销，借记“经营支出”账户，贷记本账户（经济林木）。村集体经济组织购入非经济林木时，按购买价及相关税费，借记本账户（非经济林木），贷记“现金”、“银行存款”等账户；购入或营造的非经济林木在郁闭前发生的培植费用，借记本账户（非经济林木），贷记“应付工资”、“库存物资”等账户。非经济林木郁闭后发生的管护费用，不再记入本账户，借记“其他支出”账户，贷记“应付工资”、“库存物资”等账户。

按规定程序批准后，林木采伐出售时，按照实现的销售收入，借记“现金”、“银行存款”等账户，贷记“经营收入”账户；同时，按照出售林木的实际成本，借记“经营支出”账户，贷记本账户。以林木对外投资时，按照合同、协议确定的价值，借记“长期投资”等账户，贷记本账户，合同或协议确定的价值与林木资产账面价值之间的差额借记或贷记“公积公益金”账户。林木死亡毁损时，按规定程序批准后，按照过失人及保险公司应赔偿的金额，借记“应收款”、“内部往来”等账户，如发生净损失，则按照扣除过失人和保险公司应赔偿金额后的净损失，借记“其他支出”账户，按照林木资产的账面价值，贷记本账户；如产生净收益，则按照林木资产的账面价值，贷记本账户，同时按照过失人及保险公司应赔偿金额超过林木资产账面价值的金额，贷记“其他收入”账户。本账户应按林木的种类设置明细账户，进行明细核算。本账户的期末借方余额，反映村集体经济组织购入或营造林木的账面余额。

一、经济林木的核算

经济林木是指橡胶、果树、油桐、油茶、核桃、桑、茶等。经济林木在资产性质上属于固定资产，因此该项资产的核算包括四个内容：取得时的计价、经济林木的生产成本、折耗的计提及转出时的成本结转。

（一）账户设置

为了对村集体经济组织拥有的经济林木资产进行集中核算，应设置“林木资产——经济林木”账户。同时，在经济林木的培植与管护过程中，还会发生材料耗费、人工耗费及其他耗费，应通过“库存物资”、“应付工资”、“银行存款”、“现金”等进行核算。

（二）经济林木资产购入的核算

村集体经济组织购入经济林木时，按购买价及相关税费，并按经济林木的名称及营造阶段借记“林木资产——经济林木（××树苗、××树抚育、××育成树）”账户，贷记“现金”、

“银行存款”等账户。需要提出的是，购入的经济林木资产如为非育成树（树苗或抚育），则需要进一步营造为育成树投入正常的生产，从而涉及林业资产成本（培植费用）的核算；如为育成树，则可以直接投产，其只涉及管护费用的核算，不涉及林业资产成本（培植费用）的核算。

（三）经济林木资产营造的核算

经济林木资产营造的核算包括投产前、投产时和投产后三个阶段。其中，投产前发生的营造费用是林木资产的培植费用（育苗成本和定植抚育成本），是树苗及树抚育成本不断增加的价值，应记入“林木资产——经济林木”；投产后发生的营造费用是经济林木资产的管护费用及经济林木资产价值的摊销，应记入“经营支出”。

1. 经济林木投产前的业务核算

经济林木投产前的核算主要是对育苗成本和定植抚育活动所进行的核算，树苗的育苗成本由苗圃生产费用和起苗费用组成。

下面，我们以华村果树营造为例，介绍投产前的经济林木的会计核算。

【例 2-5-1】 华村果树组经营果树苗 1 万株，未起苗前的苗圃费用为 3 万元，其中 2 万元为领用库存物资，1 万元为发放果树组员工工资。其会计分录为：

借：林木资产——经济林木（果树苗） 30 000

　贷：库存物资 20 000

　　应付工资 10 000

【例 2-5-2】 华村果树组将经营的上述果树苗 7 000 株起苗，发生起苗费用1 400元，用现金支付，按起用株数比例法计算树苗产成品成本。起苗后，其中5 000株用于定植抚育，2 000 株以每株 5 元的价格出售。其计算过程与会计分录为：

每株树苗成本＝起苗前生产费用÷（起用株数＋未起用株数）

＝30 000÷（7 000＋3 000）

＝3（元/株）

树苗在成品成本＝未起用株数×每株成本＝3 000×3＝9 000（元）

树苗产成品成本＝起用株数×每株成本＋起苗费用

＝7 000×3＋1 400

＝22 400（元）

树苗产成品单位成本＝22 400÷7 000＝3.2（元/株）

出售树苗成本＝3.2×2 000＝6 400（元）

抚育树苗成本＝3.2×5 000＝16 000（元）

付起苗费用：

借：林木资产——经济林木（果树苗） 1 400

　贷：现金 1 400

结转成本：

借：经营支出 6 400

　林木资产——经济林木（果树抚育） 16 000

　贷：林木资产——经济林木（果树苗） 22 400

【例 2-5-3】 华村果树组为抚育果树，领用库存化肥 500 元，用现金支付人工费 300 元，同时为防治病虫害，以现金支付果树喷洒药剂费用 100 元。其会计分录为：

借:林木资产——经济林木(果树抚育)　　900

　贷:库存物资——化肥　　500

　　现金　　400

2. 经济林木投产时的核算

经济林木投产意味着林木育成,可以提供林产品,经济林木由抚育阶段转为育成树阶段,应将该经济林木的账面营造成本(包括育苗成本和抚育成本)进行结转,其会计分录为:借记“林木资产——经济林木(育成××树)”,贷记“林木资产——经济林木(××树抚育)”,未转出的费用为该经济林木的在产品成本。其费用的分离可以按林木抚育年限计算,也可按计划成本或固定价格计算。

【例 2-5-4】 华村某种果树本期营林面积 1 000 亩,本期育成面积 200 亩,从定植到育成需 4 年时间。尚有 400 亩已抚育 2 年,200 亩抚育 1 年,200 亩刚刚植入。本期累计营林费用合计为 16.2 万元。结转育成树成本计算与会计分录为:

抚育中林木折为育成林木数量(约当产量)$=400\times 2/4+200\times 1/4+200\times 0=250$(亩)

$$分配率=162\ 000\div(200+250)=360(元/亩)$$

$$育成林木成本=200\times 360=72\ 000(元)$$

$$在产品成本=162\ 000-72\ 000=90\ 000(元)$$

借:林木资产——经济林木(育成果树)　　72 000

　贷:林木资产——经济林木(果树抚育)　　72 000

3. 经济林木投产后的核算

经济林木投产后所发生的费用,我们通称为采割成本,采割成本的计算期间为橡胶算至加工成干胶片,茶算至加工成商品茶,果算至装箱(筐)。没有加工设备的,橡胶算至采割鲜胶乳,茶算至采摘鲜叶。其业务主要由经济林木本年成本摊销和管护费用组成,也构成了本年经济林木产品的总成本。其计算公式如下:

$$\text{本年经济林木所产产品的总成本}=\text{本年度该林木管护费用}+\text{本年度该林木的摊销额}$$

$$\text{本年经济林木所产产品的单位成本}=\frac{\text{本年度该林木管护费用}+\text{本年度该林木的摊销额}}{\text{本年度该林木产品的总数量}}$$

【例 2-5-5】 华村属果树场年末摊销本年度投产的苹果树成本,其账面成本为 6 万元,预计可使用 10 年。摊销额计算及会计分录为:

$$该苹果树预计净残值=60\ 000\times 5\%=3\ 000(元)$$

$$该苹果树每年摊销额=(60\ 000-3\ 000)\div 10=5\ 700(元)$$

借:经营支出——苹果　　5 700

　贷:林木资产——经济林木(苹果树)　　5 700

【例 2-5-6】 华村属果树场生产苹果 1 万公斤,本年度应摊销的果树成本为 0.57 万元。本年度发生的管护费用及有关账务处理如下:

(1) 投入肥料 800 元、灭虫农药 900 元,应付机械灌水费用 1 000 元,应付固定员工的人工费用 2 000 元:

借:经营支出——苹果　　4 700

贷:库存物资——肥料 800

——农药 900

内部往来 1 000

应付工资 2 000

(2) 领用采摘苹果用箩筐 300 元:

借:经营支出——苹果 300

贷:库存物资——箩筐 300

(3) 本年苹果树摊销(见上例)。

(4) 本年所产 1 万公斤苹果的成本计算如下:

总成本=4 700+300+5 700=10 700(元)

单位成本=10 700÷10 000=1.07(元/公斤)

由于上述苹果的总成本已记入“经营支出”,所以对于所生产的苹果只需账外备查登记,不需进行成本结转核算。

4. 经济林木减少的核算

经济林木的减少主要包括经济林木的采伐出售、对外投资、死亡毁损。

【例 2-5-7】 华村因洪水冲毁苹果树 50 株,其账面价值为 7 000 元,经保险公司确认赔偿 7 500 元。其会计分录为:

借:应收款——××保险公司 7 500

贷:林木资产——经济林木(苹果树) 7 000

其他收入 500

【例 2-5-8】 华村由于修建高速公路采伐果树林,该树林出售给乡木材厂,价款 6 000 元,已存入银行,其实际成本 4 600 元。其会计分录为:

借:银行存款 6 000

贷:经营收入——林业收入 6 000

借:经营支出——林业支出 4 600

贷:林业资产——经济林木 4 600

二、非经济林木资产的核算

非经济林木资产是只有通过砍伐后售出才能获得其成本补偿的林木资产,其性质为消耗性林木资产,在资产性质上属于村集体经济组织的存货资产。为了核算非经济林木资产的成本,应设置“林木资产——非经济林木”账户,主要核算非经济林木资产的增加、营造和减少业务。

【例 2-5-9】 华村为绿化种植杨树,本年度发生的郁闭前培植费用如下:投入肥料 800 元、灭虫农药 900 元,应付机械灌水费用 3 000 元,应付固定员工的人工费用 6 000 元。其会计分录为:

借:林木资产——非经济林木(杨树) 10 700

贷:库存物资——肥料 800

——农药 900

内部往来 3 000

应付工资 6 000

【例 2-5-10】 承上例，假设发生的费用为郁闭后的费用。其会计分录为：

借：其他支出　　10 700

　贷：库存物资——肥料　　800

　　　　　　——农药　　900

　　内部往来　　3 000

　　应付工资　　6 000

第三节　牲畜(禽)资产的核算

村集体经济组织的牲畜(禽)资产是指其农业资产中的动物资产，可按其用途分为役畜、产品畜(禽)、幼畜(禽)和育肥畜(禽)，其中，役畜和产品畜(禽)也可统称为产役畜。产畜是指供繁殖、剪毛、产奶及产蛋用的牲畜和家禽，如骡、马、牛、驴、骆驼、猪、羊、鸡、鸭等；役畜是指供劳役用的牲畜，如马、牛、骡、驴、骆驼等。产畜和役畜在性质上属于劳动资料，因此属于生产性农业资产。

幼畜(禽)及育肥畜(禽)是指未成年的幼畜及育肥畜，具体包括未成年的牛、马、猪和羊、鸡、鸭、鹅等畜禽。它们可以直接提供产品，也可以转做产役畜(产畜如母猪、奶牛；役畜如马、牛等)。幼畜和育肥畜是畜牧业和农业生产发展的基础，为消耗性农业资产。

为了对村集体经济组织拥有的牲畜(禽)资产进行集中核算，村集体经济组织应设置"牲畜(禽)资产"账户。

"牲畜(禽)资产"账户核算村集体经济组织购入或培育的牲畜(禽)的成本。本账户设置"幼畜及育肥畜"和"产役畜"两个二级账户。村集体经济组织购入幼畜及育肥畜时，按购买价及相关税费，借记本账户(幼畜及育肥畜)，贷记"现金"、"银行存款"等账户；发生的饲养费用，借记本账户(幼畜及育肥畜)，贷记"应付工资"、"库存物资"等账户。幼畜成龄转作产役畜时，按实际成本，借记本账户(产役畜)，贷记本账户(幼畜及育肥畜)。产役畜的饲养费用不再记入本账户，借记"经营支出"账户，贷记"应付工资"、"库存物资"等账户。产役畜的成本扣除预计残值后的部分应在其正常生产周期内，按照直线法分期摊销，借记"经营支出"账户，贷记本账户(产役畜)。幼畜及育肥畜和产役畜对外销售时，按照实现的销售收入，借记"现金"、"银行存款"等账户，贷记"经营收入"账户；同时，按照销售牲畜的实际成本，借记"经营支出"账户，贷记本账户。以幼畜及育肥畜和产役畜对外投资时，按照合同、协议确定的价值，借记"长期投资"等账户，贷记本账户，合同或协议确定的价值与牲畜资产账面价值之间的差额借记或贷记"公积公益金"账户。牲畜死亡毁损时，按规定程序批准后，按照过失人及保险公司应赔偿的金额，借记"应收款"、"内部往来"等账户，如发生净损失，则按照扣除过失人和保险公司应赔偿金额后的净损失，借记"其他支出"账户，按照牲畜资产的账面价值，贷记本账户；如产生净收益，则按照牲畜资产的账面价值，贷记本账户，同时按照过失人及保险公司应赔偿金额超过牲畜资产账面价值的金额，贷记"其他收入"账户。本账户应按牲畜(禽)的种类设置明细账户，进行明细核算。本账户的期末借方余额，反映村集体经济组织幼畜及育肥畜和产役畜的账面余额。

一、幼畜及育肥畜的核算

幼畜及育肥畜在资产性质上属于村集体经济组织的存货资产。为加强对幼畜及育肥畜的核算工作，应建立健全原始记录，如产仔、转群、调出、调入、购入、死亡等记录，并设置“畜禽变动登记簿”逐日进行登记。幼畜及育肥畜的核算主要包括增加、自繁、减少、与产役畜转换等。

【例 2-5-11】 华村村集体经济组织发生了下列经济业务：

(1) 购入了 50 匹小马，购买价格为 2 万元，以银行存款已支付，另发生运费 200 元，以现金支付。其会计分录为：

借：牲畜(禽)资产——幼畜及育肥畜	20 200	
贷：银行存款		20 000
现金		200

(2) 在该批小马的饲养过程中发生各种饲养支出共计 6 000 元，其中，消耗本村的库存物资 5 000 元，支付饲养员工资 1 000 元。其会计分录为：

借：牲畜(禽)资产——幼畜及育肥畜	6 000	
贷：库存物资		5 000
现金		1 000

(3) 有两匹小马在饲养过程中因病死亡，此时该批小马的实际总成本为 26 200 元 (20 200+6 000)，每匹小马的单位成本 524 元。

经对小马的生病原因进行分析后，发现是饲养员使用了不符合规定的草料造成，为此由饲养员赔偿损失金额的 50%。其会计分录为：

借：内部往来——饲养员	524	
其他支出	524	
贷：牲畜(禽)资产——幼畜及育肥畜		1 048

(4) 该村将剩余的 48 匹小马再饲养了一段时间，累计发生了各项饲养费用共计 2 万元，其中，耗用库存物资 1.6 万元，支付饲养员工资 4 000 元。之后，该村集体经济组织将其中的 12 匹马转为产役畜，并将其余的 36 匹马售出，售价为 5 万元，款项已通过银行收取。其会计分录为：

① 发生饲养费用时：

借：牲畜(禽)资产——幼畜及育肥畜	20 000	
贷：库存物资		16 000
应付工资		4 000

此时该批马的实际成本总额为：

$$20\ 200+6\ 000-1\ 048+20\ 000=45\ 152(\text{元})$$

此时该批马的单位成本为：

$$45\ 152\div 48=940.67(\text{元/匹})$$

转为产役畜成本为：

$$940.67\times 12=11\ 288(\text{元})$$

出售幼畜成本为：

$$45\ 152-11\ 288=33\ 864(\text{元})$$

② 将幼畜转为产役畜时：

借：牲畜(禽)资产——产役畜	11 288	

　　贷:牲畜(禽)资产——幼畜及育肥畜　　11 288

③ 将幼畜售出时:

借:银行存款　　50 000

　　贷:经营收入　　50 000

借:经营支出　　33 864

　　贷:牲畜(禽)资产——幼畜及育肥畜　　33 864

二、产役畜的核算

产役畜在资产性质上属于村集体经济组织的固定资产。该项资产的核算包括三个内容:取得时的计价、折耗的计提及转出时的成本结转。

【例 2-5-12】 华村接受光明乳业集团公司投资投入奶牛 40 头,双方协商确定,每头牛定价 4 000 元。另收到南山牧场捐赠已经产毛的绵羊 80 只,所附发票价格为 6 400 元。其会计分录为:

借:牲畜(禽)资产——产役畜——产畜——奶牛　　160 000

　　贷:资本——光明乳业集团公司　　160 000

借:牲畜(禽)资产——产役畜——产畜——绵羊　　6 400

　　贷:公积公益金　　6 400

【例 2-5-13】 华村购入耕牛一批,共支付买价 6 万元,预计其使用寿命为 5 年,制度规定净残值率为成本的 5%。计算每年应计提的折耗金额并进行相应的账务处理。

(1) 购入耕牛时:

借:牲畜(禽)资产——产役畜　　60 000

　　贷:银行存款　　60 000

(2) 每年计提折耗时:

该批耕牛的预计净残值为:

$$60\,000\times5\%=3\,000(\text{元})$$

每年的折耗金额为:

$$(60\,000-3\,000)\div5=11\,400(\text{元})$$

借:经营支出　　11 400

　　贷:牲畜(禽)资产——产役畜　　11 400

【例 2-5-14】 承上例,该批耕牛每年发生的饲养费用为 1 万元,其中包括库存物资 8 000 元,饲养员工资 2 000 元。3 年后,该村集体经济组织决定购买农机代替耕牛,故将所拥有的耕牛全部售出,售价 3.5 万元。其账务处理为:

(1) 发生饲养费用时:

借:经营支出　　10 000

　　贷:库存物资　　8 000

　　　　应付工资　　2 000

(2) 售出耕牛时:

借:银行存款　　35 000

　　贷:经营收入　　35 000

同时结转成本:

耕牛在售出时的账面价值为：

$$60\ 000-11\ 400\times 3=25\ 800(\text{元})$$

借：经营支出　　　　25 800

　贷：牲畜（禽）资产——产役畜　　　　25 800

在上述两类农业资产中，我们必须注意：两类四种农业资产在增加、减少两方面的核算口径是一致的，不同的是在林业资产的营造和牲畜（禽）资产的饲养期间的核算。其中，按照资产的性质，经济林木与产役畜为固定资产性质，其核算特点类似；非经济林木与幼畜及育肥畜为存货性质，其核算特点类似。

第六章

生产过程业务核算

村集体经济组织生产过程的核算主要是进行生产(劳务)成本的核算。生产(劳务)成本是指村集体经济组织直接组织生产或对外提供劳务等活动时所发生的各项生产费用和劳务成本。村集体经济组织成本核算的对象主要包括农产品、工业产品、对外提供的劳务成本、林业资产成本和牲畜禽资产成本,其中,林业资产成本和牲畜禽资产成本计算已在农业资产一章中进行了介绍,本章重点介绍农产品、工业产品、对外提供劳务成本的计算与核算。

第一节　成本核算程序

一、确定成本核算对象

确定成本核算对象,就是确定需要核算成本的某产品或某劳务。只有确定了成本核算对象,才便于按各个成本对象归集和分配费用,从而核算出各种产品或劳务的实际成本。

二、确定成本计算期间

确定成本计算期间,就是确定多长时间计算一次成本。以农业生产为主的村集体经济组织,成本计算期间一般可定为 1 年。因为农业生产周期比较长,收获期也比较集中,在年度中间发生的生产费用和用工又很不均衡。为了适应这些特点,以 1 年计算两次成本较为合适。成本计算一般在实际劳动日确定以后,年终结账以前进行。对于生产周期较长的多年生农产品,村集体经济组织也可根据经营管理的要求,按产品生产周期核算产品成本。

三、正确确定成本项目

村集体经济组织的成本项目是指其在生产农产品、工业产品和对外提供劳务过程中发生的各种耗费,既包括为生产产品和提供劳务而耗费的直接费用,也包括为生产产品和提供劳务而耗费的间接费用。

(一) 农产品、工业产品的成本项目

农产品、工业产品的成本项目主要包括:

(1) 直接耗费的材料,包括在生产中耗用的种子、种苗、肥料、农药、地膜等。

(2) 直接耗费的人工费用,包括直接从事种植业生产人员的工资、工资性津贴、奖金、福利费等。

(3) 其他直接费用,包括机械作业费、排灌费、田间运输费等。

(4) 间接费用,包括应该摊销、分摊计入各产品的间接生产费用。如生产单位管理人员的工资,固定资产的折旧费、修理费,不能直接计入某种、类产品的生产单位水电费、办公费等。

(二) 劳务成本项目

劳务成本项目主要包括村集体经济组织因对外提供劳务而发生的培训费、工资福利费、差旅费、保险费等。

四、正确划分成本开支范围

为了正确计算产品或劳务成本,还必须正确划分和严格遵守成本开支范围。产品成本是指产品价值中物化劳动消耗和活劳动消耗的补偿价值,因此产品成本开支范围必须以此为依据。凡是有专门资金来源的开支,如公积金、公益金、储备基金等开支,不能计入产品成本;凡是不符合财务制度规定的不合理、不合法的开支,不能支付,也不允许计入产品成本。

五、选择合理的简便易行的费用和用工的分摊方法

村集体经济组织的生产费用和劳务成本,按照计入产品(劳务)成本的方法,可分为直接费用和间接费用。直接费用是指与一定种类产品或劳务直接联系的费用,这类费用可直接计入一定种类的产品或劳务成本内,如属于一定种类产品的种子、肥料、农药等费用。间接费用是指与若干种产品有联系的费用,这种费用不能直接计入而需要按照适当的分摊方法计入一定种类的产品(劳务)成本内,如畜力费、小农具购置费、农机具和设备维修费、管理费等。直接费用和间接费用的划分不是固定不变的,需根据实际情况决定。例如,施用农药,可以确定为某种作物施用量的,就是直接费用;如施用于几种作物不能确定施用量的,就是间接费用。

间接费用一定要按照分摊合理、切合实际和简便易行、“谁受益谁负担、负担大小取决于受益程度”的原则,选择适当的分摊标准,在有关产品(劳务)之间进行分摊。例如,畜力作业费与使用牲畜的数量有关,可按各种作物使用的畜工日数或畜耕面积分摊;积肥用工与施肥数量有关,可按各种作物的实际施用肥料数量分摊。在实际工作中,各种间接费用的分摊采取哪种方法为宜,要根据各种被分摊的费用的具体情况来定。间接费用分摊方法的选择对保证产品(劳务)成本指标的正确性,有着重要的作用。

六、正确计算产成品和在产品的成本

村集体经济组织生产的产品在成本结算期末,可能有一部分产品尚未完工,因此,必须将上述成本费用采用合理的方法在产成品和在产品之间进行分配,以计算并结转入库产品的总成本和单位成本。

第二节　账户的设置

为准确汇集产品和劳务的成本费用,村集体经济组织必须设置“生产(劳务)成本”账户,进行会计核算。“生产(劳务)成本”账户内容见表 2-6-1。

表 2-6-1　　　　　　　　**"生产(劳务)成本"账户**

生产劳务成本	核算内容	本账户核算村集体经济组织直接组织生产或对外提供劳务等活动所发生的各项生产费用和劳务成本	
	账户类别	成本费用类账户	
	账户的运用	借方登记村集体经济组织发生的各项生产费用和劳务成本,贷方登记生产完成并验收入库的工业产成品和农产品成本,或对外提供劳务实现销售所配比的成本。余额在借方,反映村集体经济组织尚未完成的产品及尚未结转的劳务成本	
	明细账户	本科目应按生产费用和劳务成本的种类设置明细科目,进行明细核算	
主要业务	业务内容	业务分析	会计分录
	发生材料费用	按发出材料的受益对象分别记入不同成本对象的成本账户	借:生产成本——A 产品 ——B 产品 贷:库存物资——某材料
	发生人工费用	按发生人工费用的受益对象分别记入不同成本对象的成本账户	借:生产成本——A 产品 ——B 产品 贷:应付工资(固定人员人工费) 内部往来(本组织的非固定人员) 应付款(外雇人员)
	发生其他费用	按发生其他费用的受益对象分别记入不同成本对象的成本账户	借:生产成本——A 产品 ——B 产品 贷:银行存款、应付款等

村集体经济组织的成本核算过程及运用可用图 2-6-1 表示。

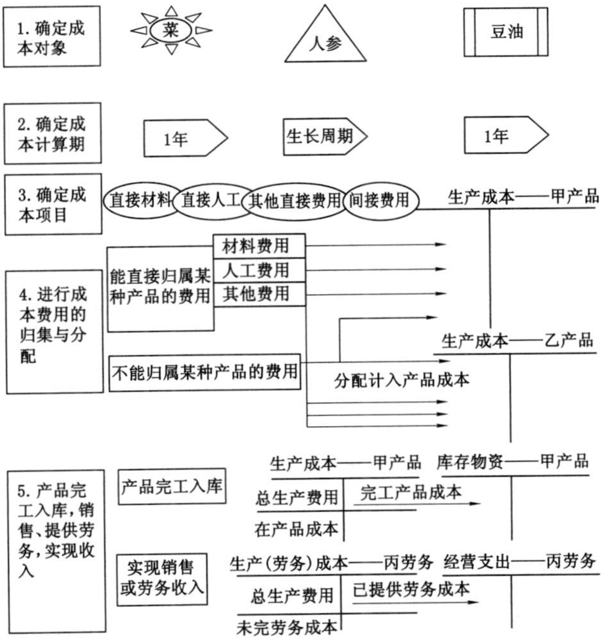

图 2-6-1　成本核算流程及账户运用图

第三节 生产(劳务)成本的核算

一、农产品成本的核算

农产品的生产经营周期较长，收获期比较集中，各种费用和用工的发生不均匀。因此，村集体经济组织农产品生产的成本一般应按照农产品的生产周期计算。具体计算农产品成本时，对发生的各项生产费用和劳务成本，能够分清属于某种产品的，要直接计入该种产品成本；不能直接归属某种产品的，要以产品的收获面积或作业面积、产品产量等为标准进行分摊。发生直接费用或分摊间接费用时，借记“生产（劳务）成本——××农产品”，贷记“库存物资”、“应付工资”、“现金”、“银行存款”等；农产品收获入库时，借记“库存物资”，贷记“生产（劳务）成本”。

【例 2-6-1】 华村统一经营的农场秋播时用库存小麦种子 4 000 公斤，计价5 000元；化肥 32 吨，计价 8 000 元；用现金支付临时人员工资 1 000 元，应付固定人员工资 2 000 元，用存款支付农机作业费 3 200 元。其会计分录为：

借：生产（劳务）成本——小麦	19 200	
贷：库存物资——种子		5 000
库存物资——化肥		8 000
现金		1 000
应付工资——×××		2 000
银行存款		3 200

【例 2-6-2】 经计算，华村农场统一种植的小麦应分摊农场管理人员工资2 000元、折旧费 4 000 元、其他开支现金 2 000 元。其会计分录为：

借：生产（劳务）成本——小麦	8 000	
贷：累计折旧		4 000
应付工资		2 000
现金		2 000

【例 2-6-3】 华村统一经营耕种 10 亩大豆和 5 亩芝麻，两种作物耕作人员工资为 1 800 元。

按种植面积分摊耕作人员工资：

$$分配率=1\ 800\div(10+5)=120(元/亩)$$

大豆应分摊耕作人员工资：

$$10\times120=1\ 200(元)$$

芝麻应分摊耕作人员工资：

$$5\times120=600(元)$$

借：生产劳务成本——大豆	1 200	
生产劳务成本——芝麻	600	
贷：应付工资		1 800

华村收获小麦时，以银行存款支付机收费 4 800 元，用现金支付临时人员工资 1 600 元，应付固定人员工资 4 000 元。现收获小麦 12 万公斤入库。其会计分录为：

(1) 支付费用时：

借:生产(劳务)成本——小麦	10 400	
贷:现金		1 600
应付工资——×××		4 000
银行存款		4 800

(2) 收获小麦入库时：

借:库存物资——小麦	37 600	
贷:生产(劳务)成本——小麦		37 600

(19 200+8 000+10 400=37 600)

二、工业产品成本的核算

村集体经济组织从事工业产品的生产，应对工业产品生产过程中实际发生的各种耗费和劳务成本进行归集，计算产品的生产(劳务)成本。村集体经济组织在工业产品生产过程中发生生产费用和劳务成本时，借记“生产(劳务)成本”，贷记“库存物资”、“现金”、“应付工资”等；产品完工入库时，借记“库存物资”，贷记“生产(劳务)成本”。

【例 2-6-4】 华村集体经营的水泥厂用银行存款购材料一批：白灰 6 000 元、煤 1 万元、其他材料 2.4 万元，当即投入生产。其会计分录为：

借:生产(劳务)成本——水泥	40 000	
贷:银行存款		40 000

【例 2-6-5】 华村月末结算时，用现金支付水泥临时工工资 1.6 万元，结算固定人员应付工资 2.4 万元，计提生产用固定资产折旧费 3 000 元。其会计分录为：

借:生产(劳务)成本——水泥	43 000	
贷:现金		16 000
应付工资——××		24 000
累计折旧		3 000

【例 2-6-6】 华村将产出水泥 600 吨入库。其会计分录为：

借:库存物资——水泥	83 000	
贷:生产(劳务)成本——水泥		83 000

(40 000+43 000=83 000)

三、劳务成本的核算

村集体经济组织提供对外劳务成本的核算，应当按成本对象归集各种耗费。直接或分配计入劳务成本时，借记“生产(劳务)成本”，贷记“库存物资”、“现金”等；对外提供劳务实现销售时，借记“银行存款”、“应收款”等，贷记“经营收入”等，同时借记“经营支出”，贷记“生产(劳务)成本”。

【例 2-6-7】 华村集体承包某铁厂原料和产品销售的运输。在运输过程中，村集体以现金支出燃料费 4 000 元，应付村民运费 5.4 万元。月末经计算，共应收取运输费 7 万元，收到铁厂支付的运费后，村集体以现金支付村民运费。其会计分录为：

(1) 村集体支付燃料费时：

借:生产(劳务)成本——铁厂运输	4 000	

贷:现金　　4 000

(2) 结算运费时:

借:应收款——某厂　　70 000

贷:经营收入——劳务收入　　70 000

(3) 收到运费时:

借:银行存款　　70 000

贷:应收款——某厂　　70 000

(4) 结算村民运费时:

借:生产(劳务)成本——某厂运输　　54 000

贷:内部往来——××　　54 000

(5) 支付村民运费时:

借:内部往来——××　　54 000

贷:现金　　54 000

(6) 月末结算运输费时:

借:经营支出——劳务成本　　58 000

贷:生产(劳务)成本——某厂运输　　58 000

【例 2-6-8】 光明村集体经济组织承包了某果园的桃子采摘任务。合同约定,报酬为0.03元/千克,采摘人员进场当日,预付现金5 000元。村里组织村民进行采摘,共采摘了1 000 000千克。任务完成后,果园当即以银行存款支付了19 000元的采摘劳务费用,余款在1个月后支付。在采摘期间,村组织以现金方式支付食宿费2 500元、交通费500元、保险费800元,应付采摘人员工资9 000元。其会计分录如下:

(1) 收到预付现金:

借:现金　　5 000

贷:应付款——暂收款——果园　　5 000

(2) 以现金支付采摘期间的食宿费、交通费、保险费支出:

借:生产(劳务)成本——采摘桃子　　3 800

贷:现金　　3 800

(3) 计算应付工资:

借:生产(劳务)成本——采摘桃子　　9 000

贷:应付工资　　9 000

(4) 采摘任务完成,实现劳务收入:

劳务收入=1 000 000×0.03=30 000(元)

借:银行存款　　19 000

应付款——暂收款——果园　　5 000

应收款——果园　　6 000

贷:经营收入——劳务收入　　30 000

(5) 结转劳务成本:

采摘桃子的劳务成本=3 800+9 000=12 800(元)

借:经营支出——劳务支出　　12 800

贷:生产(劳务)成本——采摘桃子　　12 800

(6) 支付应付工资:

借:应付工资　　9 000

贷:现金　　9 000

(7) 收回余款:

借:银行存款　　6 000

贷:应收款——果园　　6 000

第七章

经营过程业务核算

村集体经济组织经营过程的核算，是指经营性质的收入、支出、费用的核算，主要包括经营活动的收入与支出的核算、发包及上交收入的核算、其他收入的核算、管理费用和其他支出的核算。

第一节　经营收入与经营支出的核算

村集体经济组织发生经营活动，如出售农产品、工业产品，提供劳务等，就会有一定的经营收入，这些经营收入的取得是以一定的支出为代价的，因此，在确认经营收入的同时，要结转与该项经营收入相配比的经营支出。

一、经营收入与经营支出的确认

（一）经营收入的确认

经营收入是指村集体经济组织从当年直接经营的各项生产、服务等项目中所取得的收入，包括产品销售收入、出租收入、劳务收入等。经营收入的确认应注意以下几个方面：

(1) 对外销售产品物资或提供劳务时，应在产品物资已经发出、劳务已经提供、同时收讫价款或取得价款凭证时，确认取得经营收入。

(2) 村集体经济组织收获的农产品，应于农产品销售时，确认取得经营收入。

(3) 非经济林木及林产品，应于出售时，确认经营收入。

(4) 收款条件已经具备，但结算方式不同时，应根据情况灵活掌握。只要收款条件已经具备，并且有理由确定最终能够收到价款，就应当确认经营收入的实现。如采用“托收承付”或“委托收款”结算方式时，只要发出实物并办妥手续后即可确认经营收入的实现；采取“长期劳务合同”结算方式时，可按照合同约定的期限分期确认经营收入。

（二）经营支出的确认

经营支出是指村集体经济组织从事各项生产、服务等直接经营活动所耗费的支出，包括销售商品或农产品的成本、销售牲畜或林木的成本、提供对外劳务的成本、维修费、运输费、保险费、产役畜的饲养费用及其成本摊销等。经营支出通常与经营收入有着直接的关联性，即如果没有某些经营支出，就不会有某些经营收入，或者说某项支出是为某项经营收入的取得直接发生的，那么该支出就是这项经营收入相配比的经营支出，由于两者的这种配比关系，所以经营支出与经营收入的确认时间是一致的，在经营收入确认的同时，就应结转与之配比的经营支出。

二、账户的设置

为准确反映和监督村集体经济组织通过直接经营活动所取得的经营收入以及与其相配比的经营支出，应设置“经营收入”和“经营支出”账户。

三、业务举例

【例 2-7-1】 华村集体出售已入库小麦 10 万公斤，每公斤计价 1.50 元，已收到款并存银行。小麦入库成本为每公斤 0.40 元。其会计分录为：

(1) 出售时：

借：银行存款　　150 000

　贷：经营收入——农产品销售收入　　150 000

(2) 结转成本时：

借：经营支出——农产品销售支出　　40 000

　贷：库存物资——小麦　　40 000

【例 2-7-2】 华村集体收获苹果 6 万公斤，当即售出 4 万公斤，每公斤 2 元，计价 8 万元，款已收到并存入银行，剩余 2 万公斤存入果库。该批苹果每公斤成本为 0.6 元。其会计分录为：

(1) 销售苹果确认收入时：

借：银行存款　　80 000

　贷：经营收入——农产品销售收入　　80 000

(2) 入库时：

借：库存物资——苹果　　12 000

　贷：生产(劳务)成本　　12 000

(3) 结转出售苹果成本时：

借：经营支出——农产品销售支出　　24 000

　贷：生产(劳务)成本　　24 000

(40 000×0.6=24 000)

【例 2-7-3】 华村集体机耕队收回机耕服务费 6 000 元。其会计分录为：

借：现金　　6 000

　贷：经营收入——机耕服务收入　　6 000

【例 2-7-4】 华村集体出租两台收割机给邻村用于水稻收割，取得租赁款 2 万元，存入银行。其会计分录为：

借：银行存款　　20 000

　贷：经营收入——租赁收入　　20 000

【例 2-7-5】 华村集体出售杨树一批，收到现金 2.4 万元，该批杨树成本为 1.6 万元。其会计分录为：

(1) 出售林木时：

借：银行存款　　24 000

　贷：经营收入——林木销售收入　　24 000

(2) 结转成本时：

借:经营支出——非经济林木成本　　16 000
　贷:林木资产——非经济林木　　16 000

【例 2-7-6】 华村集体自产入库水泥 1 000 吨,该批水泥成本 15 万元,现入库。一个月后以单价 200 元出售,计款 20 万元,存银行。其会计分录为:

(1) 产成品入库时:

借:库存物资——水泥　　150 000
　贷:生产(劳务)成本　　150 000

(2) 收到价款时:

借:银行存款　　200 000
　贷:经营收入——物资销售收入　　200 000

(3) 产成品销售出库时:

借:经营支出——水泥　　150 000
　贷:库存物资——物资销售支出　　150 000

【例 2-7-7】 年终,村集体结转本年取得的经营收入 33 万元,结转经营支出 23 万元。其会计分录为:

借:经营收入　　330 000
　贷:本年收益　　330 000

借:本年收益　　230 000
　贷:经营支出　　230 000

第二节　发包及上交收入的核算

发包及上交收入包括发包收入和上交收入两部分。发包收入是指村集体经济组织通过将集体资产发包给农户、所属单位或其他单位和个人,按合同规定取得的承包收入,如发包集体的耕地、林地、果园、水面、机械、机井等收取的承包费。上交收入是指村办企业或与村集体经济组织有一定关系的企业及单位向村集体经济组织上交的利润或其他款项。村集体经济组织在已收讫农户、承包单位上交的承包金及村办企业上交的款项或取得收取款项的凭据时,确认发包及上交收入的实现。

为准确反映和监督村集体经济组织取得的发包及上交收入情况,村集体经济组织必须在总分类账中设置“发包及上交收入”账户。

【例 2-7-8】 华村集体收到王明承包集体机井承包费 9 000 元。其会计分录为:

借:现金　　9 000
　贷:发包及上交收入——发包收入——王明　　9 000

同时要登记“发包及上交款物登记簿”。

【例 2-7-9】 华村集体收到某单位转来集体果园承包费 4 万元。其会计分录为:

借:银行存款　　40 000
　贷:发包及上交收入——发包收入　　40 000

同时要登记“发包及上交款物登记簿”。

【例 2-7-10】 华村集体收到村办水泥厂上交利润 9 万元,款存银行。其会计分录为:

借：银行存款　　90 000

　贷：发包及上交收入——上交收入——村办水泥厂　　90 000

同时要登记“发包及上交款物登记簿”。

【例 2-7-11】 村民王刚承包集体机动地 2 公顷，合同规定每年上交承包费3 200元，王刚当年实际上交 2 400 元现金，余下 800 元经村民代表会议讨论通过转为往来。其会计分录为：

借：现金　　2 400

　内部往来——王刚　　800

　贷：发包及上交收入——发包收入——王刚　　3 200

同时要登记“发包及上交款物登记簿”。

【例 2-7-12】 年终，村集体根据“发包及上交款物登记簿”，结算当年应交未交的承包费 2 万元，经村民代表会议讨论通过转为往来。其会计分录为：

借：内部往来——××　　20 000

　贷：发包及上交收入——发包收入——××　　20 000

同时登记“发包及上交款物登记簿”。

【例 2-7-13】 年终，村集体将承包收入 72 200 元、已上交收入 9 万元，全部结转。其会计分录为：

借：发包及上交收入——发包收入　　72 200

　　　　　　　　——上交收入　　90 000

　贷：本年收益　　162 200

第三节　其他收入的核算

其他收入是指村集体经济组织所取得的不属于经营收入、发包及上交收入、投资收益、补助收入之外的收入，如固定资产和产品物资的盘盈收入、罚款收入、存款利息收入等。

为准确反映和监督村集体经济组织取得的其他收入情况，村集体经济组织必须在总分类账中设置“其他收入”账户。

【例 2-7-14】 华村集体盘存资产时，盘盈玉米 400 公斤，计价 400 元。其会计分录为：

借：库存物资——玉米　　400

　贷：其他收入　　400

【例 2-7-15】 华村集体出售房屋 5 间，原值 4 万元，已折旧 1 万元，售价 5 万元，款存银行。其会计分录为：

(1) 将处置资产转入清理：

借：固定资产清理——房屋　　30 000

　累计折旧　　10 000

　贷：固定资产——房屋　　40 000

(2) 出售资产：

借：银行存款　　50 000

　贷：固定资产清理——房屋　　50 000

(3) 结转清理：

借：固定资产清理——房屋 20 000

贷：其他收入 20 000

【例 2-7-16】 华村集体盘盈水泵一台，经查同类型资产原价为 6 000 元，估计折旧 1 000 元。其会计分录为：

借：固定资产——水泵 6 000

贷：累计折旧 1 000

其他收入 5 000

【例 2-7-17】 年终，村集体将其他收入 25 400 元，全部结转。其会计分录为：

借：其他收入 25 400

贷：本年收益 25 400

第四节 管理费用的核算

管理费用是指村集体经济组织用于管理方面的支出。村集体经济组织的管理费用主要包括管理人员工资补助、办公费、差旅费、管理用固定资产的折旧和维修费。

村集体经济组织对管理费用的核算，应当在总分类账中设置"管理费用"账户。

【例 2-7-18】 华村集体结算当月村干部工资补助 3 000 元，随后在乡经管站领取。其会计分录为：

(1) 结算时：

借：管理费用——干部报酬 3 000

贷：应付工资——×× 3 000

(2) 领取时：

借：应付工资——×× 3 000

贷：应收款——乡经管站 3 000

【例 2-7-19】 华村集体年终按 10%的折旧率，提取管理用固定资产折旧费6 000元。其会计分录为：

借：管理费用 6 000

贷：累计折旧 6 000

【例 2-7-20】 华村集体会计李天明参加会计培训，借现金 1 000 元，培训结束后，经领导审核准予报销车票、补助等差旅费 800 元，余下 200 元已退回。其会计分录为：

(1) 借款时：

借：内部往来——李天明 1 000

贷：现金 1 000

(2) 报销时：

借：管理费用——差旅费 800

现金 200

贷：内部往来——李天明 1 000

【例 2-7-21】 华村集体用现金购买办公用品，计 500 元，其会计分录为：

借:管理费用——办公费　　500

　贷:现金　　500

【例 2-7-22】 华村用银行存款购入煤 10 吨,价款 1 万元,用于办公室取暖。其会计分录为:

借:管理费用——办公费　　10 000

　贷:银行存款　　10 000

【例 2-7-23】 华村集体用现金支付办公电话费,共计 1 000 元。其会计分录为:

借:管理费用——办公费　　1 000

　贷:现金　　1 000

【例 2-7-24】 年终,村集体将当年管理费用 21 300 元转本年收益。其会计分录为:

借:本年收益　　21 300

　贷:管理费用　　21 300

第五节　其他支出的核算

其他支出是指村集体经济组织发生的不属于经营支出和管理费用的费用支出。其他支出主要包括公益性固定资产折旧费、固定资产及库存物资盘亏、处理固定资产的净损失、罚没支出、防汛抢险支出、利息支出、确实无法收回的坏账损失等。

村集体经济组织对其他支出的核算,应当在总分类账中设置"其他支出"账户。

【例 2-7-25】 华村集体年终进行资产盘存时,盘亏产成品价值 1 000 元,盘亏固定资产一件原值 4 000 元,已提折旧 1 200 元。经村民代表会议讨论通过,报乡经管站审核批准,以上损失全部由集体承担。其会计分录为:

(1) 盘亏产品物资时:

借:其他支出　　1 000

　贷:库存物资——×产品　　1 000

(2) 盘亏固定资产时:

借:其他支出　　2 800

　　累计折旧　　1 200

　贷:固定资产　　4 000

【例 2-7-26】 华村集体经批准核销因债务人死亡而确实无法收回的应收款 3 000 元。其会计分录为:

借:其他支出　　3 000

　贷:应收款——××　　3 000

【例 2-7-27】 华村集体因发生水灾损失库存水泥 20 吨,价值 3 000 元。其会计分录为:

借:其他支出　　3 000

　贷:库存物资——水泥　　3 000

【例 2-7-28】 华村集体归还到期的短期借款本金 10 万元,利息 7 000 元。其会计分录为:

借:短期借款　　100 000

　　其他支出　　7 000

贷:银行存款 107 000

【例 2-7-29】 年终,将"其他支出"余额 18 000 元结转"本年收益"。其会计分录为:

借:本年收益 18 000

贷:其他支出 18 000

第八章

收益形成及其分配核算

第一节　本年收益的核算

一、收益总额的计算

收益是指村集体经济组织在当年通过从事生产经营服务和管理活动所取得的净收入。其计算公式如图 2-8-1 所示。

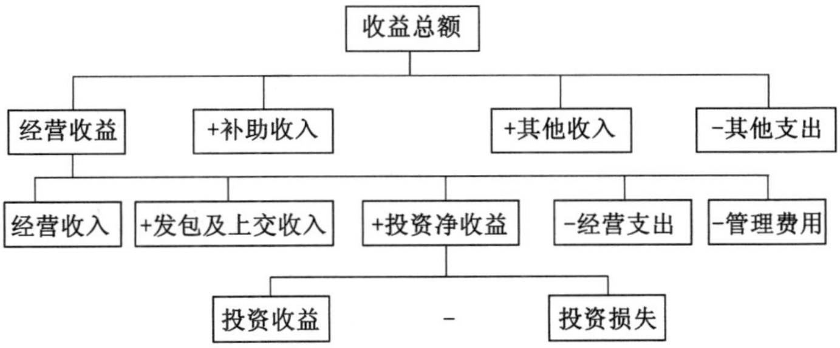

图 2-8-1　本年收益的计算

二、本年收益的核算

从本年收益的计算中，我们可以看到本年收益是由各项收入、费用、支出形成的，因而本年收益的核算就是将本年度所产生的各项收入、费用、支出由原损益类转入"本年收益"，为此，我们必须设置"本年收益"账户。"本年收益"核算村集体经济组织本年度实现的收益。会计期末结转经营收益时，应将"经营收入"、"发包及上交收入"、"农业税附加返还收入"、"补助收入"、"其他收入"账户的余额转入本账户的贷方，借记"经营收入"、"发包及上交收入"、"农业税附加返还收入"、"补助收入"、"其他收入"账户，贷记本账户；同时将"经营支出"、"其他支出"、"管理费用"账户的余额转入本账户的借方，借记本账户，贷记"经营支出"、"其他支出"、"管理费用"账户。"投资收益"账户的净收益转入本账户，借记"投资收益"账户，贷记本账户；如为投资净损失，借记本账户，贷记"投资收益"账户。年度终了，应将本年收入和支出相抵后结出的本年实现的收益，转入"收益分配"账户，借记本账户，贷记"收益分配——未分配收益"账户；如为净亏损，作相反会计分录，结转后本账户应无余额。

【例 2-8-1】 年终，华村集体将各损益类余额结转本年收益，各损益类本年金额为：经营收入33万元、发包及上交收入10.22万元、其他收入2.54万元、经营支出23万元、其他支出2.58万元、管理费用2.11万元。其会计分录为：

借:本年收益	276 900	
贷:经营支出		230 000
其他支出		25 800
管理费用		21 100
借:经营收入	330 000	
发包及上交收入	102 200	
其他收入	25 400	
贷:本年收益		457 600

第二节 收益分配的核算

一、收益分配的内容

村集体经济组织通过一定的生产经营活动取得了收益,这个收益是属于村集体经济组织及其所有者的,因此,应当按照一定的顺序和标准将村集体经济组织当年产生的收益在有关单位和个人之间进行分配。按照《村集体经济组织会计制度》规定,村集体经济组织一般应按照以下顺序进行分配:

(1) 提取公积公益金。村集体经济组织有了收益后,首先应留存一部分用于村集体经济组织自身资本的扩大和村集体经济组织的公益事业。因此,在收益分配中,首先应按一定比例提取用于村集体经济组织扩大再生产、承担经营风险和集体文化、福利、卫生等公益事业设施建设的公积公益金。公积公益金提取的比例和份额由村集体经济组织依据有关政策的规定,制定符合实际情况的方案,经成员大会或成员代表大会讨论通过后执行,并向群众公布。公积公益金提取后,其用途主要有:第一,可以通过公积公益金转增资本,扩大资本积累,增加集体经济实力,强化村集体经济组织的生产能力和服务功能;第二,可用于集体文化、福利和卫生等公益设施建设,包括修建学校、卫生所、福利院、电影院等设施建设;第三,可以以丰补歉。

(2) 提取福利费。村集体经济组织进行收益分配时,还可以提取一定的福利费。提取福利费的比例,要根据有关政策规定和本村实际情况提出方案,经村民代表会议讨论通过后执行,并向群众公布。村集体经济组织从收益中提取的福利费,主要用于集体福利、文教、卫生等事业的支出,如照顾军烈属、“五保户”、困难户,计划生育以及农民因公伤亡的医疗费、生活补助及抚恤金等日常福利方面的支出。村集体经济组织福利费的使用必须坚持先提后用的原则,严格限制在提取的数额内,不准超支。

(3) 外来投资分红。如果村集体经济组织吸收了外来投资者的投资,则应向外来投资者分配收益。一般应根据外来投资的资本总额、合同约定和当年收益情况,在收益分配时提取资金用于向投资者分红。分配情况要向群众公布。

(4) 农户分配。农户是村集体经济组织的主体,村集体经济组织当年的经营成果在提取上述各项资金后的剩余部分,应当向所属农户进行分配。村集体经济组织在收益分配时,要妥善处理好集体、投资者、农户之间的利益关系,向农户分配的比例要制订方案,经村集体经济组织成员大会或成员代表大会(村民大会或村民代表大会)讨论通过后执行,并向群众公布。

(5) 其他分配。村集体经济组织对当年的收益,除上述各项分配外,对其他应该从收益中进行分配的事项,要合理划分,确保村集体经济组织各项事业的顺利发展。

村集体经济组织在进行收益分配前,对当年的收益以及应该分配的各种项目和分配比例,必须编制收益分配方案。收益分配方案应当经村集体经济组织成员大会或成员代表大会(村民大会或村民代表大会)讨论通过后方可执行,确定的收益分配方案要上报主管部门审核备案,并向群众公布。

二、收益分配的核算

为了反映和监督村集体经济组织的收益分配情况,村集体经济组织在总分类账中应当设置"收益分配"、"公积公益金"、"应付福利费"等账户。

"收益分配"账户核算村集体经济组织当年收益的分配(或亏损的弥补)和历年分配后的结存余额。本账户设置"各项分配"和"未分配收益"两个二级账户。村集体经济组织用公积公益金弥补亏损时,借记"公积公益金"账户,贷记本账户(未分配收益)。按规定提取公积公益金、提取应付福利费、外来投资分利、进行农户分配等时,借记本账户(各项分配),贷记"公积公益金"、"应付福利费"、"应付款"、"内部往来"等账户。年终,村集体经济组织应将全年实现的收益总额,自"本年收益"账户转入本账户,借记"本年收益"账户,贷记本账户(未分配收益),如为净亏损,作相反会计分录。同时,将本账户下的"各项分配"明细账户的余额转入本账户"未分配收益"明细账户,借记本账户(未分配收益),贷记本账户(各项分配)。年度终了,本账户的"各项分配"明细账户应无余额,"未分配收益"明细账户的贷方余额表示未分配的收益,借方余额表示未弥补的亏损。年终结账后,如发现以前年度收益计算不准确,或有未反映的会计业务,需要调整增加或减少本年收益的,也在本账户(未分配收益)核算。调整增加本年收益时,借记有关账户,贷记本账户(未分配收益);调整减少本年收益时,借记本账户(未分配收益),贷记有关账户。本账户应按收益的来源设置明细账户,进行明细核算。本账户的余额为历年积存的未分配收益(或未弥补亏损)。

"应付福利费"核算村集体经济组织从收益中提取,用于集体福利、文教、卫生等方面的福利费(不包括兴建集体福利等公益设施支出),包括照顾烈军属、"五保户"、困难户的支出,计划生育支出,农民因公伤亡的医药费、生活补助及抚恤金等。村集体经济组织按照经批准的方案,从收益中提取福利费时,借记"收益分配"账户,贷记本账户;发生上述支出时,借记本账户,贷记"现金"、"银行存款"等账户。本账户应按支出项目设置明细账户,进行明细核算。本账户的期末贷方余额,反映村集体经济组织已提取但尚未使用的福利费金额。如为借方余额,反映本年福利费超支数;按规定程序批准后,应按规定转入"公积公益金"账户的借方,未经批准的超支数额,仍保留在本账户借方。

【例 2-8-2】 华村集体当年实现收益 10 万元,根据有关政策规定,经村民代表会议讨论通过,并上报乡(镇)经营管理站审核批准,按下列方案进行收益分配:按 45%提取公积公益金,按 10%提取福利费,按 5%进行投资分利,按 15%分配农户。其会计分录为:

(1) 结转本年收益时:

借:本年收益　　100 000

　贷:收益分配——未分配收益　　100 000

(2) 提取公积公益金时：

借：收益分配——各项分配　　45 000

　贷：公积公益金　　45 000

(3) 提取福利费时：

借：收益分配——各项分配　　10 000

　贷：应付福利费　　10 000

(4) 提取投资分利款时：

借：收益分配——各项分配　　5 000

　贷：应付款——应付投资分利款　　5 000

(5) 转付分利款时：

借：应付款——应付投资分利款　　5 000

　贷：银行存款　　5 000

(6) 农户分配时：

借：收益分配——各项分配　　15 000

　贷：内部往来——各农户　　15 000

(7) 实际支付农户时：

借：内部往来——各农户　　15 000

　贷：现金　　15 000

(8) 结转各项分配时：

借：收益分配——未分配收益　　75 000

　贷：收益分配——各项分配　　75 000

经过上述账务处理后，“收益分配——未分配收益”账户余额 25 000 元(100 000－75 000)即为年终未分配收益。

【例 2-8-3】 华村集体本月用现金支付计划生育支出 1 000 元。其会计分录为：

借：应付福利费——计划生育支出　　1 000

　贷：现金　　1 000

【例 2-8-4】 华村集体本月用现金支付“五保户”、残疾人救济款 2 000 元。其会计分录为：

借：应付福利费——“五保户”、残疾人救济款　　2 000

　贷：现金　　2 000

【例 2-8-5】 年终结账后华村发现集体果园承包人王明欠承包费 2 500 元，未入账。其会计分录为：

借：内部往来——王明　　2 500

　贷：收益分配——未分配收益　　2 500

【例 2-8-6】 年终结账后，发现上年华村集体还欠邮电费 500 元，未入账。其会计分录为：

借：收益分配——未分配收益　　500

　贷：应付款——邮电局　　500

第三篇　会计工作流程

本部分以会计基本工作流程为主线，介绍了期初建账及会计核算程序、日常填制和审核会计凭证、登记会计账簿、期末对账和结账、期末编制会计报表、整理与保管会计档案、会计电算化等内容。领会、掌握并能熟练运用本部分知识及技能，是我们成为合格、基本成熟的会计人员的基本要求。

第一章

期初建账及会计核算程序

村集体经济组织会计核算首先要建立账簿体系，然后通过账簿的登记，把会计凭证所提供的大量零散的核算资料，加以归类整理，以序时地、分门别类地记入相关的会计账簿，使账簿成为积累、储存会计主体经济业务信息的数据库。按照《中华人民共和国会计法》和《会计基础工作规范》的要求，村集体经济组织至少应建立现金日记账、银行存款日记账、总分类账和明细分类账。

第一节 建立现金、银行存款日记账

日记账是按照经济业务发生的时间顺序，逐日逐笔进行登记的账簿。为了加强对货币资金的管理，防止贪污舞弊，我国会计制度规定所有单位必须设置现金日记账和银行存款日记账。

一、设置现金、银行存款日记账

现金、银行存款日记账作为对货币资金进行控制的有力手段，应采用装订成册的订本式账簿，以防止丢失、抽换。任何单位都不得采用银行对账单或者其他方法代替日记账。村集体经济组织现金及银行存款日记账主要采用三栏式账页格式。三栏式现金、银行存款日记账的基本格式包括“收入”、“支出”和“结余”三个栏目，分别用来登记库存现金、银行存款每天的收入、支出和结存情况。为了清晰地反映现金及银行存款收入的来源科目和支出的用途科目，在账页中还设有“对方科目”栏。其格式与内容见表 3-1-1。

表 3-1-1　　　　现金日记账(三栏式)

××年		凭证		摘要	对方科目	收入	支出	结余
月	日	字	号					
1	1			上年结余				2 000
	4		1	报销差旅费	管理费用		400	
	4		3	提取现金	银行存款	3 000		
	4			本日合计		3 000	400	4 600
	31			本日合计		略	略	略
	31			本月合计		略	略	略

二、启用现金、银行存款日记账

现金、银行存款日记账由出纳人员启用。出纳人员启用现金、银行存款日记账时，应详细填列账簿扉页的“账簿启用表”的内容，包括单位名称、账簿名称、启用日期、账簿册数、账簿编号、账簿页数等。填列完毕后，由出纳人员在“账簿启用表”的“出纳”一栏内签名盖章，再交由会计机构负责人(会计主管人员)审核后签名盖章，最后加盖村集体经济组织的公章和村委主任的名章。签名盖章后由出纳人员在“账簿启用表”的“印花粘贴处”栏内粘贴印花税票，并划线完税。如图 3-1-1 所示。

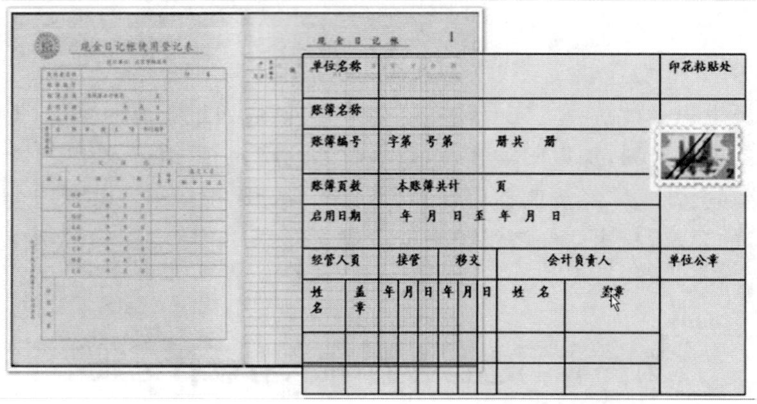

图 3-1-1　现金日记账使用登记表

三、登记“现金日记账”、“银行存款日记账”期初余额

出纳人员在启用账簿后，在现金日记账、银行存款日记账的第 1 页登记现金及银行存款的期初余额。银行存款日记账同时还需要登记开户银行名称和账号。

第二节　建立总分类账

总分类账簿是按照总分类账户登记全部经济业务的账簿。它是总分类账户的集合体，其账页是按照总账科目(一级科目)开设的，并且要按照总账科目的编码顺序分设。所有村集体经济组织都必须开设总分类账簿，对村集体经济组织经济业务的内容进行全面、总括、分类的反映。

一、设置总分类账

由于总分类具有统驭的作用，因而其外表形式一般应采用订本式账簿，其账页格式一般采用“三栏式”账页，即设置“借方”、“贷方”、“余额”三个栏目，分别反映经济业务内容的增减变动与结余情况。总账三栏式账页格式同日记账三栏式账页格式基本相同，主要区别在于总账账页在余额栏前设“余额方向”栏，用以选择记录总账的余额方向。

设置三栏式总账的具体做法是：以所有的总分类会计科目为依据在总账账页上开设总分类账户。由于总账大多采用订本式的外表形式，所以应根据实际需要为每一个总分类账户事先预留空白账页，保证每一个总账可以连续、完整地反映其经济内容，从而保证总分类账簿可以连续、完整、分类地反映村集体经济组织经济业务全貌。总账账内应包括村集体经济组织核算所需的所有总账账户。

二、启用总账

总账由会计人员启用。同启用现金、银行存款日记账一样，会计人员需要填列总账扉页的“账簿启用表”，并在审核后依次加盖会计人员、会计机构负责人（会计主管人员）名章以及村集体经济组织公章和村委主任的名章，最后粘贴印花税票并划票完税。

与启用现金、银行存款日记账不同的是，为了方便查阅总账账簿中的各总分类的增减变动情况，记账人员在账簿中开设账页户头后，应按每个的名称和页数顺序登记“科目索引表”。“科目索引表”的格式与内容见表 3-1-2。

表 3-1-2　　科目索引表

序号	科目	页数	序号	科目	页数
1	现金	1	20	资本	69
2	银行存款	13	21	公积公益金	71
3	短期投资	35	22	本年收益	73
19	一事一议资金	67	33	投资收益	95

三、登记各总分类的期初余额

会计人员在启用总账后，应根据村集体经济组织经济内容的期初情况登记总账内各总分类的期初余额。与现金日记账、银行存款日记账不同的是，总账的期初余额登记前须按照账户的性质选择余额的方向。

第三节　建立明细分类账

明细分类账是按照明细分类账户分类登记的账簿。明细分类账是在总分类总括分类的基础上，按照更加详细的分类来反映某一类别经济活动和财务收支情况，对总分类账簿起补充说明的作用。明细分类账的开设对于监督财产物资的收发和保管、往来款项的结算、收入的取得以及费用的开支等，都起着非常重要的作用。所以，村集体经济组织在设置总账的基础上，还应根据会计核算和经营管理的需要设置明细分类账，进行明细分类核算。至于一个总账应设几级以及每一级应设多少明细分类，并没有统一的规定，村集体经济组织应根据各自的实际需要来确定。

一、设置明细分类账

明细分类账的外表形式一般为活页式账簿，也有的采用卡片式账簿，如固定资产明细账。明细分类账的格式多种多样，主要有三栏式和数量金额式。

（一）三栏式明细分类账

三栏式明细分类账的账页特点是，在账页上只设有借方、贷方和余额三个金额栏，不设数量栏。它适用于那些只需要进行金额核算而不需要进行数量核算的明细，如“应收款”、“应付款”等结算账户。其账页格式与内容见表 3-1-3。

表 3-1-3

三栏式明细分类账

应收款明细分类账

会计科目或编号:应收款　　　　总第　　页

子目、户名或编号:甲村　　　　分第　　页

××年		凭证号数		摘要	借方	贷方	借或贷	余额
月	日	字	号					
2	1			期初余额			借	8 000
	5			收回甲村欠款		3 000	借	5 000

（二）数量金额式明细分类账

数量金额式明细分类账的账页，是在借方、贷方和余额三大栏内，再分设“数量”、“单价”和“金额”三小栏。这种格式适用于既要进行金额核算又要进行实物数量核算的各种财产物资，如“库存物资”等。其账页格式与内容见表 3-1-4。

表 3-1-4

数量金额式明细分类账

库存物资明细分类账

类别:　　　　编号:

品名或规格:小麦　　　　存放地点:　　　　总第　　页

储备定额:　最高储备量:　最低储备量:　计量单位:公斤　　　　分第　　页

××年		凭证号数		摘要	借方			贷方			余额		
月	日	字	号		数量	单价	金额	数量	单价	金额	数量	单价	金额
6	1			期初余额							300	1.1	330
	4		5	购入小麦	1 000	1.2	1 200				1 300		
	6			发出小麦				200			1 100		

二、启用明细分类账

明细分类账应由会计人员启用，启用时应登记明细分类账扉页的“账簿启用登记表”，并在审核后依次加盖会计人员、会计机构负责人(会计主管人员)名章以及村集体经济组织公章和村委主任的名章，最后粘贴印花税票并划票完税。

明细分类账是由若干明细分类账户组成的，因此也应根据明细科目的顺序及页码填列“科目索引表”。但与总分类账不同的是，由于明细分类账为活页账簿的形式，并可根据记账的需要增加或抽减账页，因此，明细账可在年度结束结完账装订成册后才在“科目索引表”中标出每张账页的页码。

三、登记各明细分类的期初余额

会计人员在启用明细账后，应根据各经济内容的期初情况登记明细账内各明细分类账户的期初余额，明细账户的期初余额登记前须按照账户的性质选择余额的方向。登记数量

金额式明细账的期初余额还需登记财产物资的期初数量与单价。

第四节　会计核算程序

会计核算程序是指从填制和审核原始凭证、记账凭证，登记各种账簿，到编制会计报表的账务处理过程。它是做好会计工作的一个重要前提，对于确保会计信息处理工作有条不紊地进行，提高会计工作的质量和效率，正确、及时地编制会计报表等，都有着非常重要的作用。

村集体经济组织可以采用记账凭证账务处理程序或科目汇总表账务处理程序。

一、记账凭证账务处理程序

记账凭证账务处理程序是指对发生的经济业务，都要以原始凭证或原始凭证汇总表为依据编制记账凭证，根据记账凭证直接登记总分类账的一种账务处理过程。其基本特征是直接根据记账凭证逐笔登记总分类账。其记账凭证可以采用通用记账凭证。设置的账簿主要有现金日记账、银行存款日记账、总分类账和明细分类账。记账凭证账务处理程序的具体步骤是：

（1）根据原始凭证填制记账凭证；

（2）根据记账凭证或原始凭证登记现金、银行存款日记账；

（3）根据记账凭证和原始凭证登记各种明细账；

（4）根据记账凭证逐笔登记总账；

（5）总账与日记账、明细账定期核对；

（6）根据总账和有关明细账编制会计报表。

记账凭证账务处理程序示意图如图 3-1-2 所示。

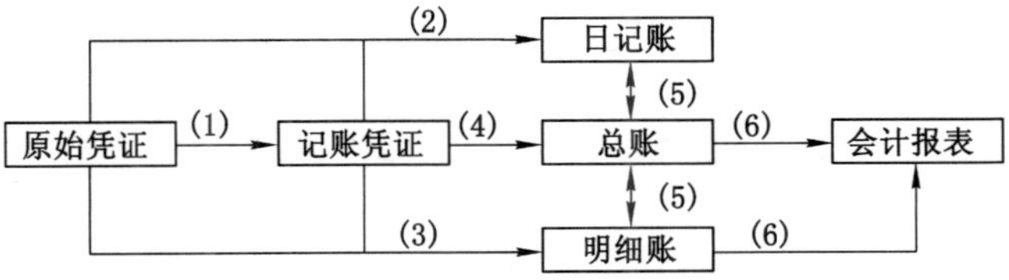

图 3-1-2　记账凭证账务处理程序示意图

采用记账凭证账务处理程序，由于记账凭证不经过汇总，需要逐笔记入总分类账，使总账记录比较详细。其优点是：记账层次清楚，技术方法易学，并且可以利用账户的对应关系进行分析，便于查账。但如果手工登记总账，则工作量较大。所以，只适用于经济业务不太多的单位。

二、科目汇总表账务处理程序

科目汇总表账务处理程序是指对发生的经济业务，在以原始凭证或原始凭证汇总表为依据编制记账凭证之后，根据记账凭证定期编制科目汇总表，再根据科目汇总表登记总账，并据以编制会计报表的一种账务处理程序。其主要特点是先将记账凭证按照相同的会计科目归类汇总，编制科目汇总表，然后根据科目汇总表登记总分类账。

科目汇总表是一种汇总的记账凭证，它将汇总期内(例如 10 天或半个月)的全部记账凭证，按照相同科目归类汇总。在科目汇总表上，每一会计科目的本期借方发生额和贷方发生额只反映汇总后的合计数。如表 3-1-5 所列。

表 3-1-5　　科目汇总表

编号：

会计科目	本期发生额		备注
	借方	贷方	
			起止日期： 记账凭证： 自　　号至　　号

科目汇总表账务处理程序的具体步骤是：

(1) 根据原始凭证填制记账凭证；

(2) 根据记账凭证或原始凭证登记现金、银行存款日记账；

(3) 根据记账凭证或原始凭证登记明细账；

(4) 根据记账凭证定期编制科目汇总表；

(5) 根据科目汇总表登记总账；

(6) 总账与日记账、明细账定期核对；

(7) 根据总账与有关明细账编制会计报表。

科目汇总表账务处理程序示意图如图 3-1-3 所示。

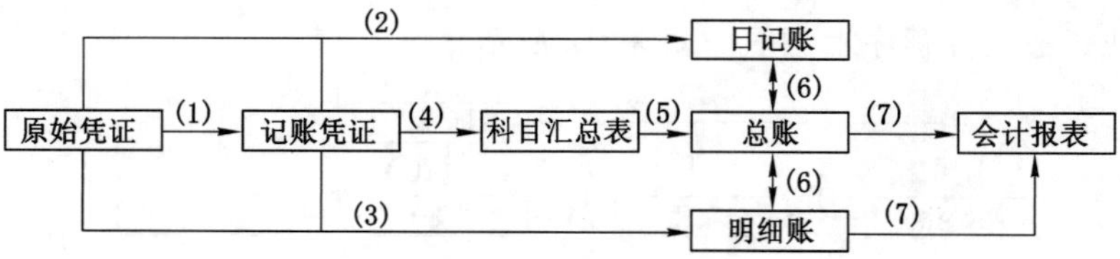

图 3-1-3　科目汇总表账务处理程序示意图

如果以原始凭证汇总表为依据编制记账凭证，程序如图 3-1-4 所示。

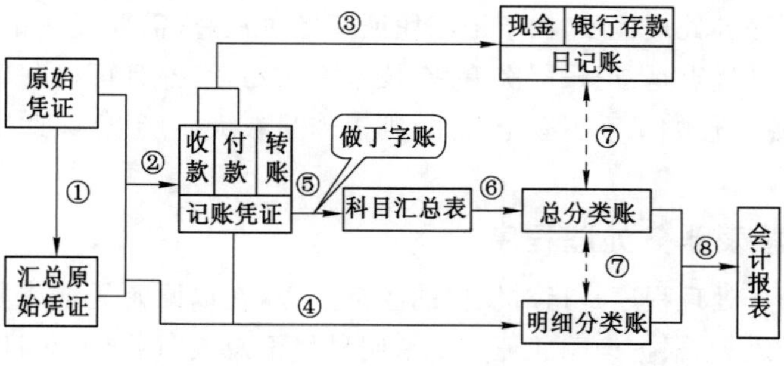

图 3-1-4　以原始凭证汇总表为依据编制记账凭证

采用科目汇总表账务处理程序，优点是可以简化总分类账的登记工作，减轻登记总分类账的工作量，还可以起到试算平衡的作用，减少记账差错。但是在这种程序下，记账凭证经过汇总后，不能明确反映账户的对应关系，不便于分析检查经济业务的来龙去脉，不便于查对账目。一般适用于经济业务量比较多的单位。

第二章

日常填制和审核会计凭证

村集体经济组织发生业务后，都要取得一定的凭证作为会计记账的依据，如购买种子后要取得发票，缴纳款项后要取得收据。这些在经济业务发生或完成时取得的证明经济业务发生或完成情况的凭证，我们称之为原始凭证。原始凭证取得后，会计人员经过审核要将原始凭证反映的经济业务内容以会计分录的形式写在记账凭证上面，作为登记账簿的依据。我们将原始凭证和记账凭证合称为会计凭证。可见，会计凭证就是用来记载经济业务发生，明确经济责任的书面文件，是记账的依据。通过会计凭证的填制和审核，可以保证会计核算资料的真实性、可靠性、合理性。会计凭证是多种多样的，可以按不同标志进行分类，但主要是按其填制程序和用途分为原始凭证和记账凭证。

第一节　原始凭证

原始凭证是在经济业务发生或完成时取得或填制的书面证明，是记录、证明经济业务已经发生或完成的原始证据，是明确经济责任和记账的原始资料。村集体经济组织常见的原始凭证主要有收据、领款单、入库单、出库单、借款单、差旅费报销单等，如表 3-2-1～表 3-2-6 所列。

表 3-2-1　　　　**收　据**

年　月　日　　　　第　号

今收到____________交来
________________款
人民币大写：____________ ¥______
收款单位：　　会计：　　经手人：

表 3-2-2　　　　**领　款　单**

领款人：　　　　年　月　日　　　　第　号

今领到____________________
________________________款
人民币大写__________ ¥____________

审批人：　　　　出纳：　　　　领取人：

表 3-2-3

入　库　单

送货人：　　　　　　　　　　年　月　日　　　　　　　　　　第　号

品名	规格	单位	数量	单价	金额	备注
合计金额：(人民币)						

会计：　　　　　　　　　　保管：　　　　　　　　　　送(交)货人：

表 3-2-4

出　库　单

领货人：　　　　　　　　　　年　月　日　　　　　　　　　　第　号

品名	规格	单位	数量	单价	金额	说明
合计金额：(人民币)						

会计：　　　　　　　　　　保管：　　　　　　　　　　领货人：

表 3-2-5

借　款　单

年　月　日

借款单位：			借款人：
借款金额(大写)人民币			￥
借款事由		领导审批	领导人(签章)： 年　月　日

第一联　付款凭证

借　　据

年　月　日

借款单位：			借款人：
借款金额(大写)人民币			￥
借款事由		领导审批	领导人(签章)： 年　月　日

第二联　债权凭证

表 3-2-6　　差旅费报销单

单位：　　　　　　年　月　日

<table>
<tr><td colspan="5">姓名</td><td colspan="6"></td><td colspan="2">出差事由</td><td colspan="5"></td></tr>
<tr><td colspan="4">出发地</td><td colspan="4">到达地</td><td colspan="3">公出补助</td><td rowspan="2">车船
飞机费</td><td rowspan="2">卧铺</td><td rowspan="2">宿费</td><td rowspan="2">市内
车费</td><td rowspan="2">邮电费</td><td rowspan="2">其他</td><td rowspan="2">合计
金额</td></tr>
<tr><td>月</td><td>日</td><td>时</td><td>地点</td><td>月</td><td>日</td><td>时</td><td>地点</td><td>天数</td><td>标准</td><td>金额</td></tr>
<tr><td></td><td></td><td></td><td></td><td></td><td></td><td></td><td></td><td></td><td></td><td></td><td></td><td></td><td></td><td></td><td></td><td></td><td></td></tr>
<tr><td></td><td></td><td></td><td></td><td></td><td></td><td></td><td></td><td></td><td></td><td></td><td></td><td></td><td></td><td></td><td></td><td></td><td></td></tr>
<tr><td></td><td></td><td></td><td></td><td></td><td></td><td></td><td></td><td></td><td></td><td></td><td></td><td></td><td></td><td></td><td></td><td></td><td></td></tr>
<tr><td></td><td></td><td></td><td></td><td></td><td></td><td></td><td></td><td></td><td></td><td></td><td></td><td></td><td></td><td></td><td></td><td></td><td></td></tr>
<tr><td></td><td></td><td></td><td></td><td></td><td></td><td></td><td></td><td></td><td></td><td></td><td></td><td></td><td></td><td></td><td></td><td></td><td></td></tr>
<tr><td></td><td></td><td></td><td></td><td></td><td></td><td></td><td></td><td></td><td></td><td></td><td></td><td></td><td></td><td></td><td></td><td></td><td></td></tr>
<tr><td colspan="12">合计人民币（大写）：</td><td colspan="6">预支：　　核销：　　补付：</td></tr>
</table>

单位领导：　　　　财会主管：　　　　审核人：

一、原始凭证的类型

原始凭证可按不同的标准进行种类的划分，我们主要将其按取得来源不同分为自制的原始凭证和外来的原始凭证。两类不同原始凭证的具体内容见表 3-2-7。

表 3-2-7　　原始凭证的种类

分类标准	类别	概念	典型原始凭证	注意内容
取得来源的不同	自制原始凭证	是由本村经办业务的部门和人员在办理经济业务时所填制的凭证	如工资单、借款单、收据、差旅费报销单等	自制原始凭证必须有授权人员的签名盖章才可作为入账依据
	外来原始凭证	是经济业务发生时，从外部单位或个人取得的原始凭证	如购买物资时供货单位开来的发货票、付款时所取得的收据等	外来原始凭证必须加盖开具单位的公章或个人开具者的签名才可作为入账依据

二、原始凭证的基本内容

所有原始凭证都必须具备以下基本内容：凭证的名称；填制凭证的日期和编号；填制凭证的单位名称或者填制人姓名；经办人员的签名或盖章；接受凭证单位名称；经济业务的内容，包括发生经济业务的项目、数量、单价、金额等。

三、原始凭证的取得与填制基本规范

为了保证原始凭证真实、合法、完整、正确，在取得或填制原始凭证时须注意遵守下列规范：

（1）符合实际情况。原始凭证填制的内容、数字等，必须根据实际情况填列，确保原始凭证所反映的经济业务真实可靠，符合实际情况。从外单位取得的原始凭证如有遗失，应取得原签发单位盖有公章的证明，并注明原来凭证的号码、金额和内容等。由经办单位负责人批准后，才能代做原始凭证。如果确定不能取得证明的，如车、船票等，由当事人写出详细情况，由村委主任批准后，代做原始凭证。

（2）明确经济责任。自制原始凭证，必须有村集体经济组织经办单位负责人或经办人签名或盖章；对外开出的原始凭证，必须加盖村集体经济组织的公章；从外单位取得的原始凭证，必须盖有填制单位公章；从个人取得的原始凭证，必须有填制人的签名或盖章。

（3）填写内容齐全。原始凭证的各项内容，必须详尽地填写，不得遗漏，而且凭证填写的手续必须完备，符合内部控制制度。主要应注意以下几个方面：

① 购买实物的原始凭证，必须有验收证明，如入库单，如果未入库就直接交由个人使用的实物，应由接收人在发票等原始凭证的背面签字查收。

② 支付款项的原始凭证，必须有收款单位和收款人的收款证明，如支付了工资应由领取人在工资结算表上签字。

③ 凡填写大写和小写金额的原始凭证，大写和小写金额必须相等，字迹要清晰、工整，不得潦草。

④ 一式几联的原始凭证，应当注明各联的用途，只能以一联作为报销凭证；一式几联的发票和收据，必须用双面复写纸套写（发票和收据本身具备复写纸功能的除外），并连续编号，作废时加盖“作废”戳记，连同存根一起保存，不得撕毁。

⑤ 发生销货退回时，除填制退货发票外，还必须有退货验收证明；退款时，必须取得对方的收款收据或汇款单，不得以退货发票代替收据。村集体经济组织成员借款的凭据，必须附在记账凭证上；收回借款时，应当另开收据或者退回借据副本，不得退还原借据。

⑥ 经上级有关部门批准的经济业务，应当将批准文件作为原始凭证附件，如果批准文件需要单独归档的，应当在凭证上注明批准机关名称、日期和文件字号。

（4）书写规范正确。原始凭证要用蓝色或黑色钢笔或碳素笔填写，文字、数字书写要规范，应符合下列要求：

① 阿拉伯数字应当一个一个地写，不得连笔写。阿拉伯金额数字前面应当书写货币币种符号或者货币名称简写和币种符号，如人民币符号“￥”，美元符号“＄”。币种符号与阿拉伯金额数字之间不得留有空白。凡阿拉伯数字前写有币种符号的，数字后面不再写货币单位。

② 所有以“元”为单位（其他货币种类为货币基本单位，下同）的阿拉伯数字，除表示单价等情况外，一律填写到角分；无角分的，角位和分位可写“00”，或符号“—”；有角无分的，分位应当写“0”，不得用符号“—”代替。

③ 汉字大写数字金额如零、壹、贰、叁、肆、伍、陆、柒、捌、玖、拾、佰、仟、万、亿等，一律用正楷字或者行书体书写，不得用0、一、二、三、四、五、六、七、八、九、十等简化字代替，不得任意自造简化字。大写金额数字到元或角为止的，在“元”或者“角”字之后应写“整”或者“正”字；大写金额数字有分的，分字后面不写“整”或者“正”字。

④ 大写金额数字前未印有货币名称的，应当加填货币名称；货币名称与金额数字之间不得留有空白。

⑤ 阿拉伯数字金额中间有“0”时，汉字大写金额要写“零”字；阿拉伯数字金额中间连续有几个“0”时，汉字大写金额中可以只写一个“零”字；阿拉伯数字金额元位是“0”，或者数字中间连续有几个“0”、元位也是“0”但角位不是“0”时，汉字大写金额可以只写一个“零”字，也可以不写“零”字。

四、原始凭证的审核

原始凭证是会计核算的依据，因此会计人员在编制记账凭证前应对原始凭证进行严格审核，防止弄虚作假、不合法、不完整、不正确的原始凭证入账。原始凭证主要从以下两个方面进行审核：

(1) 从政策、法令、制度方面审核凭证的真实性、合法性。包括：原始凭证的内容是否符合国家财经制度和有关经济合同的要求；凭证日期、业务内容、金额、凭证来源、凭证本身是否真实等。对于仿造、涂改、经济业务不合法的凭证，应拒绝受理，并及时报告村委主任处理。

(2) 从业务技术方面审核凭证填制的完整性、准确性。包括：原始凭证的基本内容是否逐项填写，经济活动内容的说明是否明确，数字计算是否准确，大小写金额是否一致，有关人员是否签章，有无刮擦、挖补、涂改等现象。如果发现不完整、不准确、不符合规定的凭证，应退回补填或更正。

五、错误原始凭证的处理

原始凭证在填制过程中，由于工作人员不慎可能造成凭证的误填。原始凭证的错填主要有两种类型：一种是金额填写错误；一种是其他内容填写错误。《中华人民共和国会计法》对两类不同错误凭证处理方法的规定是不同的。

(1) 如果原始凭证金额填写错误的，不得在原凭证上进行更正，必须由原开具单位重新开具，并将原错误凭证加盖“作废”戳记同存根一起保存。

(2) 如果原始凭证不是金额发生错误的，应由原开具单位重开或更正。更正的原始凭证，应在更正处加盖更正单位公章及经办人员签章。

村集体经济组织自行填制的提交银行的各种结算凭证，其填制错误一律不得更改，应加盖“作废”戳记后与存根一起保存，并重新填写正确的结算凭证。

六、村集体经济组织常见原始凭证的格式和使用说明

(1) 实物收据。实物收据是记录非货币资金收入事项的凭证。当发生非货币资金的转账收入经济业务时，由会计人员填写。收据一式三联，第一联作为收据存根，第二联作为对方收执，第三联作为会计编制记账凭证的附件。

(2) 收款收据。收款收据是记录货币资金收入事项的凭证。收款收据应根据现金和存款业务的原始凭证填制，没有相应原始凭证的应由交款人签章。收到款项时，由会计员填写。收款收据一式三联，第一联作为存根，第二联作为交款单位和个人收执，第三联作为会计编制记账凭证的附件。

(3) 领款单。领款单是记录村集体经济组织支付劳动费用业务的一种付款单据。领款单由领款人填写，经领导审批后，作为会计编制付款凭证的依据，领款单只设一联。

(4) 入库单。入库单是记录产品、物资、固定资产入库业务的凭证。入库单应根据入库产品、物资及固定资产的有关原始凭证填制。村集体经济组织发生入库事项时，由会计员填写。入库单一式三联，第一联作为保管员验收入库并登记产品物资明细账或固定资产明细账的依据，第二联作为会计编制记账凭证的附件，第三联作为送、交货单位或个人的收执。

(5) 出库单。出库单是记录产品、物资、固定资产出库业务的凭证。出库单应根据出库

业务的原始凭证填制。村集体经济组织发生出库业务时,由会计员编制。出库单一式两联,第一联作为保管员办理出库业务并登记产品物资明细账、固定资产明细账的依据,第二联作为会计编制记账凭证的依据。

(6)差旅费报销单。差旅费报销单是因公外出人员报销差旅费的原始凭证汇总表。差旅费报销单应由出差人回来后,根据出差时的原始凭证和有关规定填写。差旅费报销单只设一联,经有关领导批准后作为会计员编制记账凭证的依据。

(7)借款单。借款单是记录村集体经济组织内部成员或所属单位临时性借款的凭证。当内部成员或所属单位临时性借款时,由借款者填写,填写时必须用双面复写。借款单一式两联,第一联为“借款单”,作为会计员编制付款凭证的依据,款项一经借出,会计员就要登记账簿;第二联为“借据”,此联是债权凭证,款项借出后,应由会计员保存,借款人还款或报销结算后,此联应退还借款人,同时开具收到归还借款的凭证。

第二节 记账凭证

经济业务发生取得或填制原始凭证后,会计人员应分析每笔经济业务的内容并编制记账凭证。记账凭证是会计人员根据审核无误的原始凭证进行归类、整理,记载经济业务,确定会计分录,据以登记账簿的一种会计凭证,如图 3-2-1 所示。

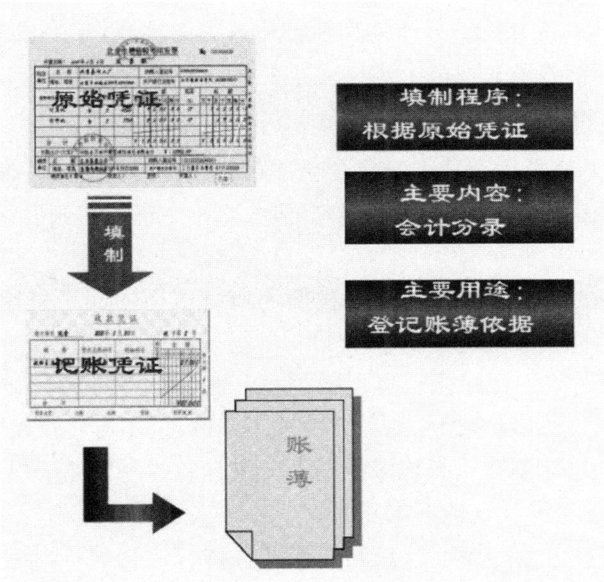

图 3-2-1 编制记账凭证

一、记账凭证的格式及基本内容

在实际工作中,由于各村经营规模、业务特点、管理要求、会计机构的设置及岗位分工的不同,其记账凭证的具体格式、填制方法、填制内容也各不相同。常见的记账凭证格式如图 3-2-2 所示。

作为对原始凭证进行分类、整理的会计凭证,其主要功能是将原始凭证所证明的经济业

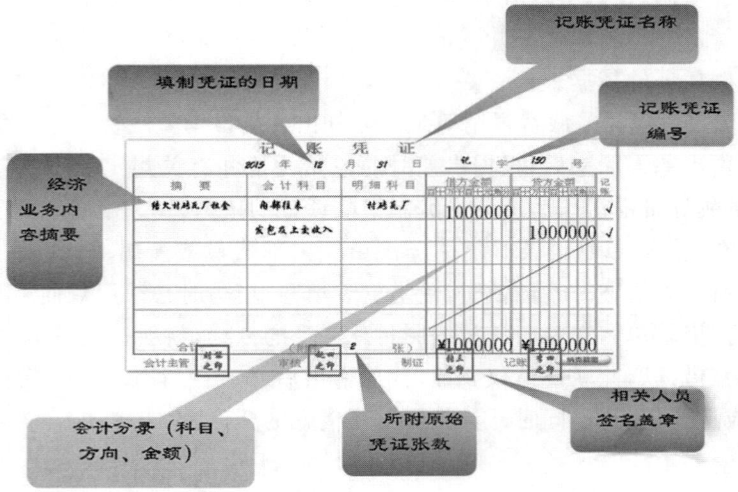

图 3-2-2　记账凭证的格式和内容

务转换成会计语言——会计分录，并以此作为登记账簿的依据。为此，记账凭证必须具备以下基本内容（凭证要素）：记账凭证名称；记账凭证的编号；填制凭证的日期；经济业务的内容摘要；会计分录，包括会计科目（含总分类科目和明细科目）的名称、记账方向和金额；所附原始凭证的张数；制证、审核、记账、会计主管等有关人员的签章，反映收款业务和付款业务的凭证还应有出纳人员的签章。

二、记账凭证编制的基本规范

编制记账凭证，是要求由会计人员将各项记账凭证要素按规定方法填写齐全，以便于登记账簿。各种记账凭证除数字、文字书写要严格按原始凭证的填制要求进行外，还应注意以下填制要求：

（1）凭证摘要简明。记账凭证的摘要栏要用简练明确的语句概括经济内容的要点，这主要是为了便于查阅凭证和登记账簿。

（2）业务记录要明确。记账凭证可以根据每一张原始凭证编制，也可以根据若干张同类原始凭证汇总编制，还可以根据原始凭证汇总表编制，但不得将反映不同内容和类别的经济业务的原始凭证汇总填制在一张记账凭证上。以自制的原始凭证或原始凭证汇总表代替记账凭证的，必须具备记账凭证应有的项目。

（3）正确填写会计分录。会计分录是记账凭证的核心内容，不同种类的记账凭证对会计分录填写格式的设计是不同的，因而会计分录在填写中必须按记账凭证所设计的格式正确填写。会计分录的填写应反映经济业务应记账户的名称、方向和金额。首先，会计人员应按记账凭证格式所设计的“借”“贷”栏，正确填写总分类科目或明细科目的全称，不得只填会计科目的代码；其次，金额栏数字的填写应准确规范，不留空行，即要求记账凭证应按行从上到下逐行填写，不得空行、跳行，如果在最后一笔数字和合计数之间有空行时，应在金额栏划斜线或“s”线注销；填写小写金额合计栏应在第一位数字前填写货币符号，如人民币符号“¥”，大写金额栏应顶格书写，以防范舞弊行为的发生。

（4）附件数量正确。除结账和更正错账的记账凭证可以不附原始凭证外，其他记账凭证必须附有原始凭证。所以要在记账凭证上注明所附原始凭证(单据)的张数,以防止原始凭证的丢失和散落。如果一张原始凭证涉及几张记账凭证,可以把原始凭证附在一张主要的记账凭证后面,并在其他记账凭证上注明附有该原始凭证的记账凭证的编号或者附原始凭证复印件。一张原始凭证所列支出需要几个村集体经济组织所属单位共同负担的,应当将其他单位负担的部分开具原始凭证分割单进行结算。原始凭证分割单必须具备原始凭证的基本内容以及费用分摊情况等。

(5) 填写内容齐全,明确经济责任。记账凭证中的各项内容必须填写齐全,并按规定程序办理签章手续,不得简化。在会计事务的办理中,记账凭证应按照制单→审核→出纳(收付款业务)→记账→会计主管的顺序传递。为了明确经济责任,保护会计凭证的真实完整,每一个经手记账凭证的人员都应在记账凭证的相关栏目中签名或盖章,以备审核。

实行会计电算化的单位,对于机制记账凭证,要认真审核,做到会计科目使用正确,数字准确无误。打印出的机制记账凭证要加盖制单人员、审核人员、记账人员及会计机构负责人(会计主管人员)印章或者签名。

(6) 凭证顺序编号。填制记账凭证时,应当对记账凭证按经济业务处理先后顺序进行连续编号。一笔经济业务需要填制两张以上记账凭证的,可以采用分数编号法编号。

(7) 过账标记。过账标记是指将记账凭证的内容过入账簿的结束标记。一般地,记账人员应在登记账簿以后,在相应的会计科目对应栏中划“√”号,以防漏记或重记。

三、错误记账凭证的更正

记账凭证填制如发生错误的,应根据不同情况进行不同的处理,具体做法见表 3-2-8。

表 3-2-8　　错误记账凭证的处理

发现错误记账凭证的时间	记账凭证错误情况	处理规定
填制记账凭证时发现错误	文字、数字、会计科目运用错误等	重新填制
已登记入账的记账凭证,在当年内发现填写错误	会计科目错误	用红字填写一张与原内容相同的记账凭证,在摘要栏注明“注销某年某月某号凭证”字样,同时再用蓝字重新填制一张正确的记账凭证,注明“订正某月某日某号凭证”
	金额多记	将正确数字与错误数字之间的差额,另编一张调整的记账凭证,用红字记录调减金额
	金额少记	将正确数字与错误数字之间的差额,另编一张调整的记账凭证,用蓝字记录调增金额
发现以前年度记账凭证有错误	会计分录错误	应当用蓝字填制一张更正的记账凭证

四、记账凭证的审核

只有经过审核确认无误的记账凭证,才能作为登账的根据。对记账凭证可从以下两个方面进行审核:

（1）从政策、法令、制度方面审核其合法性、真实性，记账凭证记录的内容是否与所附原始凭证相符，所列会计分录是否符合制度规定。对于不符合制度的记账凭证应及时纠正。

（2）从业务技术方面审核其完整性、准确性，包括：内容是否填写齐全，手续是否完备，使用是否正确，会计分录借贷方的金额是否平衡，所附附件张数是否正确，有关人员是否签章等。如发现错误，应查明原因，加以更正。

五、科目汇总表

每张记账凭证只登记一笔经济业务，如果根据记账凭证直接逐笔登记总账，则会造成总账登记量大，而且常会有经济业务多的总账预留账页不足使用的情况。因此，在实务中，大多数的村集体经济组织均会先将记账凭证汇总编制成科目汇总表，然后再根据科目汇总表去登记总账，以减少总账的登记工作量。

科目汇总表是一种特殊的记账凭证，它是月终由会计员根据记账凭证汇总编制的用以登记总账的凭证。其编制程序一般可分为三步：首先是将本期全部的记账凭证按科目的借贷双方分别加总；其次是将各科目借贷双方分别加总的总额，填入科目汇总表中该科目的借方和贷方栏；最后将科目汇总表中各科目的借方和贷方发生额各自加总起来，看借、贷方总额是否相等平衡，二者的合计金额相等则表示汇总正确，如不平衡应立即查找原因，直到平衡为止。平衡后的科目汇总表即可作为登记总账的依据。

第三节　会计凭证的整理

一、原始凭证的整理

在编制记账凭证的过程中，每张记账凭证所附的原始凭证都应按一定方法进行整理后粘贴在记账凭证后，或按规定另行保管，以便于查对账目并防止原始凭证的散落丢失。原始凭证的整理应注意以下几个方面：

（1）原始凭证应附在记账凭证后面，要求粘贴的原始凭证应真实、合法、完整、正确，粘贴要干净整洁，排列有序。

（2）对于纸张面积过小的原始凭证，可先按一定次序和类别排列，再粘在一张同记账凭证大小相同的白纸上，粘贴时宜用胶水；对于纸张面积略小于记账凭证的原始凭证，可先用回形针或大头针别在记账凭证后面，待装订时再抽去回形针或大头针；对于纸张面积大于记账凭证的原始凭证，可按记账凭证的面积尺寸，先自右向后，再自下向后两次折叠，注意应把凭证的左上角或左侧面让出来，以便装订后，还可以展开查阅。

（3）证票应分张排列，同类、同金额的单据尽量粘在一起，并在一旁注明张数和合计金额。如果是板状票证，可以将票面票底轻轻撕开。

（4）重要原始凭证，需要单独保管的，应编制目录，并在有关的记账凭证上注明附件另行保管，以便查核。

二、记账凭证的整理

记账凭证应按月整理。每月记账完毕，要将本月各种记账凭证加以整理，检查有无缺号和附件是否齐全，然后按顺序号排列，加具封面封底，装订成册。如果在一个月内，凭证数量过多，可分装若干册，在封面上加注共几册字样。

（1）按编号整理，加具凭证封面。为了便于事后查阅，会计凭证封面上应注明：单位的名称、所属的年度和月份、起讫的日期、记账凭证的种类、起讫号数、总计册数等，并由会计主管、保管签章。

（2）装订。装订凭证的厚度以 1.5～2.0 厘米为宜，一般为三十张记账凭证装订一本，装订时要考虑到凭证的整齐均匀，特别是装订线的位置，如果太薄时可用纸折一些三角形纸条，均匀地垫在此处，以保证它的厚度与凭证中间的厚度一致。

装订好后，为了防止任意拆装，应在装订线上加贴封签，并在封签处加盖会计主管的骑缝图章。并在装订好的凭证本的脊背上面写上“×年×月第×册共×册”的字样。

如果在一个月内记账凭证数量过多，可分装若干册，在封面上加注“共×册”字样。如果某些记账凭证所附原始凭证数量过多，也可以单独装订保管，但应在其封面及有关记账凭证上加注说明，对重要原始凭证，如合同、契约、押金收据以及需要随时查阅的收据等，需要单独保管的，应编制目录，并在有关的记账凭证上注明附件另行保管，以便查核。

第三章

登记会计账簿

村集体经济组织必须建立的账簿包括现金、银行存款日记账，总账和明细账。其中，现金、银行存款日记账应由出纳人员登记，总账和明细账应由会计人员登记。设置和登记会计账簿是对经济信息进行加工整理的一种专门方法，是会计核算工作的又一个重要环节。

第一节　现金、银行存款日记账的登记

现金、银行存款日记账由出纳员根据审核无误的反映现金、银行存款收付业务的记账凭证逐日逐笔地进行登记。登记内容及方法如下：

(1) 日期栏：登记记账凭证的日期，应与实际收付日期一致。

(2) 凭证栏：登记据以入账的记账凭证的编号，以便于查账和核对。

(3) 摘要栏：简要说明经济业务的内容。

(4) 对方科目栏：登记收入的来源科目或支出的用途科目，其作用在于了解资金的来龙去脉。

(5) 收入、支出栏：登记实际收付的金额。每日终了，应分别计算出现金、银行存款收入、支出金额的合计数，并计算出本日余额。

(6) 记账完毕，出纳人员应在记账凭证的过账栏内做"√"标记，并在所依据的原始凭证上加盖"收讫"或"付讫"章，在记账凭证的"出纳"栏内签字或加盖名章。

现金日记账登记内容如图 3-3-1 所示，银行存款日记账如图 3-3-2 所示。

图 3-3-1　现金日记账的登记

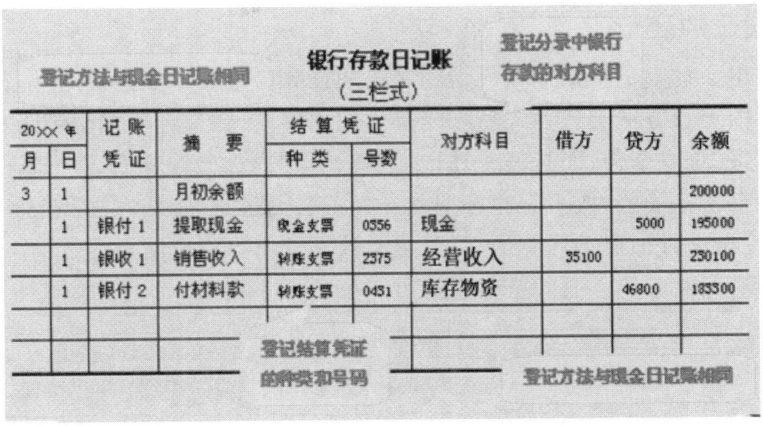

20××年		记账凭证	摘要	结算凭证		对方科目	借方	贷方	余额
月	日			种类	号数				
3	1		月初余额						200000
	1	银付 1	提取现金	现金支票	0556	现金		5000	195000
	1	银收 1	销售收入	转账支票	2375	经营收入	35100		230100
	1	银付 2	付材料款	转账支票	0451	库存物资		46800	183300

图 3-3-2 银行存款日记账的登记

村集体经济组织现金、银行存款的核算应做到“日清月结”。对于现金，每日终了，应由出纳人员同另一个指定的专门盘点人员一起对现金进行盘点，核对现金的账面数与实存数，以检查每日现金的收付是否有误，如果存在账款不符的情况，应及时查明原因进行处理，这就是通常所说的“日清”；月末同样要计算收入、支出的合计数并结出余额，通常称为“月结”。对于银行存款，每日终了，应分别计算银行存款收入、支出的合计数和余额，做到“日清”，以便于检查监督各项收支款项；月末，要计算全月银行存款收入、支出合计数并结出余额，做到“月结”，并与银行对账单核对相符。

第二节 总账与明细分类账的登记

一、总账的登记

总账是由会计人员根据审核无误的记账凭证或科目汇总表进行登记的。月末，将当月的记账凭证汇总编制科目汇总表，然后根据其汇总金额登记各总账的借、贷方发生额，最后结出各账户的余额，并在余额栏前注明余额的方向。总账登记如图 3-3-3 所示。

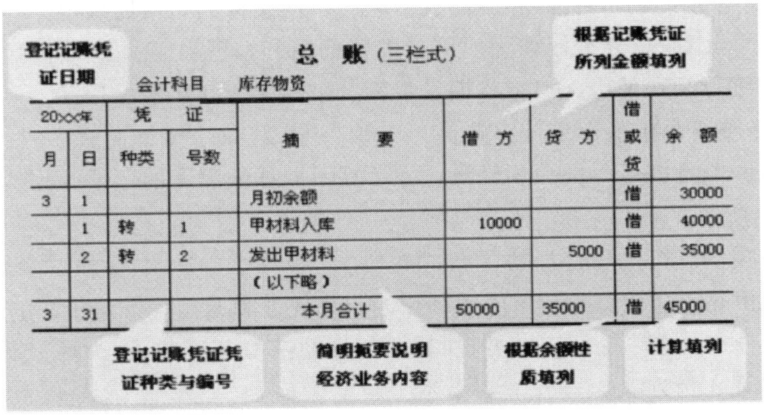

20××年		凭证		摘要	借方	贷方	借或贷	余额
月	日	种类	号数					
3	1			月初余额			借	30000
	1	转	1	甲材料入库	10000		借	40000
	2	转	2	发出甲材料		5000	借	35000
				（以下略）				
3	31			本月合计	50000	35000	借	45000

图 3-3-3 总账的登记

二、明细账的登记

明细账是由会计人员根据审核无误的记账凭证和所附的原始凭证进行登记的。三栏式明细账的登记内容及方法与三栏式总账的登记基本相同；数量金额式明细账在登记时，应注意不仅要登记借、贷方金额，而且还要登记借、贷、余栏内的数量单价，对于采用一次加权平均法计算发出存货单价的村，平时在登记财产物资明细账时，其贷方栏和余额栏可只登记数量，待月末计算出全月加权平均单价后，再统一计算发出存货及结余存货的金额。明细账登记如图 3-3-4 所示。

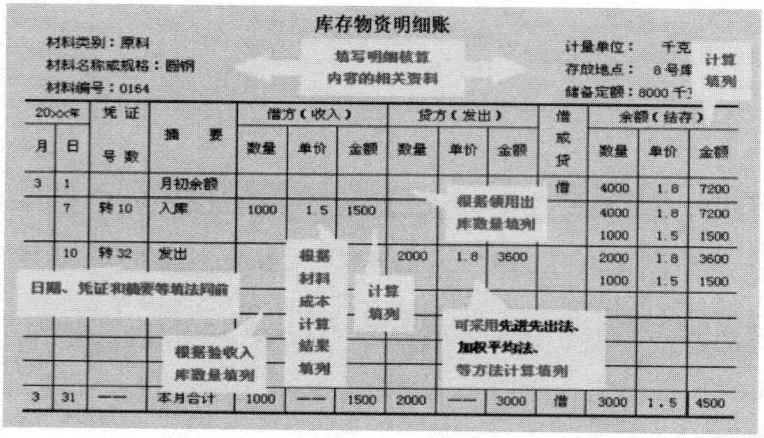
库存物资明细账

材料类别：原料　　计量单位：千克
材料名称或规格：圆钢　　存放地点：8号库
材料编号：0164　　储备定额：8000 千

20××年		凭证	摘要	借方（收入）			贷方（发出）			借或贷	余额（结存）		
月	日	号数		数量	单价	金额	数量	单价	金额		数量	单价	金额
3	1		月初余额							借	4000	1.8	7200
	7	转 10	入库	1000	1.5	1500					4000 1000	1.8 1.5	7200 1500
	10	转 32	发出				2000	1.8	3600		2000 1000	1.8 1.5	3600 1500
3	31	——	本月合计	1000	——	1500	2000	——	3000	借	3000	1.5	4500

图 3-3-4　明细账的登记

三、总账与明细账的平行登记

（一）总账与明细账的关系

总分类和明细分类是对同一经济业务的不同详细程度的反映，二者的关系主要表现在以下两个方面：

（1）从提供会计核算资料的角度看，总分类账户是对所属明细账的综合，对所属明细账起着统驭和控制的作用，因而又可以称其为统驭账户；明细分类账户是对总分类账户的具体化，对其所属的总分类账起着辅助和补充的作用，因而又称其为从属账户。

（2）从数量上看，总分类账作为明细分类账的总和，其借（贷）方本期发生额及余额，应与其所属的明细分类账的借（贷）方本期发生额及余额的合计数相等。

（二）总账与明细账平行登记的要点

由于总账和明细账是对同一项经济业务活动不同详细程度的记录，因此，两者应平行登记，如图 3-3-5 所示。

总账和所属明细账平行登记的要点主要有：

（1）依据相同。登记总账和所属明细账的记账凭证和原始凭证是相同的。

（2）方向一致。总账登记在借方，所属明细账也应登记在借方；总账登记在贷方，所属明细账也应登记在贷方。

（3）金额相等。总账中登记的每一笔业务的金额应同所属各明细中登记的金额之和相等（总账、明细账有的是汇总登记）。

（4）同期登记。对每笔经济业务，要在有关总账中登记，需设明细账的，也必须在同一

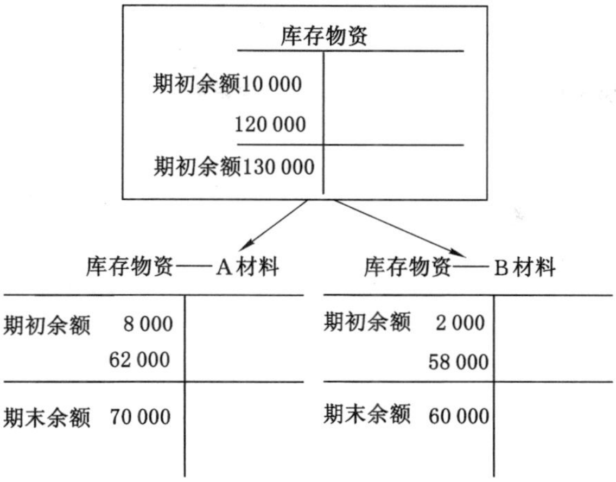

图 3-3-5　总账与明细账的平行登记

会计期内登记所属明细账。

在会计核算工作中，利用总账和明细账的平行登记后产生的平衡关系，可以检查账簿记录是否完整，从而保证其正确性。

第三节　登记账簿基本规范

(1) 为了保证账簿记载正确，要根据审核无误的会计凭证进行登记。不许凭空记账，不许伪造凭证，不许弄虚作假，不许设账外账。

(2) 登记账簿要用蓝黑墨水或者碳素墨水书写，不得使用圆珠笔或者铅笔书写。红色墨水只能用于划线、改错、冲账。

(3) 账簿中书写的文字和数字上面要留有适当空格，不要写满格；一般应占格距的1/2。

(4) 登记账簿时，应将记账凭证的日期、编号、业务内容摘要、金额和其他有关资料逐项记在账内，以便查考；登记完毕后，要在记账凭证上签名或者盖章，同时在记账凭证的"账页"栏内注明页数或者打一个"√"号，表示已经记账，以免重记和漏记。

(5) 记账金额以人民币"元"为单位，元以下记到角、分，分以下四舍五入。实物量应按国家规定的单位记账，如公斤、吨、米等。

(6) 各种账簿按页次顺序连续登记，不能跳行、隔页。如不慎发生跳行、隔页，应当将空行、空页划线注销，或者注明"此行空白""此行注销"、"此页空白""此页注销"字样。订本账发生跳页时，不能撕毁，应在空页上划四角交叉红线注销。空行跳页划线后，并由记账人员及会计机构负责人(会计主管人员)签名或者盖章。如图 3-3-6 所示。

(7) 凡需要结出余额的，结出余额后，应在"借或贷"栏内登记标明余额方向的"借"或"贷"字样。没有余额的，应在"借或贷"栏内写"平"字，并在余额栏内用"0"表示。现金日记账和银行存款日记账必须逐日结出余额。

(8) 每一账页登记完毕结转下页时，应结出本页发生额合计数及余额，写在本页最后一页和下页第一行有关栏内，并在摘要栏内注明"过次页"和"承前页"字样。如图 3-3-7 所示。

(9) 实行会计电算化的单位，总账和明细账应当定期打印，同时满足相关条件，可仅以

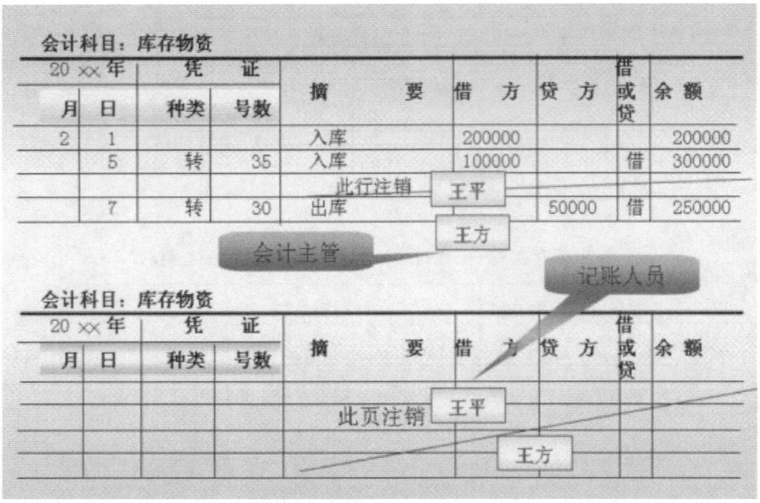

图 3-3-6 跳行、隔页处理

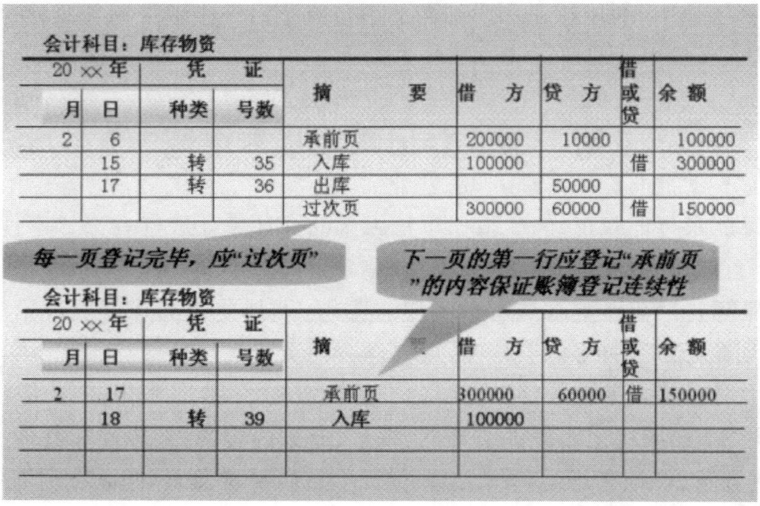

图 3-3-7 “过次页”和“承前页”

电子形式储存，形成电子档案。

第四节 更正错账的方法

为了使账簿清楚整洁，不得在账簿的空白处任意填写数字或用文字附注。记账中如果出现错误，不得涂改、刮擦、挖补、撕毁账页或使用退色药水，不准重新抄写。应根据具体情况，按照下列方法进行更正。

一、划线更正法

划线更正法适用于结账前发现的记账凭证正确、但在过账中发生的文字或数字错误所导致的账簿错误。

采用划线更正法更正时，先在错误的文字或数字上面划一条红线，以示注销，但必须使原有字迹可以辨认，以备查考，然后在划线的上方用蓝字填写正确的文字和数字，并由记账人员及会计机构负责人（会计主管人员）在更正处盖章，以明确责任。采用划线更正法进行错账更正时应注意：对于文字差错，可只划去错误的部分，不必将与错字相关联的其他文字划去；但对于数字差错，应将错误的数额全部划线，不得只划其中个别数字。例如，将 2 589.00 误记为 2 598.00，应将 2 598.00 全部划掉更正为 2 589.00，而不应该只划“98”两个数字并改为“89”。

二、红字更正法

红字更正法又称红字冲销法。在会计上，以红字记录表明对原始记录的冲减。红字更正法适用于以下两种情况：

（1）根据记账凭证所记录的内容记账以后，发现记账凭证中的应借、应贷会计科目或记账方向有错误，应采用红字更正法。进行更正时，先用红字金额填制一张与原内容一致的记账凭证，并以红字金额登记入账。在摘要栏注明“冲减×月×日×号凭证错误”，冲销原错误记录，然后用蓝字填写一张正确的凭证，重新登记入账。

【例 3-3-1】 华村用现金 100 元购买办公用品，在记账凭证中，误编为以下分录，并已登记入账：

借：固定资产　　100
　贷：现金　　100

更正时，先填写红字金额凭证，并据以红字金额入账：

借：固定资产　　100（红字）
　贷：现金　　100（红字）

再用蓝字填制正确的凭证，重新登记入账：

借：管理费用　　100
　贷：现金　　100

（2）据以记账的记账凭证科目正确，但实记金额大于应记金额从而导致错账的情况也可采用红字更正法进行更正。进行更正时，应将多记金额填制红字记账凭证，并以红字金额入账，冲销其大于应记金额的差额以改正错账。

【例 3-3-2】 华村用银行存款 890 元购买化肥入库，误将凭证填为 980 元，并已入账。

借：库存物资　　980
　贷：银行存款　　980

更正时，填制以下红字金额凭证予以冲销：

借：库存物资　　90（红字）
　贷：银行存款　　90（红字）

三、补充登记法

补充登记法适用于在记账以后发现的，记账凭证所记金额小于应记金额从而导致的账簿错误。更正时，应将少记金额，用蓝字填写一张记账凭证，并登记入账，以补充少记的金额。

【例 3-3-3】 华村建水库大坝领用水泥，价值 900 元，记账凭证误填为 600 元，并已入账。更正时，用蓝字填制一张 300 元的凭证，并据以入账：

借：在建工程　　300
　贷：库存物资　　300

第四章

期末对账和结账

一年或一个月结束了，为了总结一定时期内（月、季、年）的生产经营活动及其财务成果，便于及时、正确地编制会计报表，必须进行结账和对账工作。

第一节　结　　账

结账就是将一定时期内所发生的各项经济业务全部登记入账，并结出本期发生额和余额的工作。

（1）结账前，必须将本期内所发生的各项经济业务全部登记入账。

（2）结账时，应当结出每个账户的期末余额。需要结出当月发生额的，应当在摘要栏内注明“本月合计”字样，并在下面通栏划单红线。需要结出本年累计发生额的，应当在摘要栏注明“本年累计”、“本年合计”字样，并在下面通栏划单红线；12 月末的“本年累计”、“本年合计”就是全年累计发生额。全年累计发生额下面应当通栏划双红线。年度终了结账时，所有总账都应当结出全年发生额和年末余额。年度终了，要把各账户的余额结转到下一会计年度，并在摘要栏注明“结转下年”字样；在下一会计年度新建有关会计账簿的第一行余额栏内填写上年结转的余额，并在摘要栏注明“上年结转”字样。格式如图 3-4-1 和图 3-4-2 所示。

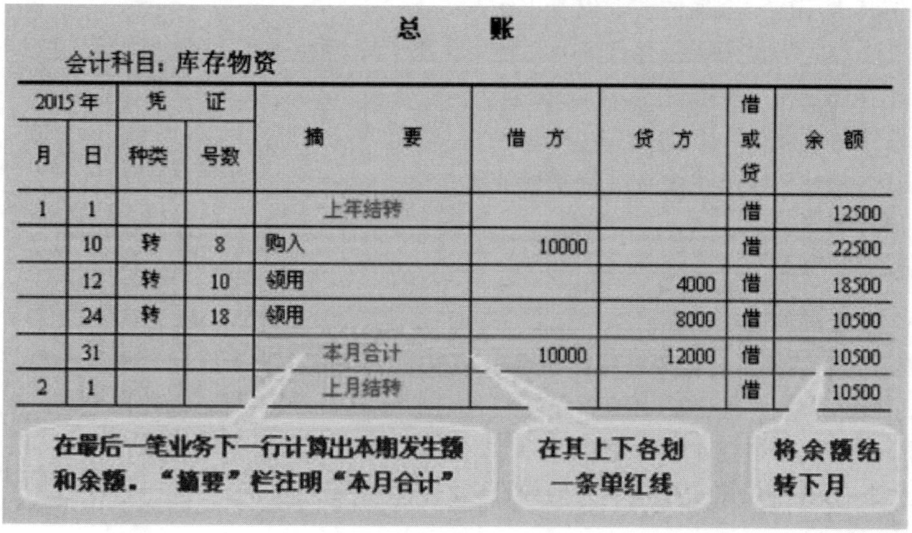
总　　账

会计科目：库存物资

2015 年		凭证		摘要	借方	贷方	借或贷	余额
月	日	种类	号数					
1	1			上年结转			借	12500
	10	转	8	购入	10000		借	22500
	12	转	10	领用		4000	借	18500
	24	转	18	领用		8000	借	10500
	31			本月合计	10000	12000	借	10500
2	1			上月结转			借	10500

图 3-4-1

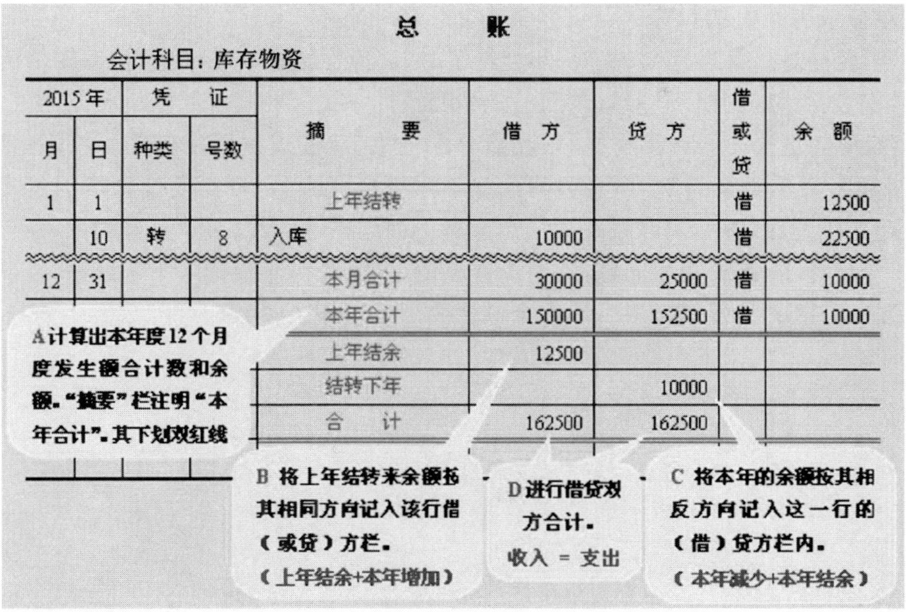

总 账

会计科目：库存物资

2015年		凭证		摘要	借方	贷方	借或贷	余额
月	日	种类	号数					
1	1			上年结转			借	12500
	10	转	8	入库	10000		借	22500
12	31			本月合计	30000	25000	借	10000
				本年合计	150000	152500	借	10000
				上年结余	12500			
				结转下年		10000		
				合 计	162500	162500		

图 3-4-2

第二节 对 账

对账就是定期核对账簿与账簿、账簿与凭证的记录以及账簿记录与实物是否相符，做到账证、账账、账实、账表完全相符，从而保证会计资料的可靠性和准确性。

（1）账证核对。核对会计账簿记录与原始凭证、记账凭证的时间、凭证字号、内容、金额是否一致，记账方向是否相符。

（2）账账核对。核对不同会计账簿之间的账簿记录是否相符，包括：总账有关的余额核对，总账与明细账核对，总账与日记账核对，会计部门的财产物资明细账与财产物资保管和使用部门的有关明细账核对等。

会计人员在每一个会计期间末，在全部经济业务都已登记入账并结出本期发生额及余额以后，可以将所有账户的发生额和余额过入试算平衡表，并计算期初余额、本期发生额、期末余额借、贷方数额合计数，通过各总账借贷方发生额及余额是否存在平衡关系验证记录的正确与否。

必须指出，试算平衡只是通过借贷方金额的平衡与否来检查记录正确性的一种基本方法。如果借贷不平衡，可以肯定记录或计算有错误，应进一步查明原因，予以纠正。如果借贷平衡了，也并不意味着记录完全正确，因为有些记录错误不会影响借贷双方的平衡关系，如发生重记、漏记、错记或记反借贷方向时，试算结果仍然是平衡的。因此，为保证记录的正确性，除试算平衡外，还应采用其他的专门方法对会计记录进行日常或定期的复核。

（3）账实核对。核对会计账簿记录与财产等实有数额是否相符。包括：现金日记账账面余额与现金实际库存数相核对；银行存款日记账账面余额定期与银行对账单相核对；各种财物明细账账面余额与财物实存数额相核对；各种应收、应付款明细账账面余额与有关债务、债权单位或者个人核对等。

（4）账表核对。每当月度、季度、年度终了时，都应在结账的基础上，根据账簿的资料来编制会计报表，并认真加以核对，以保证账表相符。

（5）账簿的更换。会计年度终了，收益分配结束，应按规定更换新账。总账、日记账和大部分明细账每年更换一次，但有些明细账不需更换，如固定资产明细账或固定资产卡片等，可以跨年度连续使用，只在账户的最后余额下面划一道红线，表示已经结账，从而简化核算工作。年度终了，需要更换新账的，对有余额的，其余额可直接记入下年新账，在新账第一行“摘要”栏内注明“上年结转”字样，在余额栏内记入上年余额数。

第五章

期末编制会计报表

会计报表是反映村集体经济组织一定时期内经济活动情况的书面报告，是以账簿记录为主要依据，以一定的指标体系，反映村集体经济组织某一特定日期的财务状况、一定时期的经营成果以及有关经济活动情况的书面文件。会计报表是村集体经济组织会计核算的总结，全面体现了会计核算的要求和质量，是村集体经济组织传递会计信息的主要手段与渠道，是考核生产财务计划、承包合同执行情况和评价经营业绩的重要资料，是进行科学合理的经济预测和决策、改善经营管理的重要依据，也是政府和有关部门了解情况、加强指导和监督、制定合理的农村经济政策、增加农民收入的有效参考。

第一节　会计报表的种类

会计报表一般可以按照它所反映的经济内容、编报时间和编报单位进行分类。

一、按其反映的经济内容分类

村集体经济组织的会计报表，按其反映的经济内容，可分为以下几类：

(1) 科目余额表。科目余额表是反映村集体经济组织会计所设会计科目在各个月或季末余额多少的会计报表，是月(季)末结算账目的试算表，是编制资产负债表的重要依据。

(2) 资产负债表。资产负债表是反映村集体经济组织年末财务状况的会计报表。即反映村集体经济组织年末资产、负债及所有者权益状况的报表。

(3) 收益及收益分配表。收益及收益分配表是反映村集体经济组织年度内收益实现及其分配情况的报表。

(4) 收支明细表。收支明细表是反映村集体经济组织在会计年度内的各月份或各季度各项收入、支出以及收益情况的会计报表。它根据损益类的明细账户的本期发生额填列编制，是收益分配表的附表，用来补充说明村集体经济组织收入的主要来源、支出的主要去向以及收益实现的详细情况。

二、按编报的时间分类

会计报表按其编报的时间可分为月报、季报和年报。

月报是按月编报，以简明扼要的形式反映某一月份财务状况和收支情况的会计报表。如“科目余额表”和“收支明细表”就是每月或每季都要编报的会计报表。

季报是按季度编报的会计报表。

年报是按会计年度编制和报送，以全面反映村集体经济组织全年的经济活动、财务收支和财务成果的报表。如“资产负债表”、“收益及收益分配表”,就是每年才编报的会计报表。

三、按编报的单位分类

会计报表按编报单位的不同可分为单位报表和汇总报表。

单位报表是由村集体经济组织在日常会计核算基础上编制的报表。

汇总报表是农村经营管理部门和财政部门,根据单位会计逐级综合汇总编制的会计报表。各级农村经营管理部门,应对所辖地区报送的村集体经济组织的会计报表进行审查,然后逐级汇总上报。

第二节　会计报表的编制要求

为了使会计报表真正成为各级使用者进行管理和决策的重要依据,会计报表应当根据已登记完整、核对无误的账簿记录和其他有关资料编制。村集体经济组织在编制会计报表时,必须遵守的基本要求是:

(1) 数字真实。报表填写的数字必须真实地反映单位的经营情况。要求必须依据客观的账簿核算记录填写,不得任意估计数字,严禁弄虚作假,歪曲和篡改有关指标内容。

(2) 计算准确。会计报表上反映的各项指标都是通过数字表示的,报表中的每一个数字必须核对清楚、计算无误后再填列,并确保各会计报表在数字上的衔接,以保证会计报表的质量。

(3) 内容完整。各单位对国家规定应予填报的各种报表和表内各项目,要填报齐全,不得随意漏编、漏报;各补充资料和应该编制的附表及财务状况说明书,必须同时编报。

(4) 报送及时。会计报表应根据规定的报送日期及时向有关部门报送,保证会计报表提供信息的及时性,充分发挥会计报表的作用,以供各方了解单位的情况。

按《村集体经济组织会计制度》的规定,村集体经济组织应按规定准确、及时、完整地编报会计报表,定期向财政部门或农村经营管理部门上报,并向全体成员公布。各省、自治区、直辖市农村经营管理部门年终应汇总年度的资产负债表和收益及收益分配表,同时附送财务状况说明书,按规定时间报农业部。

第三节　会计报表格式及编制方法

一、月份、季度会计报表格式及其编制方法

村集体经济组织的月份、季度会计报表包括科目余额表和收支明细表,它们分别是反映村集体经济组织截至报告月份或季度的各发生额、余额和财务收支情况的会计报表。《村集体经济组织会计制度》规定,月份或季度会计报表的格式,由各省、自治区、直辖市的财政部门或农村经营管理部门根据该制度进行规定。

(一) 科目余额表

科目余额表是村集体经济组织按月、季度编制,用以反映月末或季度末各会计科目余额的会计报表。通过科目余额表,可以检查账目是否正确,分析村集体经济组织的财务状况和收支情况。

1. 科目余额表的格式

科目余额表，如表 3-5-1 所列，一般格式从左至右分为“科目编号”、“科目名称”、“期初余额”、“本期发生额”和“期末余额”五大栏，除“科目编号”和“科目名称”外，其余三栏又分别分“借方”和“贷方”两小栏，每个大栏的借方合计等于其贷方合计。

表 3-5-1　　　　**科目余额表**

编制单位：　　　　年　月　日　　　　金额：人民币(元)

科目编号	科目名称	期初余额		本期发生额		期末余额	
		借方	贷方	借方	贷方	借方	贷方
101	现金						
102	银行存款						
111	短期投资						
112	应收款						
113	内部往来						
11301	应收内部款						
11302	应付内部款						
121	库存物资						
131	牲畜(禽)资产						
132	林木资产						
141	长期投资						
151	固定资产						
152	累计折旧						
153	固定资产清理						
154	在建工程						
201	短期借款						
202	应付款						
211	应付工资						
212	应付福利费						
221	长期借款及应付款						
231	一事一议资金						
301	资本						
311	公积公益金						
321	本年收益						
322	收益分配						
401	生产(劳务)成本						
501	经营收入						
502	经营支出						

续表 3-5-1

科目编号	科目名称	期初余额		本期发生额		期末余额	
		借方	贷方	借方	贷方	借方	贷方
511	发包及上交收入						
521	农业税附加返还收入						
522	补助收入						
531	其他收入						
541	管理费用						
551	其他支出						
561	投资收益						
	总计						

村集体经济组织每年 12 月份，除正常编制一张年终如表 3-5-1 所列内容的科目余额表外，还要于决算后再编制一张年终科目余额表，以作为平衡账务、将有关余额结转下年的依据(具体格式与平时基本相同)。这张科目余额表同时也属于自制会计凭证，应与当年会计凭证一起装订入档。

2. 科目余额表的编制方法

(1) “科目编号”根据《村集体经济组织会计制度》规定的科目编号及其顺序，逐个科目对应编列。

(2) 除“内部往来”科目外，其他各科目的“期初余额”、“本期发生额”、“期末余额”应在月末结账后，根据总账科目的期初余额(借方或贷方)、本期发生额(借方或贷方)、期末余额(借方或贷方)逐个科目填列。

(3) “内部往来”科目，应按往来明细，分别汇总借方余额和贷方余额，填入期初余额和期末余额的借方或贷方。

(二) 收支明细表

收支明细表是反映村集体经济组织各月及年内至每个月末累计发生的各项收入和各项支出情况的会计报表，如表 3-5-2 所列。

本表由收入和支出两大部分组成，各项收入合计减各项支出合计等于各项收支差额，反映了每个月及年内至每个月末累计实现的收益数额。

表 3-5-2 **现金收支明细表**

(2016 年 8 月至 8 月) 第 1 页 共 1 页

		收支说明	收入数	支出数	结存数	经办人
		期初余额				
8	31	收××2016 年土地租金				
8	31	上交银行土地租金				
8	31	从银行取款				
8	31	购买纸、笔等办公开支				

续表 3-5-2

		收支说明	收入数	支出数	结存数	经办人
8	31	产调加油开支				
8	31	本期合计				
8	31	本年累计				

村委会(盖章)： 民主理财小组(签章)：

负责人： 会计：

公布日期：2016 年 8 月 31 日。

本表各项目“本期合计”和“本年累计”，分别根据损益类各账户及所属明细账户的本期发生额和期末余额以及账务处理记录分析填列。

二、年度会计报表格式及编制方法

年度会计报表是全面反映村集体经济组织年度财务状况和经营成果的报表，包括资产负债表、收益及收益分配表。

（一）资产负债表

资产负债表是反映村集体经济组织年末全部资产、负债和所有者权益状况的报表。资产负债表可以向报表使用者提供以下几个方面的信息：① 村集体经济组织在某一年所掌握的经济资源及这些资源的分布结构状况；② 村集体经济组织某一年末负债总额及其结构情况；③ 村集体经济组织净产情况；④ 通过对资产负债表的分析，可以了解村集体经济组织的财务实力、短期偿债能力和支付能力。

1. 资产负债表的格式

村集体经济组织资产负债表是采用账户式结构编制的。《村集体经济组织会计制度》规定的资产负债表的内容格式见表 3-5-3。

表 3-5-3 **资产负债表**

××年 12 月 31 日 村会 01 表

编制单位： 单位：元

资产	行次	年初数	年末数	负债及所有者权益	行次	年初数	年末数
流动资产：				**流动负债：**			
货币资金	1			短期借款	35		
短期投资	2			应付款项	36		
应收款项	5			应付工资	37		
存货	8			应付福利费	38		
流动资产合计	9			流动负债合计	41		
农业资产：				**长期负债：**			
牲畜(禽)资产	10			长期借款及应付款	42		
林木资产	11			一事一议资金	43		

续表 3-5-3

资产	行次	年初数	年末数	负债及所有者权益	行次	年初数	年末数
农业资产合计	15			长期负债合计	46		
长期资产：				负债合计	49		
长期投资	16						
固定资产：							
固定资产原价	19						
减：累计折旧	20			**所有者权益：**			
固定资产净值	21			资本	50		
固定资产清理	22			公积公益金	51		
在建工程	23			未分配收益	52		
固定资产合计	26			所有者权益合计	53		
资产总计	32			**负债和所有者权益总计**	56		

补充资料见表 3-5-4。

表 3-5-4

项　　目	金　　额
无法收回、尚未批准核销的短期投资	
确实无法收回、尚未批准核销的应收款项	
盘亏、毁损和报废、尚未批准核销的存货	
死亡毁损、尚未批准核销的农业资产	
无法收回、尚未批准核销的长期投资	
盘亏和毁损、尚未批准核销的固定资产	
毁损和报废、尚未批准核销的在建工程	

在表 3-5-3 中，资产类列在报表的左边，反映资产各项目；负债及所有者权益类列在报表的右边，反映负债及所有者权益各项目。表中各项目均按一定的顺序排列：资产类按其流动性排列，容易变现的项目排在前面，不易变现的项目排在后面；负债类按其流动性顺序排列，偿还期短的排在前面，偿还期长的排在后面；所有者权益类按其重要性顺序排列。资产各项目合计等于负债及所有者权益各项目的合计。

2. 资产负债表的编制方法

资产负债表是在年末编制工作底稿，登记有关总账和明细账的基础上编制的。资产负债表中的项目，有的同总账科目一致，有的稍有差别。因此，资产负债表的填列方法可分为直接填列法和间接填列法。

（1）直接填列法是根据总分类账或明细分类账有关的期末余额直接填列表中的有关项目。包括“短期投资”、“牲畜（禽）资产”、“林木资产”、“长期投资”、“固定资产”、“累计折旧”、“在建工程”、“固定资产清理”、“短期借款”、“应付工资”、“应付福利费”、“长期借款及应付款”、“一事一议资金”、“资本”、“公积公益金”等。

(2) 间接填列法是根据有关总账或明细账分类整理计算填列，主要包括以下几个项目：

① “货币资金”项目，应根据“现金”、“银行存款”科目的年末余额合计填列。

② “应收款项”项目，根据“应收款”科目年末余额和“内部往来”各明细科目年末借方余额合计数合计填列。

③ “存货”项目，应根据“库存物资”、“生产(劳务)成本”科目年末余额合计填列。

④ “应付款项”项目，应根据“应付款”科目年末余额和“内部往来”各明细科目年末贷方余额合计数合计填列。

⑤ “未分配收益”项目，应根据“本年收益”科目和“收益分配”科目的余额计算填列；未弥补的亏损，在本项目内数字以“－”号表示。

另外需要注意的是固定资产清理项目的金额填列正负数问题，具体的，“固定资产清理”科目的年末为借方余额用正数填列；如为贷方余额，本项目数字应以“－”号表示。

(二) 收益及收益分配表

收益及收益分配表是反映村集体经济组织年度内收益实现及其分配的实际情况的报表。通过收益及收益分配表，可以判断村集体经济组织的经营成果，评价业绩，预测未来发展趋向。收益及收益分配表如表 3-5-5 所列。

表 3-5-5　　收益及收益分配表

村会 02 表

编制单位：　　　　年　月　　　　单位：元

项目	行次	金额	项目	行次	金额
本年收益			**收益分配**		
一、经营收入	1		四、本年收益	21	
加：发包及上交收入	2		加：年初未分配收益	22	
投资收益	3		其他转入	23	
减：经营支出	6		五、可分配收益	26	
管理费用	7		减：1. 提取公积公益金	27	
二、经营收益	10		2. 提取应付福利费	28	
加：农业税附加返还收入	11		3. 外来投资分利	29	
补助收入	12		4. 农户分配	30	
其他收入	13		5. 其他	31	
减：其他支出	16				
三、本年收益	20		六、年末未分配收益	35	

1. 收益及收益分配表的格式

村集体经济组织收益及收益分配表由本年收益和收益分配两大部分组成。本年收益部分包括经营收入、经营收益和本年收益三个大的项目，收益分配部分包括本年收益、可分配收益和年末未分配收益三个大的项目，它们之间存在以下滚动性计算关系：

经营收益＝经营收入＋发包及上交收入＋投资收益－经营支出－管理费用

本年收益＝经营收益＋农业税附加返还收入＋补助收入＋其他收入－其他支出

年末未分配收益＝本年收益＋年初未分配收益＋其他转入未分配收益

2. 收益及收益分配表的编制方法

（1）“经营收入”、“发包及上交收入”、“投资收益”、“经营支出”、“管理费用”、“经营收益”、“农业税附加返还收入”、“补助收入”、“其他收入”、“其他支出”应分别根据相应的本年发生额分析填列。

（2）“本年收益”项目，反映村集体经济组织本年实现的收益总额。如为亏损总额，本项目数字以“－”号填列。

（3）“年初未分配收益”项目，应根据上年度收益及收益分配表中的“年末未分配收益”数额填列。如为未弥补的亏损，本项目数字以“－”号填列。

（4）“其他转入”项目，反映村集体经济组织按规定用公积公益金弥补亏损等转入的数额。

（5）“可分配收益”项目，应根据“本年收益”项目、“年初未分配收益”项目和“其他转入”项目的合计数填列。

（6）“年末未分配收益”项目，应根据“可分配收益”项目扣除各项分配数额的差额填列。如为未弥补的亏损，本项目数字以“－”号填列。

第六章

整理与保管会计档案

村集体经济组织(本章简称单位)的财务会计档案是指在进行会计核算等过程中接收或形成的,记录和反映单位经济业务事项的,具有保存价值的文字、图表等各种形式的会计资料,包括通过计算机等电子设备形成、传输和存储的电子会计档案。单位应当加强会计档案管理工作,建立和完善会计档案的收集、整理、保管、利用和鉴定销毁等管理制度,采取可靠的安全防护技术和措施,保证会计档案的真实、完整、可用、安全。单位档案管理机构负责管理本单位的会计档案,也可以委托具备档案管理条件的机构代为管理会计档案。实行村级委托代理制的村财务会计档案应由代理服务机构统一管理,实行以村核算的村集体经济组织应依据《会计档案管理办法》对本组织的财务会计资料建立档案,妥善保管。

第一节　财务会计档案管理的范围

按《会计档案管理办法》第六条规定,下列会计资料应当进行归档:

(1) 会计凭证,包括原始凭证、记账凭证。

(2) 会计账簿,包括总账、明细账、日记账、固定资产卡片及其他辅助性账簿。

(3) 财务会计报告,包括月度、季度、半年度、年度财务会计报告。

(4) 其他会计资料,包括银行存款余额调节表、银行对账单、纳税申报表、会计档案移交清册、会计档案保管清册、会计档案销毁清册、会计档案鉴定意见书及其他具有保存价值的会计资料。

预算、计划、制度等文件材料,应当执行文书档案管理规定。

第二节　会计档案的整理归档

村集体经济组织的会计机构或会计人员按照归档范围和归档要求,负责定期将应当归档的会计资料整理立卷,编制会计档案保管清册。一般应做好以下工作:

(1) 收集整理。在收集整理过程中,必须严格执行《会计档案管理办法》。会计档案的收集整理,原则上要求保持原卷册的封装,个别需要拆封重新整理的,应会同原经手人共同拆封整理,以分清责任。对于凭证、账簿、报表及其他会计资料封面上原有项目没有填清填全的,由原经手人补填;对于破损、缺页、装订不牢固或不规范的案卷也由原经手人修补和装订;对于应归档而未及时归档的财务资料,应会同原经手人共同整理。

(2) 组卷。会计档案资料一般按会计凭证、会计账簿、会计报表、其他财会资料四大类别来整理立卷。会计凭证在完成经济业务手续和记账后,必须按规定的立卷制度装订成册,妥善保管。每个月的凭证可根据数量多少,装订成一本或若干本。每一本为一个保管单位,每本凭证要填写凭证封面,按时间顺序排列存放。会计人员在年度结束后,要将会计账簿按照会计科目顺序排列,填写好每本账簿的封面。会计报表应在年终时,由专人统一收集,将全年财务会计报告按时间顺序整理装订成册,报表应当依次编定页数,加具封面,装订成册,经会计机构负责人审核、盖章后装订案卷并归档。封面上应注明:村集体经济组织名称、地址、报表所属期间、报出日期,并由单位负责人(代理服务机构负责人或村委会主任)、会计机构负责人(会计主管人员)签名并盖章。其他财务资料的立卷可视资料的多少而定,资料多的,可将其分类立卷;少的也可归为一卷,编好目录。

(3) 编号。用号码机在案卷右上角逐张编号。在编号前,对空白页应抽出,有的账册无法抽出的可以保留,但对卷内的空白页都要编号。原报表封面、原账本封面大都有当时的标题和盖有领导人、经手人的印章,应予保留。

(4) 填写卷内目录。按照案卷内容目录逐栏填写,如是报表,可填写"××年×月报表";如是账内的科目,可以一栏写一个科目,有的账册前后有科目账页的也可代替卷内目录。

(5) 去掉金属物。将报表、账册内的订书钉、大头针、曲别针等金属物拆除,以防锈蚀。

(6) 装订案卷。装订的案卷应结实、整齐,对大的账页要进行折叠,对较小的账页要进行粘贴。折卷皮背脊时,要注意与账册、报表厚度一致。有的案卷太薄,可垫些纸松,使卷背有一定厚度,装订时要用三针引线法装订。

(7) 填写案卷封面。封面上依次填写本单位名称、案卷标题名称,要概括卷内的时间、内容,如月报表的案卷,可写成"××年×月至×月月报表";若为总账,即可写成"××年总账"。在封面的下方填写起止日期、张数、保管期限。

(8) 案卷排列、编号。会计档案的排列,包括卷内排列和案卷排列。卷内排列主要指会计报表、经济合同、文字资料等的排列;案卷排列,一般依报表、账簿、凭证、其他财务资料、合同、协议等的顺序排列。会计报表内的文字资料(财务活动分析)应排在前面,会计报表按序号排列在后;文字资料一般都以时间为序排列。根据案卷的排列顺序,编写案卷号。

(9) 盖上立卷人封签章。凭证装订好后,封面上会计主管人员、装订人员要盖章,装订线上应有封口,并加盖骑缝章。账簿装订线上也要贴上封条,盖上立卷人印章。

(10) 编制案卷目录。根据案卷排列顺序,将每卷的卷号、案卷名称(标题)等项目填写在案卷目录栏内。

(11) 编写财务档案说明。主要是说明会计核算时间、合并变动情况、历任会计姓名、时间、整理中遇到的问题及处理情况,凡需要交代的事情要具体说明。说明放在财务档案的案卷目录前面。

第三节　会计档案的保管

单位可以利用计算机、网络通信等信息技术手段管理会计档案。

一、电子会计档案

同时满足下列条件的，内部形成的属于归档范围的电子会计资料可仅以电子形式保存，形成电子会计档案：

（1）形成的电子会计资料来源真实有效，由计算机等电子设备形成和传输。

（2）使用的会计核算系统能够准确、完整、有效接收和读取电子会计资料，能够输出符合国家标准归档格式的会计凭证、会计账簿、财务会计报表等会计资料，设定了经办、审核、审批等必要的审签程序。

（3）使用的电子档案管理系统能够有效接收、管理、利用电子会计档案，符合电子档案的长期保管要求，并建立了电子会计档案与相关联的其他纸质会计档案的检索关系。

（4）采取有效措施，防止电子会计档案被篡改。

（5）建立电子会计档案备份制度，能够有效防范自然灾害、意外事故和人为破坏的影响。

（6）形成的电子会计资料不属于具有永久保存价值或者其他重要保存价值的会计档案。

满足上述规定条件，从外部接收的电子会计资料附有符合《中华人民共和国电子签名法》规定的电子签名的，可仅以电子形式归档保存，形成电子会计档案。

二、会计档案的保管期限

当年形成的会计档案，在会计年度终了后，可由单位会计管理机构临时保管一年，再移交单位档案管理机构保管。因工作需要确需推迟移交的，应当经单位档案管理机构同意。单位会计管理机构临时保管会计档案最长不超过三年。临时保管期间，会计档案的保管应当符合国家档案管理的有关规定，且出纳人员不得兼管会计档案。

会计档案的保管期限分为永久、定期两类。定期保管期限一般分为10年和30年。会计档案的保管期限，从会计年度终了后的第一天算起。各类会计档案保管期限见表3-6-1。表中规定的会计档案保管期限为最低保管期限。

表3-6-1　企业和其他组织会计档案保管期限表

序号	档案名称	保管期限	备注
一	会计凭证		
1	原始凭证	30年	
2	记账凭证	30年	
二	会计账簿		
3	总账	30年	
4	明细账	30年	
5	日记账	30年	
6	固定资产卡片		固定资产报废清理后保管5年
7	其他辅助性账簿	30年	
三	财务会计报告		
8	月度、季度、半年度财务会计报告	10年	

续表 3-6-1

序号	档案名称	保管期限	备注
9	年度财务会计报告	永久	
四	其他会计资料		
10	银行存款余额调节表	10年	
11	银行对账单	10年	
12	纳税申报表	10年	
13	会计档案移交清册	30年	
14	会计档案保管清册	永久	
15	会计档案销毁清册	永久	
16	会计档案鉴定意见书	永久	

三、会计档案的移交

建设单位在项目建设期间形成的会计档案，需要移交给建设项目接受单位的，应当在办理竣工财务决算后及时移交，并按照规定办理交接手续。

单位会计管理机构在办理会计档案移交时，应当编制会计档案移交清册，并按照国家档案管理的有关规定办理移交手续。

纸质会计档案移交时应当保持原卷的封装。电子会计档案移交时应当将电子会计档案及其元数据一并移交，且文件格式应当符合国家档案管理的有关规定。特殊格式的电子会计档案应当与其读取平台一并移交。单位档案管理机构接收电子会计档案时，应当对电子会计档案的准确性、完整性、可用性、安全性进行检测，符合要求的才能接收。

单位之间交接会计档案时，交接双方应当办理会计档案交接手续。

移交会计档案的单位，应当编制会计档案移交清册，列明应当移交的会计档案名称、卷号、册数、起止年度、档案编号、应保管期限和已保管期限等内容。

交接会计档案时，交接双方应当按照会计档案移交清册所列内容逐项交接，并由交接双方的单位有关负责人负责监督。交接完毕后，交接双方经办人和监督人应当在会计档案移交清册上签名或盖章。

档案接受单位应当对保存电子会计档案的载体及其技术环境进行检验，确保所接收电子会计档案的准确、完整、可用和安全。

单位的会计档案及其复制件需要携带、寄运或者传输至境外的，应当按照国家有关规定执行。

单位委托中介机构代理记账的，应当在签订的书面委托合同中，明确会计档案的管理要求及相应责任。

单位因业务移交其他单位办理所涉及的会计档案，应当由原单位保管，承接业务单位可以查阅、复制与其业务相关的会计档案。对其中未结清的会计事项所涉及的会计凭证，应当单独抽出由承接业务单位保存，并按照规定办理交接手续。

四、会计档案的利用

单位应当严格按照相关制度利用会计档案，在进行会计档案查阅、复制、借出时履行登记手续，严禁篡改和损坏。

单位保存的会计档案一般不得对外借出。确因工作需要且根据国家有关规定必须借出的，应当严格按照规定办理相关手续。

会计档案借用单位应当妥善保管和利用借入的会计档案，确保借入会计档案的安全完整，并在规定时间内归还。

五、会计档案的销毁

单位应当定期对已到保管期限的会计档案进行鉴定，并形成会计档案鉴定意见书。经鉴定，仍需继续保存的会计档案，应当重新划定保管期限；对保管期满，确无保存价值的会计档案，可以销毁。

会计档案鉴定工作应当由单位档案管理机构牵头，组织单位会计、审计、纪检监察等机构或人员共同进行。

经鉴定可以销毁的会计档案，应当按照以下程序销毁：

（1）单位档案管理机构编制会计档案销毁清册，列明拟销毁会计档案的名称、卷号、册数、起止年度、档案编号、应保管期限、已保管期限和销毁时间等内容。

（2）单位负责人、档案管理机构负责人、会计管理机构负责人、档案管理机构经办人、会计管理机构经办人在会计档案销毁清册上签署意见。

（3）单位档案管理机构负责组织会计档案销毁工作，并与会计管理机构共同派员监销。监销人在会计档案销毁前，应当按照会计档案销毁清册所列内容进行清点核对；在会计档案销毁后，应当在会计档案销毁清册上签名或盖章。

电子会计档案的销毁还应当符合国家有关电子档案的规定，并由单位档案管理机构、会计管理机构和信息系统管理机构共同派员监销。

保管期满但未结清的债权债务会计凭证和涉及其他未了事项的会计凭证不得销毁，纸质会计档案应当单独抽出立卷，电子会计档案单独转存，保管到未了事项完结时为止。

单独抽出立卷或转存的会计档案，应当在会计档案鉴定意见书、会计档案销毁清册和会计档案保管清册中列明。

第七章

会计电算化

第一节　会计电算化概述

一、会计电算化的作用

会计电算化作为经济管理中的一门应用学科，起步于20世纪50年代，我国在70年代兴起，发展到今天为止，已形成一门成熟的学科。它是指在会计工作中应用电子计算机技术替代人工进行记账、算账、报账以及对会计信息进行分析和利用的活动。会计电算化作为管理信息系统的子系统，是电子计算机技术、信息技术和现代会计技术相结合的产物。农村会计电算化的主要作用表现在：

（1）减轻会计人员劳动强度，提高会计工作效率。实行会计电算化后，大量的数据计算和处理工作都由计算机完成，会计人员可以从繁杂、单调的事务中解脱出来，既减轻了劳动强度，又提高了工作效率，从而有更多的时间和精力从事对生产经营活动的预测、控制等管理活动。在推行村账乡镇代理制的地方，一个会计可以负责若干个村的账务处理工作，这就大大节减了村级管理成本，有利于控减农民负担。

（2）规范农村财务管理，提高会计工作质量。一是规范农村会计核算。不统一、不规范是我国农村会计核算工作中普遍存在的问题，实行会计电算化后，这种现象得到改变。首先，输入数据要求规范化；其次，科目运用要求规范化；再次，处理过程自动规范化。二是规范操作程序。应用电脑软件对各项业务工作的操作人员规定了操作权限，管理者必须按照规范的操作流程来完成每一项工作，从而使办事程序规范化。三是规范管理行为。实行电算化管理后，由于各项经济管理事务都要通过电脑反映出来，电脑软件要求管理者建立管理的人员分工责任制和相互牵制制度，从而有效地遏制管理者的越权和腐败行为。

（3）增加农村财务管理透明度，密切干群关系。实行电算化后，电脑按照规范化、通俗化要求自动生成各类财务公开表格，图文并茂地反映村级收支及资产状况等财务数据，供人们检索查询、使用，使财务公开更及时，更加走近普通群众。村民想要了解村级财务情况，可到财务公开栏查看电脑生成的简单明了的财务资料，也可到电脑触摸屏或在家网上查询，群众对电脑生成的财务资料更加信任。用电算化手段进行财务公开，大大提高了财务公开的质量，更能起到“给群众一个明白，还干部一个清白”的作用，密切了干群关系。

（4）提升农村经营管理水平，提高农村会计队伍素质。实行会计电算化，使整个农村经营管理发生了根本性的变化，集体资产与财务、农民负担、承包合同、土地管理等都可以借助电脑来进行管理，使农村经营管理工作真正走上制度化、规范化管理轨道。会计人员经过培训，既具备会计专业知识又懂电脑操作，大大提高了农村会计队伍的素质。

二、会计电算化的内容

会计电算化一般包括会计核算电算化、会计管理电算化和会计决策电算化。这也是会计电算化的三个层次。

（一）会计核算电算化

会计核算电算化是会计电算化的基础，也是会计电算化的初始阶段。会计核算电算化主要是指在会计核算的各个环节运用电子计算机进行会计数据的处理，最后自动生成会计报表的过程。其主要内容包括：① 设置会计科目电算化；② 填列会计凭证电算化；③ 登记会计账簿电算化；④ 成本费用计算电算化；⑤ 编制财务会计报表电算化。

（二）会计管理电算化

会计管理电算化是会计核算电算化的继续和发展，是在会计核算电算化的基础上，利用会计核算提供的信息资料，借助计算机会计管理软件的功能，帮助会计人员进行资金、成本、收入、费用的管理，是会计电算化的过渡阶段。其主要环节包括：① 进行会计预测；② 编制年、季、月度的村级收支计划；③ 进行会计控制；④ 开展会计分析。

（三）会计决策电算化

会计决策电算化是会计电算化的最高阶段，是利用计算机和会计辅助决策支持软件，根据会计预测所提供的资料，提供决策方案，供管理人员参考。由会计辅助决策支持软件来完成决策工作，充分体现了会计参与预测和决策的职能，是会计电算化的必然趋势。

三、会计电算化的特点

与传统手工会计相比，会计电算化具有以下特点：

(1) 会计控制程序化。数据试算平衡、账账核对、职责分工等会计控制制度可以通过计算机程序化步骤自动控制。

(2) 会计科目代码化。为了便于计算机识别，快速准确地分类、处理、存储数据信息，需要用统一编制的标准代码表示各种用文字表述的会计科目名称（当然也要同时标明会计科目相应的名称），既提高了数据处理速度，又实现了数据信息的标准化、规范化。

(3) 会计数据传递介质化。键盘、磁盘、显示器和打印机等外部设备作为传递数据的媒介，将输入的数据转换为便于识别的各种文字和数字。

(4) 账簿登记一体化。一是账簿形式基本统一。在手工情况下，账簿按用途可以分为日记账簿、分类账簿和备查账簿三种；按照外表形式可以分为订本式账簿、活页式账簿和卡片式账簿，现金日记账和银行存款日记账必须采用订本式，总分类账一般也采用订本式，明细分类账可采用活页式，固定资产明细账可采用活页式和卡片式等。在电算化情况下，账簿的外表形式只有一种：活页式。二是不论设置几级科目，账簿登记只须一次录入。在手工情况下，总分类账和有关明细分类账要进行平行登记，而在电算化情况下只要从末级科目一次录入即可在其上级科目中同时反映，无须重复平行登记。

(5) 会计数据查询便捷化。会计电算化为会计数据查询提供了极大的便捷条件。会计软件为会计数据查询设置了大量的查询条件，只要给出适宜的查询条件，所要查询的会计数据便会一目了然地显示出来，极大地有利于资料的查找和会计数据分析。

(6) 会计数据储存磁性化。会计数据均以电磁信号的形式储存于软硬盘及其他磁性介质上，作为传统审计对象的凭证、账簿、报表等会计资料的存在形式发生了转变，相应地要求有关会计审计制度、技术加以补充和完善。

四、会计电算化的发展趋势和目标

我国电子计算机在会计的应用上已取得一定进展。随着农村经济的发展和管理的需要，我国农村会计电算化事业将得到进一步发展。

(1) 电算化的普及率将逐步提高。我国会计电算化事业方兴未艾。随着工作的深入，将会有更多的单位用计算机替代手工操作开展会计工作，电算化普及率将快速得到提高。

(2) 从会计核算电算化向会计管理电算化发展。目前，我国农村的电算化会计信息系统，还主要用电子计算机代替传统的手工记账、算账、报账，还是处于事后核算阶段，相当一部分会计管理工作还没有采用电子计算机。发展会计电算化，要建立会计预测、决策和控制系统，充分利用电子计算机数据运算和存储功能，进行事前预测和事中控制。

(3) 从单机操作向网络化发展，实现信息共享。信息共享包括两个方面：一方面是财务会计、集体资产、农村社区管理等关系农民切身利益的信息，要向农民公布，有条件地逐步实现通过网络向农户公开，实现信息共享；另一方面是村务管理信息系统要与整个农业信息网络相连接，实现市场信息、科学技术信息、政策法规信息共享。

(4) 会计工作云端化。会计 ＋ 云计算 ＝“云会计”。未来，会计这样一种职能也许会像 IT 技术一样，外包给外部专业化的公司运行，比如会计事务所、财务公司。企业把整个财务流程切割成很多段，而只把其中的一段(即某一个业务流程)或某几段给外包公司来做，这样能精减人员，使企业或者单位工作更有效率。

(5) 我国农村会计电算化的发展目标。我国农村会计电算化的发展目标是以农村会计核算电算化为切入点，以全面实现农村经营管理信息化为突破口，以构筑农村管理信息化网络平台和发展电子商务为中长期目标，以全面建设信息化农村、为农民提供全方位信息服务为远景目标。

第二节　会计电算化的实施

会计电算化的实施是一项复杂的系统工程，必须由各级领导及广大会计人员严格按会计电算化实施内在要求进行不懈的努力。会计电算化的实施一般包括以下几个环节。

一、制订实施规划

会计电算化这一系统工程技术复杂，制约因素多，工作要求高，不是一下子就可以完成的，需要有一个详细的实施规划。会计电算化实施规划的内容主要包括会计电算化的实现目标、实施步骤、软硬件配置、时间安排和资金预算等，这些内容往往都是紧密相连的。目前多数地方在实施村账乡镇代理的条件下实行由乡镇农经站(服务中心)集中购置电脑及打印设备并进行代理记账，这样有利于集约化管理、节约电算化成本。当然，在一些经济发达、会计工作业务量很大的城郊村，也可以村为单位实施会计电算化。

二、配备计算机硬、软件

（一）配备电子计算机硬件

要选购的硬件指计算机及其辅助设备，主要包括计算机、UPS不间断电源、打印机等。计算机硬件配置的好坏直接关系到建立的会计电算化系统的正常运行，因此，在选购时要考虑以下几个方面：① 硬件的配置能否适应会计电算化的需要；② 硬件的质量与售后服务的质量；③ 硬件的性能价格比；④ 会计电算化总体规划。

选购硬件既要考虑目前的需要，还要考虑将来的发展，从而确定选购的机型及采用单机还是网络系统，同时在选用机型时，既不能盲目追求高档化，也不能忽视技术的进步而为了省钱去购买行将淘汰的机器。一般来讲，单机单用户和多机松散结构用一般档次计算机即可，而网络结构则需适当提高其配置。

（二）配备计算机软件

计算机软件包括系统软件和会计软件两部分。系统软件主要包括操作系统和数据管理系统。会计软件是电算化会计的核心内容，软件选购要选择售后服务有保障、可扩展性大的应用软件，而且要在尽可能大的范围内使用同一软件，至少在一个县范围内不宜使用不同的软件，否则将不利于信息的传输和汇总及系统的维护。同时，为了保证系统的安全，还要配备好相应的杀毒软件。为确保会计软件的质量与安全，各乡镇农经站（服务中心）或村集体经济组织可以通过县级农经管理部门或直接向省农经管理部门购买农村集体资产与财务管理信息系统软件。

三、有计划地配备和培训会计人员

会计电算化是一项技术性很强的工作，必须根据电算化特点设置好相应的岗位，配备合适的人员，并进行岗前培训。在实施过程中还必须不断加强培训，提高电算化工作人员的知识水平和操作技能。具备条件的单位，要逐步培养一部分会计人员能够胜任会计软件的维护工作。

四、做好会计基础工作，为电算化创造条件

(1) 设计会计科目体系及编码。会计电算化的会计科目体系，一级会计科目应严格按统一会计制度执行，二级以下科目则应根据村集体经济组织自身特点和管理要求设置，一般要求在一个县（市）范围内二级科目也要一致。科目设置要能满足编制报表、进行电算化管理和决策的要求，并保持相对稳定。

(2) 规范各类凭证、账簿、报表的格式和内容。这主要是指可以采用多种格式的要确定一种格式，如凭证的大小和样式至少在一个县（市）范围内要一致，这样便于统一凭证的印刷；报表一致则有利于向上级主管部门的传输和上级对下级资料实施电子汇总。

(3) 规范有关会计核算方法和程序。有些核算方法适应电算化的特点，应尽可能提供更详细、更准确的会计资料加以改进。如固定资产折旧手工核算一般采用分类折旧率，会计电算化则可改为个别折旧率。会计电算化的程序，如编制凭证、复核、记账、编制报表等，事先都要做合理的规定，以便使会计电算化工作井然有序、顺利推进。

(4) 整理手工会计业务数据。正式会计电算化之前，对原手工核算的会计数据，要认真清理、整理，做到账证相符、账账相符、账实相符、账表相符，避免实行会计电算化后因为以前数据的差错造成新的差错，甚至初始化录入后就无法对账轧平，从而影响会计电算化工作的

顺利开展。

五、建立各项规章制度

会计电算化于1981年正式提出以来，经过三十多年的探索和发展，已成为一门融电子计算机科学、管理科学、信息科学和会计科学为一体的边缘科学，其自身的复杂性、专业技术性等使得欺诈、犯罪或意外的错误更易在隐蔽的情况下产生，建立各项规章制度尤为必要。需建立的规章制度主要有：会计电算化的岗位责任制度、操作管理制度、软硬件管理制度、档案管理制度、移交接制度等。

六、会计电算化与手工记账并行

会计电算化与手工记账并行工作以开始录入凭证为标志可分为初始化阶段和日常使用阶段。

初始化阶段，就是选取一个从手工账到机器账的会计时点，将此会计时点上的手工账各会计科目的年初余额、借贷方累计发生额、当前余额按照财务软件设置的要求输入到机器账内，并使手工账与机器账的数据在此时点上完全一致、正确无误。初始化阶段虽然不长，但关系到整个电算化工作的成败，因此，应在财务软件经销商的协助下完成。

日常使用阶段就是在初始化完成之后，在制证时，将经过审核员审核的凭证，坚持一张原始凭证一笔分录的原则，使用财务软件进行制证、复核、记账、生成报表的过程。为了防止刚开始使用电子计算机记账时由于操作人员不熟练而产生各类错误，甚至出现数据丢失等难以挽回的损失，在初始化工作完成后用电子计算机进行记账的同时，仍要在一定时期内（一般3～6个月）保留手工同步记账，这是一个绝对不能省略的过渡阶段。

七、替代手工记账

采用电子计算机替代手工记账，是指应用会计软件输入会计数据，由电子计算机对会计数据进行处理，并打印输出会计账簿和报表。替代手工记账是会计电算化的目标之一。采用电子计算机替代手工记账应注意以下几个环节：

（一）替代手工记账应当具备的条件

（1）配备了适用的会计软件和相应的计算机硬件设备。

（2）配备了相应的会计工作人员。

（3）建立了严格的内部管理制度。

（4）计算机与手工并行3个月以上（一般不超过6个月），且计算机与手工核算的数据相一致，并接受县以上业务主管部门的监督。

（二）记账凭证方式的过渡

计算机与手工并行工作期间，可采用计算机打印输出的记账凭证替代手工填制的记账凭证，根据有关规定装订成册，作为会计档案保存，并据以登记手工账簿。如果计算机与手工核算结果不一致，要有专人查明原因并向本单位领导书面报告。

（三）会计数据打印要求

采用电子计算机打印书面会计凭证、账簿、报表的，应当符合国家统一会计制度的要求，字迹清晰，作为会计档案保存，保存期限按《会计档案管理办法》的规定执行。

现金日记账和银行存款日记账的打印，由于受到打印机条件的限制，可采用计算机打印输出的活页装订成册，要求每天登记并打印，每天业务较少、不能满页打印的，也可按旬打印输出。一般账簿可以根据实际情况和工作需要按月、按季或按年打印。发生业务较少的单位，可满页打印。

采用电子计算机替代手工记账后，仅仅是走出了会计电算化工作的第一步。为保证今后会计工作的正常运作以及会计资料的完整、安全，必须始终坚持执行各项会计电算化规章制度，加强会计电算化工作的日常管理，使会计电算化工作不断提高和完善。

第三节　会计电算化系统的管理制度

会计电算化系统的管理制度主要包括岗位责任制度，操作管理制度，硬件、软件管理制度和会计电算化档案管理制度等。严格的管理制度是会计电算化系统安全可靠运行的保证，也是防止各种舞弊行为发生的有效措施。根据财政部 1994 年 7 月 1 日发布施行的《会计电算化管理办法》第九条的规定，实现会计电算化，采用计算机替代手工记账的单位，必须建立严格的管理制度。

一、会计电算化岗位责任制度

（一）会计电算化岗位设置

单位实施会计电算化后应根据工作的实际需要建立会计电算化岗位责任制，明确每个岗位的工作职责，切实做到事事有人管、人人有专职、办事有要求、工作有检查。农村会计电算化后的工作岗位可分为基本会计岗位和电算化会计岗位。基本会计岗位可包括村会计、乡镇记账员、审计稽核员、财务辅导员、档案管理员等。电算化会计岗位一般可包括电算主管、软件操作员、数据审核员、档案管理员等。各乡镇农经站（服务中心）根据内部牵制制度的要求和本单位的工作需要，参照上述会计岗位的划分进行设置。基本会计岗位和电算化会计岗位，可在保证会计数据安全的前提下交叉设置，各岗位人员要保持相对稳定。从事农村电算化会计岗位的人员还须取得《会计从业资格证书》和《农村会计电算化操作员资格证书》。

（二）各岗位的工作职责

1. 电算主管

负责协调计算机及会计软件系统的运行工作。其主要职责是：

（1）对操作人员合理分工，设定其账套管理权限。

（2）协调电算化系统各类人员之间的工作关系，制定岗位责任和考核制度。

（3）对电算化系统各类人员的工作质量进行考核。

（4）对操作人员输出的账表、凭证等会计资料的正确性和及时性进行检查。

电算主管应具备会计和计算机知识以及相关的会计电算化组织管理的经验。

2. 软件操作员

负责会计数据的输入与输出，相当于手工条件下的记账员。其主要职责是：

（1）输入记账凭证和原始凭证等数据。

（2）在审核员审核后登记机内账簿。

（3）输出记账凭证、会计账簿、财务报表。

（4）进行有关会计数据处理工作。

软件操作员要求具备计算机初级以上水平并掌握会计软件操作及会计业务知识。

3. 数据审核员

负责对输入计算机的会计数据进行确认。其主要职责是：

(1) 审核原始凭证的真实性、正确性，对不符合规定的原始单据不作为记账凭证依据。

(2) 审核软件操作员所录入的记账凭证的科目运用及金额与所附原始凭证内容是否相符，凭证与账簿记录是否一致。

(3) 审核手、机并行期间会计数据是否一致。

审核员要求具备会计软件和计算机基础知识，掌握农村会计业务。

4. 系统维护员

负责系统运行管理与维护，保证系统正常和可靠地运行，并随着环境的不断改善和提高，使系统始终处于正确的工作状态。其主要职责为：

(1) 定期检查电算化系统的软件、硬件的运行情况。

(2) 及时对电算化系统运行中软件、硬件的故障进行排除。

(3) 负责电算化系统升级、换版的调试工作。

系统维护员应有较高水平的计算机知识、会计业务知识，并了解会计核算软件的结构。目前，至少在县一级要配备系统维护员，以后逐步配备到乡镇一级。

5. 档案管理员

负责管理电算化会计档案。其主要职责是负责本单位按会计电算化制度和档案管理制度规定应保存的各种磁性介质资料及各类打印输出的账簿、凭证、报表及其他资料的存档、保管工作，按会计档案有关规定行使职权。

二、操作管理制度

实行会计电算化后，会计人员必须操作计算机才能进行会计核算工作，如果操作不正确，会造成系统内数据的破坏或丢失，影响系统的正常运行。因此，必须加强对系统操作的管理，保证系统正常运行，保证会计信息的安全与完整。其主要内容如下。

（一）上机操作管理

1. 严格操作日志管理

目前大多数软件都具有自动记录操作日志功能，这些记录应定期打印并存档保管。如软件没有自动记录操作日志功能，操作人员必须实事求是地手工填写操作记录，内容包括操作人、操作起止时间、操作内容、故障情况等。操作记录由专人负责，专人保存。

2. 严格操作权限

计算机通过设置口令分配操作人员的权限。应用单位应有专门人员（如电算主管）对操作人员的操作权限实行严格的控制管理，并确定相应的工作职责。每个操作人员只拥有分工范围内的操作权限，不得越权或擅自操作。软件操作员一般不能拥有对系统的修改权，也不能直接打开数据文件进行操作。操作员之间应有必要的权限分割。如操作人员不能兼任出纳、审核等工作，系统维护员不能进行系统日常使用的任何操作工作。非规定操作人员，严禁上机操作会计软件。

3. 严格保守各自口令密码

系统工作人员之间应严格保守各自的口令密码，不能因互相熟悉而泄露口令或代替工作。工作结束或离开前，应及时退出系统，以防别人趁机使用。

4. 严格备份制度

数据备份是数据操作中一项必须严格坚持的重要原则。一是操作员每次关机前都必须进行硬盘备份；二是每月末结账后要将硬盘资料重复备份到软盘、优盘或移动硬盘等机外储存介质；三是年末结束陈账后应为年度资料刻录成光盘或其他宜于长期保存的磁性储存介质存档；四是月度备份或年度备份的储存介质应存放于专门的档案室，不可仍存放于操作间。

5. 严格防毒措施

为了保证计算机不受病毒干扰，会计电算化专用电脑必须安装正版杀毒软件，使用软盘、优盘、可移动硬盘等可移动储存设备应先进行病毒检测和消除病毒操作才能进行其他操作，尽可能不使用外来磁性介质，本单位磁性介质经外单位计算机使用后，也必须经查毒杀毒方可再使用。

（二）规范账务处理操作程序

在实行村账乡镇代理的地方，一般可按以下流程进行账务处理操作：

(1) 村会计报账。

(2) 乡镇农经站(服务中心)专门人员审核原始凭证。

(3) 代理记账员编制记账凭证。

(4) 软件操作员输入凭证。

(5) 审核员审核。

(6) 软件操作员进行账簿登记。

软件操作员与机内凭证的审核员必须由两人分别担任，不能互相替代。

除系统维护员可进行软件维护外，任何人员不能直接打开库文件进行库记录的增、删和修改数据。

三、硬、软件管理制度

硬、软件管理制度主要是为保证计算机系统和机房设备的正常运转和会计软件的保密实行的控制，这是系统安全运行的基本条件。主要内容如下。

（一）硬件设备维护管理制度

(1) 保持机房和设备整洁。机房应有良好的防尘措施，地面应铺设地毯或地砖。为保障计算机安全、正常地运行，机房应尽可能配置空调设备，以保持适宜的温度。不得将易燃易爆、带有腐蚀性物品带入机房，不得在机房内吸烟。每天要打扫机房，定期清洗计算机和打印机上的脏物。

(2) 实行专机专用。会计电算化专用硬件设备由财务部门统一管理和使用，其他部门或人员一般情况下不得使用财务部门的硬件设备。会计电算化专用电脑除安装财务软件及必要的办公软件外，不得安装游戏等与财务处理无关的软件，不得用于对外服务。

(3) 加强安全保护。为确保计算机硬件和数据的安全，机房应安装防盗门窗。机房内一切电器设备必须经用电管理部门同意后才能安装。机房内只能有一个电源总闸开关，该总闸开关由专业电工安装，财务部门必须指定专人操作。硬件设备的启用应遵照以下顺序：首先开总闸开关；其次开 UPS 电源；第三开打印机；第四开显示器；第五开计算机主机。

（二）软件维护制度

(1) 正确使用磁盘分区。一般地说，会计电算化专用电脑的磁盘分区不少于三个区，建议C盘安装操作系统和Office软件，另外两个磁盘分区一个用来安装财务软件，还有一个用作机内硬盘备份。这样安装的好处是一旦操作系统出了问题需要重做系统时，所有财务数据不受影响。

(2) 做好日常维护。如及时删除系统垃圾文件、经常搞好磁盘清理、及时查杀病毒等。

(3) 及时排除系统障碍。系统维护员负责会计软件的维护工作，及时排除在日常使用软件过程中出现的障碍，确保系统正常运行。

四、会计电算化档案管理制度

会计电算化档案管理是重要的会计基础工作，各单位必须加强对会计档案的管理，建立和健全会计档案的立卷、归档、保管、调阅和销毁制度，切实把会计档案管好。单位实现会计电算化后，会计档案具有磁性化和不可见的特点，因此，各单位必须根据这些特点和《会计档案管理办法》的要求，制定本单位的会计档案管理办法。

(一) 会计电算化档案的内容

会计电算化档案，包括存储在计算机中的数据，以软盘、优盘、光盘等磁性介质存储的会计数据以及计算机打印出来的书面等形式的会计数据。

(二) 会计账簿的生成与管理

(1) 现金日记账和银行存款日记账原则上要每天登记并打印输出，做到日清月结。每天业务较少、不能满页打印的，也可按旬或按月打印。一般账簿可以根据实际情况和工作需要按月、按季或按年打印。

(2) 采用磁盘、光盘等介质存储的会计账簿、报表，作为会计档案保存，其保存期间同《会计档案管理办法》中规定的相应会计数据(书面形式的会计账簿、报表)一致。

(3) 采用计算机输出书面会计凭证、账簿、报表，应当符合国家统一会计制度的要求，一并作为会计档案保存，其保存期限执行《会计档案管理办法》的规定。

五、会计电算化条件下的移接交制度

电算化会计如因工作调动或因故离职确需变动，必须在新会计到职并办好移接交手续后，原会计人员方可离任。会计电算化条件下的移接交，除执行手工条件下会计移接交的全部制度外，还应注意以下几个问题：

(1) 操作员在记好最后一笔会计业务后，应打印出操作日志。操作日志应作为移接交档案之一。

(2) 在移接交手续办理结束后，应由电算主管(或系统管理员)将原操作员的操作权限在电脑中予以删除，同时赋予新操作员的有关权限。

第四篇　村集体经济组织财务分析审计及村务财务公开民主管理

本部分为会计业务的拓展和延伸，具体介绍了财务分析的目的和依据、财务分析的基本方法 、农村集体经济审计、村务财务公开与农村民主管理等内容。领会、掌握本部分知识，利于进一步发挥会计的监督职能，我们也将因此成为成熟的、有较高素养的会计人员乃至农村的经济能人。

第一章

财务分析的目的和依据

第一节　财务分析的目的

在农村财务管理实践中，经常需要对村集体经济组织的经济运行情况进行分析，通过分析经济管理中取得的成绩，寻找差距和发现存在的问题。财务分析就是指村集体经济组织运用各种财务指标，对过去的财务状况和经营成果进行的评价和剖析。通过财务分析，可以了解村集体经济组织过去一段时期的财务状况和经营业绩，以利于财务指标使用者作出正确判断和决策。对财务分析，不同的使用者，使用目的不尽相同：

（1）对村集体经济组织来说，通过分析，可以了解村集体经济组织的财务状况及经营成果，如资本结构、收入、成本费用消耗、资产利用效率、资金余缺等，预测未来的财务发展情况，以便安排和指导下一步工作。

（2）对投资者来说，他们主要依据财务分析了解投资收益能否得到保障，判定和决策投资是否继续进行等。他们密切关注村财务状况和经营成果，不仅要了解过去、现在的情况，还要预测将来的发展趋势，如果不通过财务分析，他们就不可能了解村集体经济组织真实的整体状况，也就不敢大胆投资。

（3）对债权人来说，他们虽然没有村集体经济组织那样关心村集体的最终财务成果，在经济关系上也不如投资人那样密切，但是，他们也很关注村集体经济组织的经营能力和财务状况，要分析偿债能力等指标，以判断能否取得利息，本金能否安全收回。

（4）对乡（镇）和县级相关部门来说，他们要通过对财务资料的分析，了解村集体经济组织一定时期的经济发展、判断国家农业政策的贯彻落实情况，以发现问题和查找原因，为制定下一步的农业政策寻找依据。

（5）对村集体经济组织的成员来说，他们不仅关心村集体经济组织平时各项经济活动的进行过程，更关心经济活动的总成果，如村财务的总体状况、各项财务指标的运行情况等。所以，他们也需要通过财务分析的资料来了解情况，以便保障自身权益并据此参与村集体经济的管理。

第二节　财务分析的依据

财务分析的依据，主要有村集体经济组织的资产负债表、收益及收益分配表、收支明细表等会计报表、财务状况说明书及其他附表(如科目余额表)和会计账簿等。其中,会计报表是主要的分析依据,因为它提供了村集体经济组织的主要财务信息。财务状况说明书和其他附表对主要报表提供了进一步说明,对财务分析来说,也是重要的依据。

除了会计报表等会计资料外,在财务分析时,有时也需要一些实物量指标,如农产品销售量、销售价格、产品产量、工程量和人数、工时等,这些指标要从销售、物资管理等相关的资料中取得。

第二章

财务分析的基本方法

村集体经济组织财务分析常用的方法有比较分析法、比率分析法和因素分析法。

第一节 比较分析法

比较分析法，是财务分析的基本方法，就是实际达到的数据同特定的各种标准相比较，从数量上确定其差异，并进行差异分析或趋势分析的一种分析方法。差异分析可以揭示成绩和差距，并寻找产生差异的原因，为今后改进管理指引方向。在比较分析时，可以将实际数与计划数、上期实际数、历史最好水平、国内外先进单位水平进行比较。用来比较的数据可以是绝对数值指标，也可以是相对数值指标。

实际数与计划对比，可以找出实际执行情况和计划之间的差异，了解计划的完成情况；实际数与上期数对比、与历史最好水平对比，可以分析其变化趋势；实际数与国内外先进水平对比，可以分析自己所处的位置，找出与先进水平的差距。

趋势分析可以确定现象变化的趋势和规律。趋势分析法是将两期或连续数期的相同指标或比率进行对比，求出它们之间增减变动的方向、数额和幅度的一种方法。通常有：

(1) 财务指标比较，是将不同时期相同的财务指标进行比较，直接观察其增减变动情况及发展趋势。

(2) 会计报表比较，是将连续数期会计报表有关数字并行排列，比较相同指标的增减变动情况，以说明财务状况的变化。一般可以通过编制比较资产负债表、比较收益及收益分配表和其他报表进行。

在比较时，要注意指标间的可比性。所谓可比性是指用来比较的双方指标必须是同质的，在经济内容、计算方法、计价标准、计算期等口径上应该一致。

第二节 比率分析法

比率是两个数相比所得的值。比率分析法是通过计算经济指标的比率来确定经济活动变动程度的分析方法。这里计算比率的两个指标必须具有相互联系。在财务报告中这种具有重要联系的相关数字比比皆是，可以计算出一系列有意义的比率，这种比率也叫财务比率。比率指标主要有以下三类：

第一，效率比率，是反映经济活动投入与产出、所费与所得的比率，借以考察经营成果的指标，如成本利润率、销售利润率、资本利润率等。

第二，结构比率，又称构成比率，是某个经济指标的组成部分与总体的比率(公式：结构比率＝部分÷总体)，以反映部分与总体的关系，如通过流动资产与资产总额的比较，以了解流动资产占总资产的比率。

第三，相关比率，是将两个不同但又有一定关联的指标加以对比得出的比率。财务中许多指标都属于相关指标，如流动比率就是流动资产同流动负债的比率；资产收益率就是本年度收益同资产总额的比率等。

运用比率分析法时，对比指标要有可比性，同时，还要选择一个对比标准，如在计算流动比率指标时，公认的标准比率一般是 2∶1，一般来说计算出的结果要同此标准对比，以判断差距。

常用财务比率分析有偿债能力分析、营运能力分析和盈利能力分析。

一、偿债能力分析

偿债能力是指村集体经济组织偿还各种到期债务的能力。通过偿债能力的分析可以了解村集体经济组织偿还债务的能力和财务风险情况。偿债能力的分析可分为短期偿债能力分析和长期偿债能力分析两种。

(一) 短期偿债能力分析

(1) 流动比率。流动比率是流动资产与流动负债之间的比例关系，它表示单位用流动资产偿还流动负债的能力。比率越大，偿付能力越强。其计算公式为：

$$流动比率=\frac{流动资产}{流动负债}$$

(2) 速动比率。速动比率是指速动资产同流动负债的比率。速动资产是指流动资产减去存货后的余额。这部分资产可以立即转换成现金来偿付流动负债，是可以迅速调动的资金。速动比率能比流动比率更直接反映村集体经济组织的偿付能力。其计算公式为：

$$速动比率=\frac{流动资产-存货}{流动负债}$$

(二) 长期偿债能力分析

长期偿债能力是指村集体经济组织偿还长期债务的能力。它表明村集体经济组织对长期债务的承受能力和保障程度。这类指标主要有资产负债率、利息保障倍数等。

(1) 资产负债率。资产负债率是指村集体经济组织的负债总额与资产总额的百分比，主要反映在村集体经济组织的全部资产中有多大比例是通过举债形成的，以及村集体经济组织对债权人权益的保障程度。其计算公式为：

$$资产负债率=\frac{负债总额}{资产总额}\times 100\%$$

对经营管理者来说，在利用资产负债率进行借入资金的决策时，要充分估计单位的未来收入和还款状况、预期的利润和风险，在两者之间做好权衡。在全部资本利润率高于借款利息率时，可以适度举债扩大生产经营规模。但是，债权人则希望债务比率越低越好，以保证还款的安全。资产负债率大于 1，则说明单位已经资不抵债。

(2) 利息保障倍数。利息保障倍数又称已获利息倍数，是指业务收益与利息费用的比率，主要用于衡量村集体经济组织偿付借款利息的能力。其计算公式为：

$$利息保障倍数=\frac{本年收益+利息费用}{利息费用}$$

利息保障倍数指标反映村集体经济组织的收益是需要支付利息的多少倍。如果倍数大，就有足够的能力偿付利息。

【例 4-2-1】 华村 2014 年和 2015 年两个年度的收益和利息费用如表 4-2-1 所列，通过列表分析该村利息保障情况。

表 4-2-1　　利息保障倍数计算表　　单位：元

项　　目	2014 年	2015 年	差异
本年度收益	100 000	100 000	0
当年利息总额	30 000	50 000	20 000
利息保障倍数	4.33	3	−1.33

从表 4-2-1 的计算结果可以看出，该村 2015 年的利息保障倍数是 3 倍，有支付利息的能力。但是，同 2014 年相比，又下降了 1.33，能力变弱，应该进一步分析变弱的原因。

二、营运能力分析

营运能力分析是衡量村集体经济组织对资产的利用效率的财务比率。分析资产的利用效率，就可以对应收账款、存货、流动资产总额、固定资产和总资产的周转情况进行逐一分析。常用的有应收账款周转率、存货周转率、流动资产周转率、总资产周转率等。

（一）应收账款周转率

其计算公式为：

$$应收账款周转次数=\frac{赊销收入净额}{应收账款平均余额}$$

$$应收账款平均余额=\frac{期初余额+期末余额}{2}$$

$$赊销收入净额=销售收入-现销收入-销售折扣与折让$$

$$应收账款周转天数=\frac{365}{应收账款周转次数}$$

应收账款周转次数越大，周转天数就越少，应收账款的变现能力就越快，资产利用效率也就越高。同时，也表明村集体经济组织的资金被外单位占用的时间就越短，欠款能够及时收回，债权风险小。

（二）存货周转率

存货周转率，是衡量和评价企业购入存货、投入生产、销售收回等各环节管理状况的综合性指标，是销货成本与平均存货的比值。其计算公式为：

$$存货周转率=\frac{销售成本}{存货平均余额}=\frac{销售成本}{(期初存货+期末存货)/2}$$

用时间表示的存货周转率就是存货周转天数：

$$存货周转天数=\frac{365}{存货周转次数}$$

一般而言，存货周转速度越快，表明存货的变现速度越快，存货的流动性越强，也表明短期偿债能力越强。在销售利润率一定的情况下，存货周转速度越快，表明村集体经济的获利能力越强。

(三) 流动资产周转率

其计算公式为：

$$流动资产周转次数=\frac{经营收入}{流动资产平均余额}$$

$$流动资产周转天数=\frac{365}{流动资产周转次数}$$

流动资产周转速度指标是反映全部流动资产流动性的指标，其周转的快慢不仅受应收款、存货的影响，还受其他流动资产的影响。计算流动资产周转速度指标，有利于了解村集体经济组织全部流动资产的利用效率。

(四) 总资产周转率

其计算公式为：

$$总资产周转次数=\frac{经营收入总额}{平均资产占用额}$$

$$总资产平均占用额=\frac{期初资产总额+期末资产总额}{2}$$

总资产周转率综合反映了村集体经济组织总体资产的营运能力，显示了每一元资产所能产生的经营收入。总资产周转率越高，表明整体资产的周转速度越快、营运能力也就越强；反之，则说明整体资产经营的效率差，资产营运能力不强。

三、盈利能力分析

盈利能力分析是指对村集体经济组织盈利能力进行的分析，是村民、债权人、村集体经济组织管理者和上级管理部门格外关注的指标。

(一) 经营毛利率

该比率越大，说明每一元收入所创造的收益也越多，其计算公式为：

$$经营毛利率=\frac{经营收益}{经营收入}\times 100\%$$

(二) 经营净收益率

该比率说明每一元经营收入可以创造多少净收益，比率越大，创造的净收益越多。其计算公式为：

$$经营净收益率=\frac{本年收益}{经营收入}\times 100\%$$

(三) 资产收益率

该比率越大，说明每百元资产所创造的收益越多，资金使用效果越好。其计算公式为：

$$资产收益率=\frac{本年收益}{平均资产总额}\times 100\%$$

(四) 权益收益率

权益收益率是反映村集体经济组织本年度收益同所有者权益的比率。该比率大，说明村集体经济组织用所有者权益所创造的收益多，资本的利用效果就好。其计算公式为：

$$权益收益率=\frac{本年收益}{所有者权益合计}\times 100\%$$

第三节　因素分析法

因素分析法是指通过分析影响财务指标的各项因素并计算其对指标的影响程度，来说明本期实际数与计划数或基期数相比较，财务指标变动或差异的主要原因的一种分析方法。因素分析法的最大功用，就是运用数学方法对可观测的事物在发展中所表现出的外部特征和联系进行由表及里、由此及彼、去粗取精、去伪存真的处理，从而得出客观事物普遍本质的概括。其次，使用因素分析法可以使复杂的研究课题大为简化，并保持其基本的信息量。因素分析法适用于多种因素构成的综合性指标的分析。因素分析法的具体方法主要是连环替代法和差额分析法。

一、连环替代法

它是将分析指标分解为各个可以计量的因素，并根据各个因素之间的依存关系，顺次用各因素的比较值（通常即实际值）替代基准值（通常为标准值或计划值），据以测定各因素对分析指标的影响。

例如，设某一分析指标 M 是由相互联系的 A、B、C 三个因素相乘得到，报告期（实际）指标和基期（计划）指标为：

报告期（实际）指标：

$$M_1 = A_1 \times B_1 \times C_1$$

基期（计划）指标：

$$M_0 = A_0 \times B_0 \times C_0$$

在测定各因素变动指标对指标 M 影响程度时可按顺序进行：

基期（计划）指标：

$$M_0 = A_0 \times B_0 \times C_0 \qquad (1)$$

第一次替代：

$$A_1 \times B_0 \times C_0 \qquad (2)$$

第二次替代：

$$A_1 \times B_1 \times C_0 \qquad (3)$$

第三次替代：

$$A_1 \times B_1 \times C_1 \qquad (4)$$

分析如下：

(2) − (1) → A 变动对 M 的影响。

(3) − (2) → B 变动对 M 的影响。

(4) − (3) → C 变动对 M 的影响。

把各因素变动综合起来，总影响：

$$\Delta M = M_1 - M_0 = (4) - (3) + (3) - (2) + (2) - (1) = (4) - (1)$$

【例 4-2-2】 假设华村 2015 年玉米计划和实际产量资料如表 4-2-2 所列。

表 4-2-2

项　目	单　位	计　划	实　际
种植亩数	亩	2 000	1 800
平均亩产量	公斤/亩	500	550
市场价格	元/公斤	1.6	1.8
总销售额	元	1 600 000	1 782 000

根据资料可知玉米实际总销售额比计划销售额增加 182 000 元(1 782 000－1 600 000)，这是分析对象。各因素变动对总销售额的影响程度为：

计划指标：

$$2\ 000\times500\times1.6=1\ 600\ 000(\text{元}) \qquad ①$$

第一次替代：

$$1\ 800\times500\times1.6=1\ 440\ 000(\text{元}) \qquad ②$$

第二次替代：

$$1\ 800\times550\times1.6=1\ 584\ 000(\text{元}) \qquad ③$$

第三次替代：

$$1\ 800\times550\times1.8=1\ 782\ 000(\text{元}) \qquad ④$$

种植亩数减少对总销售额的影响：

$$②-①=1\ 440\ 000-1\ 600\ 000=-160\ 000(\text{元})$$

平均亩产量增加对总销售额的影响：

$$③-②=1\ 584\ 000-1\ 440\ 000=144\ 000(\text{元})$$

市场价格变化对总销售额的影响：

$$④-③=1\ 782\ 000-1\ 584\ 000=198\ 000(\text{元})$$

全部因素对总销售额的影响程度：

$$-160\ 000+144\ 000+198\ 000=182\ 000(\text{元})$$

或者计算如下：

种植亩数减少对总销售额的影响：

$$(1\ 800-2\ 000)\times500\times1.6=-160\ 000(\text{元})$$

平均亩产变化对销售额的影响：

$$1\ 800\times(550-500)\times1.6=144\ 000(\text{元})$$

市场价格变化对总销售额的影响：

$$1\ 800\times550\times(1.8-1.6)=198\ 000(\text{元})$$

从【例 4-2-2】可知，连环替代法可全面分析各因素对某一经济指标的综合影响，又可以单独分析某个因素对某一经济指标的影响，这是其他分析方法所不具备的。

【例 4-2-2】在应用时，还可以转化为两因素的分析，如表 4-2-3 所列。

表 4-2-3

项　目	单　位	计　划	实　际
种植产量	公斤	1 000 000	990 000
市场价格	元/公斤	1.6	1.8
总销售额	元	1 600 000	1 782 000

计划指标：

1 000 000 ×1.6＝1 600 000(元)　　①

第一次替代：

990 000 ×1.6＝1 584 000(元)　　②

第二次替代：

990 000×1.8＝1 782 000(元)　　③

总产量变化对总销售额的影响：

②－①＝1 584 000－1 600 000＝－16 000(元)

价格变化对总销售额的影响：

③－②＝1 782 000－1 584 000 ＝198 000(元)

两个因素对总销售额的影响程度：

(－16 000)＋198 000＝182 000(元)

因素分析法下各因素影响额计算的原则是：

(1) 多因素之间要按照先数量指标、后质量指标的顺序排列，并依顺序替代。

这里的数量指标是指通过直接统计得到的数值，如粮食产量、销售总额、工资总额等。质量指标简单地说就是指平均数指标，如平均价格、平均亩产、平均工资等。

如【例 4-2-2】中，如果按两因素分析，各因素顺序为：总销售额＝种植产量×市场价格；按三因素分析则顺序应为：总销售额＝种植亩数×平均亩产量×市场价格。

(2) 计算数量指标变动影响额，要用基期的质量指标作为同度量因素。如【例 4-2-2】，总产量变化对总销售额的影响为：(990 000－1 000 000)×1.6＝－16 000(元)。

计算质量指标变动影响额，要将数量指标作为同度量因素，并将其固定在报告期。如【例 4-2-2】，价格变化对总销售额的影响为：(1.8－1.6)×990 000＝198 000(元)。

(3) 因素分析法下，各因素对总量指标的影响额之和等于总量指标的报告期与基期的总差额。

二、差额分析法

这是连环替代法的一种简化形式，是利用各个因素的比较值与基准值之间的差额，来计算各因素对分析指标的影响。如果各项因素与某项指标的关系为加或减的关系时，可采用差额分析法。分析计算时也要按一定顺序逐项以实际数与计划数进行对比。

例如，设某一分析指标 M 是由相互联系的 A、B、C、D 四个因素相加或相减得到，报告期(实际) 指标和基期(计划) 指标为：

报告期(实际) 指标：

$$M_1 = A_1 + B_1 + C_1 + D_1$$

基期(计划)指标:

$$M_0 = A_0 + B_0 + C_0 + D_0$$

在测定各因素变动指标对指标 M 影响程度时可按顺序进行:

基期(计划)指标:

$$M_0 = A_0 + B_0 + C_0 + D_0 \tag{1}$$

报告期(实际)指标:

$$M_1 = A_1 + B_1 + C_1 + D_1 \tag{2}$$

$$\begin{aligned}\Delta M &= (2) - (1) \\ &= (A_1 + B_1 + C_1 + D_1) - (A_0 + B_0 + C_0 + D_0) \\ &= (A_1 - A_0) + (B_1 - B_0) + (C_1 - C_0) + (D_1 - D_0) \\ &= \Delta A + \Delta B + \Delta C + \Delta D\end{aligned}$$

ΔA、ΔB、ΔC、ΔD 即分别为 A、B、C、D 四个因素对 M 的影响。

例如,村集体经济组织的本年收益是由四个因素影响的,其表达式为:

本年收益=经营收益+补助收入+其他收入-其他支出

在分析上年和当年的收益变化时可以分别算出今年收益总额的变化,以及四个影响因素与去年比较时不同的变化,这样就可以了解当年收益增加或减少是主要由四个因素中的哪个因素引起的。

例如,华村 2015 年计划本年收益 43 万元,具体为:经营收益 30 万元、补助收入 12 万元、其他收入 6 万元、其他支出 5 万元。

年底结算实际本年收益 53 万元,具体为:经营收益 36 万元、补助收入 15 万元、其他收入 5 万元、其他支出 3 万元。

计划:43=30+12+6-5

实际:53=36+15+5-3

实际-计划=(36+15+5-3)-(30+12+6-5)

=(36-30)+(15-12)+(5-6)-(3-5)

=6+3+(-1)+2

=10

即本年收益实际比计划超 10 万元,具体原因:经营收益超额 6 万元、补助收入超额 3 万元、其他收入减少 1 万元、其他支出节约 2 万元,四因素综合影响使本年收益实际比计划超 10 万元。

第三章

农村集体经济审计

第一节　农村集体经济审计基础知识

《农业部职能配置、内设机构和人员编制规定》(国办发〔1998〕88 号)中明确:农业部负责“指导乡村集体经济组织的建设、财务会计、资产管理和审计”工作。同时,《关于健全和完善村务公开和民主管理制度的意见》(中办发〔2004〕17 号)中也明确要求:“加强对农村集体财务的审计监督。县、乡两级农村集体资产和财务管理指导部门,要切实组织好对农村集体财务的审计监督工作”。

一、农村集体经济审计概述

(一) 农村集体经济审计概念

农村集体经济审计,是指农村集体经济组织管理部门的专门机构和受委托的专业人员,依据国家法律、法规和规章的规定,运用审计的方法,按照规定的程序,对农村集体经济组织及其所属单位的经营活动进行审查,以判断经济活动以及反映经济活动有关资料的真实性、合法性和效益性的经济监督、评价和鉴证活动。

农村集体经济审计概念的含义有以下几个方面:

(1) 审计主体具有独立性。农村集体经济审计机构和人员属于相对独立的第三方,不参与农村集体经济组织的生产经营活动。

(2) 农村集体经济审计是一种经济监督行为。在现阶段,农村集体经济审计是财务审计、业务审计、管理审计、经济责任审计四者相结合的综合经济监督行为。

(3) 审计依照国家法律法规和有关政策规定。农村集体经济审计是依法审计,依据的是农村集体经济组织审计规定、财务制度、会计制度、农民承担费用和劳务管理条例等国家法律法规。

(4) 农村集体经济审计的实施主体具有特定性。农村集体经济审计的业务指导工作由县级以上人民政府农村经营管理部门负责,一般在县、乡(镇)两级农村经营管理部门设立农村集体经济审计机构具体开展审计业务。

(5) 农村集体经济审计的对象具有特定性。农村集体经济审计监督的对象主要是农村集体经济组织及其所属单位。

(6) 农村集体经济审计的方法具有多样性。农村集体经济审计采取的方法主要包括查账、核对、盘点、询证、抽查、详查、调查、评价等。

(7) 农村集体经济审计往往要形成审计结论。审计工作结束后,应当及时做出审计结论并形成书面报告,内容包括审计结论、处理意见、改进建议等。

农村集体经济审计的对象主要是村、组集体经济组织及其所属单位的经济活动。依照《农村集体经济组织审计规定》,并结合部分省份已经制定的农村集体经济组织审计地方法规,适应农村改革发展需要,农村集体经济审计的对象包括:农村集体经济组织及其所属单位;农村集体经济组织及其所属单位的负责人;农民专业合作社;涉农收费相关部门;当地政府、上级业务主管部门、审计机关委托的其他被审计单位。

根据有关法律法规和政策规定,结合农村集体经济组织发展状况,农村集体经济审计机构主要对被审计单位的下列事项进行监督:资金、财产的验证和使用管理情况;财务收支和有关经济活动及其经济效益;财务管理制度的制定和执行情况;承包合同的签订和履行情况;收益(利润)分配情况;承包费等集体专项资金的预算、提取和使用情况;村集体公益事业建设一事一议筹资筹劳情况;村集体经济组织负责人任期目标和离任经济责任;侵占集体财产等损害农村集体经济组织利益的行为;乡(镇)经营管理部门代管集体资金的情况;当地政府、审计机关和上级业务主管部门委托的其他审计事项。

农村集体经济审计是我国审计体系中的一个重要组成部分,是一项独立性的经济监督活动,是农村集体所有制而产生的特殊性质的一种审计形式。农村经济审计的主体是农村集体经济审计机构;审计的客体是乡村集体经济组织及其所办的企事业单位、使用农村集体资产和资金的其他单位;审计的依据是国家法律、法规和规章,各级涉及农村经济政策的地方法规、规章制度的规定;审计的内容是审计客体的财政财务收支、经营管理、经济运转、经济效益和经济责任;审计的方式是强制性审计。

(二) 农村集体经济审计职能

经济监督(最基本的职能)、经济评价、经济公证、管理控制等四大职能。

(三) 农村集体经济审计性质

目前有两种意见:一是农村集体经济审计属于内部审计,其依据是审计体系由国家审计、民间审计和内部审计三部分组成;二是农村集体经济审计同国家审计、民间审计、内部审计相并列。农村集体经济审计是政府运用审计手段保护农民和农村集体经济利益的一种行为,所以它是属于政府行为的外部审计。这种外部审计不属于国家审计和社会审计,但又可以行使国家审计、内部审计和社会审计的某些职能。所以,根据我国国情,将农村审计列入内部审计作为一种特殊的审计形式,即农村集体经济审计。

(四) 农村集体经济审计特点

审计的一般特点是:不直接管理财务和经济活动,代表权力机构实行审计监督,依法坚持客观公正、实事求是的原则进行审计。农村集体经济审计除具有上述审计的一般特点外,还有其自身的特点:① 审计对象的多样性;② 审计职能的多元性;③ 审计方法的灵活性;④ 审计活动的群众性;⑤ 审计结果的公开性;⑥ 审计与经营管理工作的互补性。

(五) 农村集体经济审计职权

(1) 要求被审计单位提供财务收支计划、预算执行情况、决算、财务报告、经济合同以及其他与财务收支有关的资料,被审计单位不得拒绝、拖延、谎报。

(2) 检查被审计单位的会计报表、凭证、账簿以及其他与财务收支有关的资料和资产,被审计单位不得拒绝、阻挠。

(3) 就审计事项的有关问题向有关单位和个人进行调查，被调查的单位和个人应当如实提供有关资料和证明材料。

(4) 有权制止正在进行的损害集体经济组织利益、违反财经纪律的行为。

(5) 对转移、隐匿、篡改、毁弃会计报表、凭证、账簿等有关资料的，有权予以制止。

(6) 审计结果应按规定报告并及时向群众公布。

(六) 农村集体经济审计处理

(1) 责令限期缴纳、上交应当缴纳或上交的收入。

(2) 责令限期退还违法所得。

(3) 责令限期退还被侵占的农村集体经济组织的资产和资金。

(4) 责令冲转或调整有关会计账目。

(5) 依法采取其他处理措施。

审计处理是指农村审计机构对违反国家规定的财政财务收支行为所采取的纠正措施。中办发[2004]17 号文件规定：在审计中查出侵占集体资产和资金、多吃多占、铺张浪费的，要责令其如数退赔；涉及国家工作人员及村干部违法违纪的，需要给予党纪政纪处分的，移交纪检监察机关处理；构成犯罪的，移交司法机关依法追究当事人的法律责任。

(七) 农村集体经济审计处罚

审计处罚是指农村审计机构对违反国家的财政法规行为和地方法规制度的行为采取的行政制裁措施，包括警告或通报批评、经济处罚、没收非法所得、依法采取其他处罚措施等四种。

(八) 农村集体经济审计回避制度

农村集体经济审计实行回避制度。审计人员因与被审计单位或审计事项有利害关系，依法不能从事或参加该单位有关审计工作的，应主动向审计机构负责人提出，由审计机构作出是否回避的决定。应当回避的三种情形为：① 审计人员与被审计单位有直接利益关系的；② 审计人员与被审计单位主要负责人或财务主管人员是近亲属，或曾有个人恩怨足以影响审计的客观公正和其他关系的；③ 审计人员与被审计事项有直接利益关系的。

二、农村集体经济审计内容、种类、方法及程序

(一) 农村集体经济审计内容

中办发[2004]17 号文件指出，“审计内容主要包括：集体资产的管理使用、财务预决算、财务收支、生产经营和建设项目的发包管理、集体的债权债务、上级划拨或接受社会捐赠的资金、物资使用等情况，以及群众要求审计的其他事项。当前，要加大对集体土地征用、集体企业改制、‘村改居’和并村过程中集体资产的处置、村内‘一事一议’筹资筹劳、新型农村合作医疗、政府发放到村到户的各项补贴资金和物资等事项的审计力度，并将审计结果及时公布。村干部任期届满或离任时必须审计”。

农经发[2003]11 号和农经发[2004]8 号文件对农村集体财务审计内容及审计重点都作出具体明确的规定，具体内容包括：

(1) 财务管理等内部控制制度是否健全、有效及执行情况。

(2) 财务收支及年度预算、决算和收益分配执行情况。

(3) 财务会计报表、凭证、账簿的完整性、真实性和合法性。

(4) 集体资产、负债、损益情况及有关经济活动。

(5) 承包、租赁合同的订立和履行情况。

(6) 承包费、租金、土地征用补偿费、公积金、公益金及其他收入的收支情况。

(7) 社会捐赠、国家下拨的款项或物资管理和使用情况。

(8) 向农民和村集体经济组织收取的费用、罚没款、集资的管理和使用,由有关部门代管的集体资产、资财的使用情况。

(9) 建设项目的预算、决算及投资效益。

(10) 贪污、侵占、挪用、挥霍集体资金的行为。

(11) 农村集体资产的评估。

(12) 一事一议筹资筹劳资金筹集、管理、使用及用工管理情况。

(13) 农村干部经济责任审计和离任审计。

(14) 本级人民政府或上级农村审计机构交办的审计事项。

(15) 接受委托的其他审计事项。

(二) 农村集体经济审计种类

1. 按审计范围区分

(1) 全面审计,亦称全部审计、完全审计和详细审计。

(2) 局部审计,亦称重点审计、专项(题)审计和特种审计。

(3) 延伸审计,亦称追(跟)踪审计。

2. 按审计内容区分

(1) 财务审计,亦称传统审计、常规审计。

(2) 经济效益审计。

(3) 财经法纪审计。

(4) 经济责任审计。

3. 按审计时间区分

(1) 事前审计。

(2) 事中审计。

(3) 事后审计。

4. 按审计实施方式区分

(1) 联合审计。

(2) 单独审计。

(3) 委托审计。

5. 按审计实施地点区分

(1) 送达审计,亦称报送审计。

(2) 就地审计。

6. 按审计期限区分

(1) 定期审计,亦称常年审计。

(2) 不定期审计。

(三) 农村集体经济审计方法

(1) 审计的思想方法:实事求是、一分为二、由表及里、依法论是非、兼顾全局等 5 种。

(2) 审计的工作方法:听、看、查、比、议等 5 种。

（3）审计的业务操作方法：① 基本方法：查账的方法、分析的方法、盘点的方法、调节的方法、调查的方法、核对的方法、审阅的方法等7种。② 技术方法：顺查法、逆查法、详查法、抽查法、观察法、访问法、查询法、盘查法、数字比较分析法、账户分析法、期龄分析法、综合分析法等12种。一般来说，顺查可详可略；详查以顺查为好；逆查以抽查为主；抽查可逆可顺；调查、对证总是个别事件，属于抽查性质；分析、比较可以对全部经济指标，也可以选择部分指标；审阅从报表开始，必然是逆查；核对没有分先后的必要，但详细核对应以顺核为妥。

（四）农村集体经济审计程序

1. 审计准备阶段

（1）制订审计工作计划，包括：审计工作的指导思想、任务及重点、目的及要求、时间安排、主要措施、审计中应注意的问题。

（2）确定审计对象。

（3）编制审计工作方案，包括：审计原因、审计范围和内容、审计方式、审计时间、具体工作步骤、审计组人员分工。

（4）下达审计通知书。

2. 审计实施阶段

（1）进行初步调查。

（2）审查内部控制制度。

（3）审查核对账簿、凭证和报表。

（4）审查财产物资。

审计实施阶段注意事项：

（1）详细记录、收集证据，编写分项目审计工作底稿。

（2）灵活运用各种方法，死账活查。

（3）做好对问题的核实和取证工作，做到证据能直接或间接证明审计目的和结论、本身真实、来源可靠，重视取证、用证、举证，并规范取证和用证行为，促进依法行政，提高审计质量，降低和避免审计风险。

（4）在充分取证的基础上编制汇总审计工作底稿，履行必要的证明和复核手续，为撰写审计报告做好充分准备。

3. 审计终结阶段

（1）整理资料，归纳问题。

（2）撰写和提出审计报告。

（3）下达审计结论或处理决定。

（4）审计复审。

（5）审计回访和后续审计。

（6）建立审计档案。

三、农村集体经济审计报告文书

（1）审计意见书。是指审计机构向被审计单位出具的对审计事项进行评价、表达意见和提出建议的法律文书。它是对没有严重违反国家规定的财政、财务收支行为，不需要进行处理、处罚的被审计单位所作的评价和建议，不具有强制性。其主要内容包括：① 审计的依据、范围、内容、方式和时间;② 被审计单位的基本情况;③ 审计评价;④ 审计中发现的有关问题及其成因和改进建议。

(2) 审计报告书。是比较详细的书面文件,除叙述审计经过外,主体部分是评价被审计单位的财务、经营情况,提出意见或建议。在农村经济审计中较常见地适用于日常财务收支审计,对共性成绩、问题进行归纳、分析,向本级行政领导和上级主管部门报告,或者采用一定形式对被审计单位进行通报。

(3) 审计证明书。是证明一定经济事项的书面文件。如乡村集体与外商合资经营企业,经审计人员验资,证明合资各方已遵照协议缴纳了各自认缴的资本,以实物投资的实物计价正确,用外币投资的所用汇率恰当;对农村干部经济责任审计或离任审计的证明书,确认其任职期间的经济责任。

(4) 审计决定。亦称审计结论,是审计机构对被审计单位违反国家规定的财政、财务收支行为所作出的处理、处罚的决定,审计机构有权监督执行,被审计单位及有关部门不得拒绝。其主要内容包括:① 违法、违纪、违规行为的事实和造成的后果;② 审计定性和经济处理、处罚的决定;③ 依据的法律、法规、政策规定;④ 执行的期限和要求。农村经济审计机构作出审计决定前,对被审计单位的违法违纪问题的处理,应征求本级人民政府和上级审计机构意见。审计决定涉及农民利益的,应在村民代表会上公布。对违反财经法纪的问题,审计机关应作出经济处理决定。审计决定自送达之日起生效。

(5) 移送处理意见书。农村经济审计中对违反党纪政纪和触犯刑律的,应提交"移送处理意见书",连同审计报告及有关附件,移送或转请纪检、监察或司法机关处理。移送处理意见书内容:① 移交文件,写明案件已审计完毕,属于审计处理的问题已经处理,根据有关规定,应追究有关责任人的行政、党纪或刑事责任,所以移送有关材料,请受文单位将处理或审理结果函告农村审计站;② 基本情况,包括发案单位、案件责任人的情况;③ 案件事实,写明案件发生的具体事实;④ 农村审计站意见,追究案件直接责任人、单位负责人的行政、党纪或刑事责任的意见和建议;⑤ 注意要点:受文单位与追究责任性质相符,移送文件与案件事实相符,移送文件与审计建议相符。

(6) 审议结论和处理决定。被审计单位对审计结论或决定有异议,在收到之日起 15 日内提出充分理由,向上一级农村经济审计机构提出复审申请,由上级农村经济审计机关决定是否进行重新审计。复审期间,原审计结论或处理决定照常执行。上级农村经济审计机构自收到审议申请 10 日内,对其作出是否受理的决定;应在 30 日内办理审议事项(特殊情况最长不超过 60 日),作出审议处理决定。农村经济审计实行一级审议制。审议结论和处理决定的格式:① 引言,写明对审议申请作出审议结论和处理决定;② 被审计单位申请审议的主要问题及理由;③ 审议结论,第一段写审议后认定的事实,对原审计结论和处理决定认定的事实给予肯定或部分否定,第二段写审议结论及作出结论的理由、适用的法规及其他规范性文件,对问题定性;④ 审议处理决定,对原审计结论和处理决定予以维持、部分修改或撤销的决定。

(7) 不受理申诉决定。① 开门见山写导语。抓住主题,写出不受理申诉的原因,是申诉无正当理由,还是申诉者坚持不撤回申诉。② 针对理由写决定。注意不对被申诉的审计结论和处理决定作评论。

四、内部控制制度

（一）内部控制

内部控制是指为保证经济业务活动的有效进行，保护资产的安全与完整，防止、发现、纠正错误与舞弊，保证会计资料的真实、合法、完整而制定和实施的政策与程序。其基本原理是分工，就是在经济组织内部没有一个员工或部门能够从头到尾包办一项业务。

（二）内部控制制度

内部控制制度是内部控制的系统化、制度化的总称。其包括六个构成要素：恰当的组织结构、优良的信息管理、有效的激励与约束办法、良好的人员素质、适用的单位文化、科学的风险管理。此外，法律法规、市场竞争、市场规则等来自外部的要求，也是建立完善内部控制制度的重要条件。内部控制制度的核心在于"控制"，其内涵既具有制约、牵制和限制的一面，又具有协调、调节、平衡、衔接、配合、监督的一面。

内部控制制度的内容：

（1）建立合理的组织，明确各部门和各岗位管理人员的职权和责任。这是基本前提。

（2）实行内部牵制，每一项经济业务必须经过授权、主办、核准、执行、记录和复核等六个步骤。

（3）建立各项经济业务的凭证传递程序。

（4）内部会计控制，包括货币资金、实物资产、对外投资、工程项目、采购与付款、销售与收款、成本费用、筹资、担保等经济业务。

（5）内部管理控制，包括预算控制、信息管理、统计分析等。

（6）资产控制，包括资产收付、保管的手续规定。

（三）农村内部控制制度

《村集体经济组织会计制度》规定，村集体经济组织应当建立健全货币资金、销售业务、采购业务、存货、对外投资业务、固定资产以及借款业务等内部控制制度。

农村内部控制制度的审计要点：

（1）审查内部控制制度的完整性和系统性，包括：内部控制制度是否完整、自成系统；各种规章制度、措施办法之间有无纵的统驭和横的配合；各项要求是否明确具体；各个规章制度、措施办法之间有无矛盾之处。

（2）审查内部控制制度的针对性和可行性。

（3）审查内部控制制度的科学性和有效性。

（四）电算化系统的内部控制方法

（1）健全有关管理制度，包括机房管理、操作管理、系统文档管理、数据管理等制度，以保证计算机有一个正常的运行环境，保护计算机硬件、软件、文档资料和数据不受侵害和损失。

（2）职能分隔，包括程序设计、维护和管理人员，会计数据的采集整理、审核、保管、操作人员，按照内部牵制原则对他们进行合理分工，在日常工作中互相制约、互相监督，防止无意差错和有意舞弊事件的发生。

（3）授权控制，即对上机操作人员能使用的资源加以控制。谁能进入系统，谁能使用哪一部分软件，谁能打开哪一个文件，谁能录入、处理、审核、查询等，都由财务主管授权，然后利用口令密码加以控制，以便明确责任，防止非法人员介入，以防篡改和舞弊。

(4) 程序控制。为防止重复、遗漏和误操作，要建立时序控制，要求上机操作人员严格按照有关数据处理的规定和处理流程进行操作。

(5) 防错纠错措施。输入数据前，对原始凭证进行合理合法的审查，防止非法数据输入，换人复核记账凭证，通过程序化步骤进行校验。如：对相关数据进行平衡校验，总额与明细数的校验，数据完整性校验，模块之间交换数据进行校验，会计账表输出之前对数据之间的勾稽关系进行校验，对文字数据的校验，对输出的机制记账凭证进行手工核对，防止串户。

(6) 修改限制。加强数据输入过程中校验，发现差错通过屏幕编辑、及时修改，一旦存盘入账严控修改，必要时只能通过编制记账凭证冲销或补充登记，并摘要说明订正的对象、理由和内容，以备事后检查。

(7) 安全控制。为保证数据安全、防止非法篡改，对一些重要数据文件，可定义为专用文件、只读文件，或采用专门技术，定义为隐形文件，未经授权难以动用。建立软件备份制度，防止系统突然事故而造成数据丢失。硬件也要备份，一旦计算机发生故障或遭到破坏，用备份的计算机及时顶上去，不致影响会计工作的正常开展。

(8) 防毒措施。凡与会计数据无关的软盘不得使用，所有软盘必须经过检查方能使用。备有功能较强的病毒检测软件和杀毒软件，并随着新病毒的出现不断更新，用以严格检测，或一旦感染病毒及时消除，保证系统正常运行。

(9) 保留审计线索。涉及数据处理流程的工作文件必须保留，不能一律删除或覆盖，各个小系统向账务处理系统自动转入的记账凭证要打印输出，并和输出小系统的原始凭证装订在一起，保留账证之间的联系线索。修改账簿数据，必须填制冲销或补充登记的记账凭证，以便事后查证。

第二节　凭证、账簿和会计报表审计

凭证、账簿和会计报表的审计是财务审计的重要内容之一。通过对凭证、账簿和会计报表的审计可以把握被审计单位资金、经营等总体情况，可以取得不法人员舞弊的证据。

一、凭证审计

(一) 原始凭证审计

主要审查原始凭证的真实性、有效性和合法性。

1. 原始凭证审计的主要内容

(1) 凭证是否正规。对于支出的发票、收据类凭证，应审查是否是工商、税务等部门统发的；结缴财政收入、纳税、办理银行存款、转账和支付现金等，是否使用国家统一规定的凭证；向农户收款是否使用省或县以上业务主管部门统一印制的收款收据，记账联日期、编号是否顺序相连。对于白条或非正规收据，应重点审查是否故意不用正规凭证，以逃避税务监督，或设置账外小金库，或个人从中贪污。

(2) 凭证内容是否完整，手续是否齐全。如是否有经办人、审核人、批准人的签章，是否有抬头、填写日期，是否加盖公章或虽有公章但不是专用章，收付款业务是否有收讫、付讫印章；未经批准而报账的凭证，应分辨是否出于故意，有无舞弊行为；多人共同签章的支出凭证，应查明原因，是否滥发钱物而集体作弊或共担风险。

(3) 凭证内容是否含糊或计算错误。如购货发票上物品名称是否具体，修理费、加工费是否附有耗料明细单、加工结报单。若购销发票不填写商品名称、数量、单价，或数量、单价与金额计算失衡，应审查是否有不买货而开票、少买货多开票、买甲货开乙货或低价高开等弄虚作假问题。

(4) 凭证是否有书写矛盾、随意涂改情况。对于经过涂改、刮擦的，用退字药物处理过的，小数改大数或大小写不一致的凭证，都应视为无效凭证，并追查责任。

(5) 凭证的经济内容是否超出其签发单位的经营范围。对于发票所载内容与签发单位经营范围不符的违章经营，应追踪检查其有无弄虚作假、以权谋私等问题。

(6) 收入凭证上所载价格是否异常，支出凭证的内容是否合法、符合节约原则，是否经过民主理财。

2. 原始凭证舞弊的主要表现形式

(1) 窃取空白凭证(收据、发票或支票)，冒收货款，冒领现金。

(2) 伪造、涂改单据，虚报开支、冒领现金。

(3) 撕毁单据。

(4) 对收款、收料的原始凭证加总时故意少计，对费用、工资、发料的原始凭证加总时故意多计，从中营私舞弊。

(5) “大头小尾”，将发货票或收据的存根联、报账联与交给对方的报销联分两次复写，对外收款开大数、对内报账开小数，从中贪污。

(6) 出借银行账户，伪开支票，从中牟利。

3. 原始凭证造假的手法

(1) 刮擦。

(2) 篡改。

(3) 添写。

(4) 消退。

(5) 伪造。

(6) 冒充签章。

(7) 重复报销。

(8) 大头小尾。

(9) 移花接木。

(10) 窃取凭证。

4. 甄别原始凭证的方法

(1) 认真审阅，留心观察。着重看凭证内容填写是否齐全、凭证印章是否清楚、填写笔迹有无异常、凭证日期及号码是否符合逻辑。

(2) 仔细分析，抓住疑点。有 9 种识别真假发票的分析判断方法：时间分析法、地域分析法、情理分析法、数量分析法、对照对比分析法、资金去向分析法、发票填写判断法、会计科目处理判断法、查实法。

(二) 记账凭证的审计

主要审查记账凭证与原始凭证的一致性，有无违反财务制度规定，故意歪曲经济业务关系及财务指标，搞乱账目，浑水摸鱼等不法行为。

1. 记账凭证的造假手法

(1) 瞒天过海造假,没有原始凭证凭空编制记账凭证。

(2) 混淆科目对应关系造假,改变会计科目之间的对应关系来达到某种目的,具有一定隐蔽性。

(3) 移花接木造假,通过记账凭证列示金额与原始凭证金额不符,或记账凭证汇总表与记账凭证所列科目、金额加总之和不一致来实现某种意图。

(4) 张冠李戴造假,通过会计科目与经济业务内容不相符,或者原始凭证内容与记账凭证的摘要说明不一致,为虚假记账凭证登记账簿铺平道路。

(5) 涂改篡改记账凭证造假,用涂改、刮擦及用化学药水等手段更改凭证或增添内容。

2. 记账凭证审查技术

(1) 审阅技术。通过对记账凭证的仔细观察和阅读来发现疑点和线索,其要点是:① 审阅外在形式,如记账凭证要素是否齐全、手续是否完备、有关人员是否签章等;② 审阅会计分录,科目运用是否正确、对应关系是否清楚、金额有无错误、借方贷方金额是否相符、一级科目金额与所属明细科目金额是否相符等;③ 审阅摘要说明,摘要说明与会计科目内容是否一致;④ 审阅笔迹变化,凭证填制是否一气呵成,有无更改、涂改、篡改等迹象。

(2) 核对技术。通过对记账凭证进行复核查对,来验证其数据是否正确无误,其要求是:① 核对会计核算的经济内容与原始凭证是否相符;② 核对记账凭证列示的借贷金额是否与原始凭证相符;③ 核对汇总记账凭证与分录记账凭证合计是否相符;④ 核对记账凭证与明细账、日记账及总账是否相符。

(3) 其他技术:① 推理技术,对查出的疑点进行推断,借以判断记账凭证所反映的经济业务及其核算有无问题的可能性,其要点是:恰当分析记账凭证,找出异常现象;合理推理,提出存在的财务造假问题;进行检查验证,作出正确判断。② 分析技术,对记账凭证的有关内容进行对比分析,从中找出疑点,以提示其中有无问题,包括比较分析技术、平衡分析技术。

(4) 查询技术。通过查询的方式,对凭证审计中发现的问题,直接找有关人员谈话或发函给有关人员反映实际情况,加以核实,借以取得实际资料或证实经济问题。

二、账簿审计

(一) 会计账簿审计一般要求

账簿设置、登记和管理是否符合《会计基础工作规范》及有关财务会计制度的规定。其审查内容包括:① 登记是否及时;② 摘要是否清楚;③ 数字是否正确;④ 余额结算是否正确,是否注明借贷字样;⑤ 是否进行承前、过次结转;⑥ 账簿登记是否连续,有无缺页、隔页现象;⑦ 发生错账是否按规定的错账更正方法进行更正;⑧ 是否按期结账;⑨ 摘要栏说明的经济业务与该账户的核算内容是否一致。

(二) 会计账簿的舞弊手法

(1) 无证记账或有证不记账造假。

(2) 结账和挂账造假,包括:① 结总增列即加总时故意多加,虚报账面金额,借以舞弊或粉饰造假;② 结总减列即加总时故意少加,减少账面金额,借以舞弊造假;③ 结转账目造假,在记账承上启下、结转余额和责任人交接时作弊;④ 挂账造假,在年终往来账户或结算账户上作弊,通过挂账盗用资金或者截留收入、转移资金。

(3) 账平隐弊或红字冲账造假,审计中应注意账平未必无假。

(4) 虚账造假,即账簿记录的经济业务不真实,其手法有虚设账户、以虚对虚、以虚对实、以实变虚、账外账等。

(三) 会计账簿审查方法

1. 账簿审查内容

(1) 账户名称的合规性、合理性、真实性。

(2) 记账日期有无顺序颠倒现象。

(3) 凭证号码是否按序登记。

(4) 摘要说明是否简明扼要、业务内容是否属于本账户核算内容。

(5) 借贷发生额方向是否正确。

(6) 余额方向与账户性质是否相符。

2. 总分类账审查技术

(1) 审阅技术:从外形看,账簿设置是否符合规定,账簿登记是否遵守记账规则。从内容看,记账日期有无颠三倒四现象;书写是否符合要求,有无任意使用红字的情况;笔迹是否一样,有无涂改、挖补或刮擦现象;账户对应关系是否存在;账户余额有无异常等。

(2) 分析技术:比较分析法、科目分析法、动态分析法。

(3) 核对技术,其要点是:核对账户的发生额及余额计算是否正确,核对账证是否一致,核对总账余额与明细账余额之和、账表余额是否一致。

3. 明细分类账审查技术

总分余额核对、账证核对、余额结转核对,运用分析法、查询法、推理法、盘存法核对等。

三、会计报表审计

审查和分析会计报表,可以全面、综合地考察村级组织的财务状况、经营过程和最终财务成果,为审查账簿和凭证提供线索。

(一) 会计报表审计目的和方法

1. 审计目的

(1) 消除报表编制过程中人为造假和技术上的错误,确保会计报表的合规性,保证会计信息质量,取信于会计信息的使用者。

(2) 揭示村级组织在经济活动中的错弊,维护投资者权益,保证会计信息符合国家宏观经济管理要求。

(3) 掌握村级组织财务状况和经营管理水平,督促建立健全内部控制制度,提高经济效益。

2. 审计方法

审阅、核对、复核、比较分析、查询等;审查程序多采用逆查法;侧重于审阅报表的编制、复核报表的数据、审查表内的项目。

(二) 资产负债表的审查

财务审计常常先从审查资产负债表开始,根据审查结果再确定审计重点。主要审查其编制是否合规、真实,资金占用和资金来源是否合法、合理。

(三) 收益分配表的审查

审查其收益的形成是否合乎实际,收益分配是否正确、合规。

第三节　货币资金和财产物资审计

一、现金审计

（一）现金审计的依据

国务院及有关部委和地方各级政府制发的现金管理的有关规定。主要包括：

（1）1999 年颁布的《中华人民共和国会计法》。

（2）1988 年国务院颁布并于 2011 年 1 月 8 日修订的《中华人民共和国现金管理暂行条例》。

（3）2004 年财政部颁布的《村集体经济组织会计制度》等。

（二）现金审计的内容

审查现金内部管理制度、审查现金日记账、查实库存现金实存数。

（三）现金内部管理制度的内容

（1）财务主管开支审批、会计记账、现金保管三职分离，非出纳人员不得管理现金。

（2）单位主要领导不得兼任、其直系亲属不得任职出纳员。

（3）超出使用现金范围规定的一律使用非现金结算。

（4）库存现金不准超过限额、不准以白条抵库、不准坐支、不准挪用、不准公款私存、不准保留账外公款私设“小金库”。

（5）收款票据专人保管登记、限量领用、以旧换新，作废收据各联连同存根一起保管并加盖“作废”章。

（6）凭证定期结报、内容齐全、手续完备。

（四）现金审计的方法

现金审计采取就地审计的方式。

1. 清点现金库存量

（1）采取突击方式查封现金账、收支凭证、保险柜等，以利于清点的现金库存量具有真实性，也利于清后现金的处理。如果出纳员因故不在查封现场，也要先查封，待其赶到时讲清原因、启封清点。

（2）现金清点一般由审计人员、被审计单位主管财务领导、其他与现金管理无关人员参加，由现金出纳员与审计人员共同清点，一人主点一人复点，其他人员在场监点作证。

（3）清点中详细记录库存现金票种、其他代管代办事项等。

2. 审查出纳员手中的已收讫、付讫凭证

包括清点库存现金时尚未记入日记账、或已记日记账尚未传递给会计员记账的凭证。特别要注意有无不合理不合法、涂改伪造、侵占挪用公款、挥霍浪费、集体私分、个人贪污的凭证。

3. 审查现金日记账

出纳员应将收支业务随时登记日记账，结出现金余额。要查明会计员账务的现金余额与出纳员同期的现金余额是否一致，有无超出规定范围、限额使用现金，有无单位之间违反规定大量借用现金，有无利用账户套取现金，有无坐支现金，有无集体私分或个人贪污利息等问题。

4. 审查有价证券

重点是:各种有价证券是否详细登记(包括证券名称、年度及日期、面额、张数、号码),核对有价证券保管数量有无差错,已兑换的有价证券本息是否入账,有兑奖的有价证券是否有中奖的。

5. 清查“小金库”

“小金库”是指在合法账簿和库存现金之外,非法筹集和转移现金,供本单位或少数人支配,用于不正当开支的舞弊行为。可以采取突然查库、发动群众举报等办法,查清“小金库”的资金来源及开支去向。

6. 提出查处意见

(1) 多款少款数额很小的,由出纳员加以说明,不作问题处理,多款归公,少款由其补齐。

(2) 多款少款较大的,追查原因,是否有公私不分、涂改手中收支凭证、赃款未及拿走、侵占挪用、私设“小金库”等问题,有违法违纪问题的,整理材料报转行政领导、纪检监察或司法部门处理。

(3) 超过库存限额较大的,立即送存银行或收归农经中心代管。

(4) 出纳员严重不符合财会人员条件的,提出更换人员的建议。

二、银行存款审计

(一) 银行存款审计的内容

审查银行存款日记账账面余额的真实性,审查银行存款日记账记载存款业务的合法性,审查银行支票以及其他银行结算凭证使用的合规性。

(二) 银行存款审计中可能发现的弊端

(1) 收付银行存款不入账,收到的转账支票存入银行不记账,同时用现金支票提出相同的现金、或开出相同的转账支票私购实物也不记账,一是隐瞒收入,贪污挪用现金或贪污实物;二是代人转存套取现金,或代人非法套购物资,从中收取贿赂捞取好处。

(2) 利用银行存款余额长期账账不符、账款不符的混乱状态,私开现金支票进行贪污,或开转账支票私购实物不入账。

(3) 更改银行存款账面结存余额,保持假平衡和假相符。

(4) 私借空白支票等给他人或出借银行账户牟取私利。

(三) 银行存款审计的方法

(1) 审查银行存款内部控制制度,包括支票与印鉴分人保管,存款日记账与总分类账分人登记,支票购买、登记、使用制度,定期对账制度等。

(2) 核对总分类账银行存款余额与日记账余额是否相符。

(3) 核对银行存款日记账余额与银行对账单余额是否相符,未达账项经过调节仍有差额的,要追踪审计,弄清差额产生的原因、违纪问题的性质与责任。

(4) 审查尚未传递给会计员的收付凭证,包括已入和未入银行存款日记账的凭证。

(5) 逐笔核对银行存款日记账与银行对账单。

(6) 审查银行支票和其他结算凭证使用是否合乎规定。

三、交乡镇代管款审计

村集体经济组织的货币资金交乡镇农经部门代管,是江苏农村大部分地区自实行家庭承包经营制度以来,农村财务管理的一项基本制度,对于原有集体积累资金的保值增值、当年财务收支按计划按时序办理、防止财务混乱起到积极作用。集体资金“村有镇管”,与税费改革前后推行的集体财务“村账镇记”,被统称为农村财务“双代管”制度。

(一) 交乡镇代管款审计的内容

审查交乡镇代管款内部管理制度,审查交乡镇代管款日记账,查实交乡镇代管款实有数。

(二) 交乡镇代管款审计的方法

(1) 审查交乡镇代管款管理制度是否健全并认真执行。制度包括:① 设置交乡镇代管款日记账,逐笔登记代管资金增减变动情况;② 各项收入所收现款或超过库存现金限额的现款及时送镇代管,凭乡镇农经部门的“代管资金收款凭证”入账;③ 拨付代管资金需符合财务收支及资金使用计划,填写“代管资金付款凭证”,经村财务主管签章、乡镇农经中心审批;④ “代管资金付款凭证”视同现金支票管理,连号顺序使用;⑤ 农经中心按月(季)出具代管资金对账单,定期与村会计核对余额,保持账账、账款相符。

(2) 核对总分类账交乡镇代管款账户余额与交乡镇代管款日记账的余额是否相符。

(3) 核对交乡镇代管款日记账余额与农经中心对账单余额是否相符。未达账项经过调节仍有差额的要追踪审计,弄清差额产生的原因、违纪问题的性质与责任。

(4) 审查尚未传递给会计员的已入和未入代管款日记账的收付凭证。

(5) 审查“代管资金收款凭证”、“代管资金付款凭证”的登记、保管与使用,是否专人负责保管、设簿登记其领用与销号情况。已用凭证的日期和编号是否顺时按序。

四、财产物资审计

(一) 固定资产审计

1. 固定资产审计的内容

(1) 审查固定资产管理制度,包括保管、保养、损坏丢失责任、报废批准等内部控制制度是否健全并得到有效执行。

(2) 审查固定资产实存数量,重点清点较贵重、流动性较大、年内发生过增减变动的固定资产。

(3) 审查固定资产涉及的资产负债表、总分类账、固定资产明细账,了解固定资产增减变化情况。

(4) 审查固定资产计提折旧和提取折旧的办法。

(5) 审查农用土地出卖、出租、入股经营情况。

2. 固定资产审计中可能发现的弊端

(1) 违背财务制度规定,不提或少提折旧。

(2) 滥用职权压价出售不需用的固定资产,卖给亲友捞实惠,损害集体利益。

(3) 报废固定资产的残值不入账,转入“小金库”,集体挥霍浪费。

(4) 用高价购同样质量甚至不合格的固定资产,捞取回扣中饱私囊。

(5) 与基建、安装承包单位暗中勾结,高价出包,从中捞取回扣。

(6) 在基建工程中多报材料搞私人建筑。

(7) 购买固定资产多报费用,从中贪污。

(8) 严重失职,导致固定资产遭受严重损失。

3. 固定资产审计的方法

（1）查看固定资产内部控制制度建立与落实状况，通过现场观察或座谈调查，抓住薄弱环节，确定审查重点。

（2）核对总分类账固定资产账户余额与固定资产明细账余额是否相符，查明不符原因。

（3）查看出纳员手中有关固定资产增加减少的凭证，做好记录，以备清点实存数时使用。

（4）以固定资产明细表和出纳员手中固定资产增减记录为准，逐项逐件核准固定资产实存数，查明盘盈盘亏的原因。

（5）通过详查固定资产明细账和凭证，审查固定资产增减变动是否合理合法。重点查明固定资产购建、改建、扩建中，有无可以自己做而不做、同样质量可以低价购进而买高价甚至质次价高的，或者购进不需使用、暂不使用的固定资产的问题，查明固定资产出售、投资、发包、出租、赠送有无价格过低或无故外赠等问题及其原因所在。

（6）查清是否按规定计提固定资产折旧。

（7）查清各种农用土地（包括荒山、荒沟、荒水、荒滩等“四荒”）的出卖、出租、投资入股的情况，查明土地补偿费、出售或发包“四荒”收入、入股分红收入等，是否按规定正确处理了集体积累、劳动力补偿、增加集体收入之间的关系，有无个人或集体营私舞弊等违纪问题。

（二）物资审计

物资审计的重点是：

（1）审查物资内部控制制度，包括保管责任制、入库清点验收、出库批准签章、定期盘点核对等制度。

（2）审查物资出入库手续是否健全，有无任意出入库现象。

（3）听取群众反映，审查物资采购费用方面的问题，查清有问题的出库物资的真实去向及是否合理合法，作出结论。

（三）无形资产审计

（1）确定无形资产的存在和所有权。由于无形资产不具有实物形态，不可能进行实地盘查，要证实无形资产的存在和所有权，必须依据有关合同文件、协议契约、购入或开发无形资产的原始凭证，将各种来源证据相互核对，查明不存在的原因，根据具体情况作出审计结论。

（2）审查无形资产增减是否真实、合理，计价是否正确、合法。

第四节　村级财务收支审计

一、村级财务收支审计概述

（一）村集体经济组织的基本任务

村集体经济组织具有生产服务、管理协调和资产积累三项基本任务。它作为集体所有制的代表，对土地、山林、果树、水面等自然资源及集体财产行使发包权，承担承包者生产生活的各项服务，根据集体经济实力和自然条件，兴办经济实体，联营办企业，对内对外进行投资，逐步壮大集体经济。

(二) 村级财务收支审计的主要内容

(1) 一切经济活动是否正确地贯彻执行了国家的财经工作方针、政策和财务管理制度。

(2) 生产经营活动是否合理、合法和有效。

(3) 在处理国家、集体和个人关系上是否贯彻了"三兼顾"的原则。

(4) 各项业务处理有无差错。

(三) 日常财务收支审计的基本内容

(1) 审查监督财务收支预决算。

(2) 审查监督会计凭证、账簿和表册。

(3) 审查监督库存现金、银行存款和交乡镇代管款。

(4) 审查监督库存物资、固定资产及债权债务。

(5) 审查监督"一事一议"筹资筹劳。

(6) 审查监督群众提出的质疑和检举揭发的财务管理方面的问题。

(四) 日常财务收支审计的形式

以报送审计为主,附以就地审计。报送审计重在账、证、表、册的核查,尤其是违章、违纪单据的审查;就地审计重在实地盘查现金、实物、物资、固定资产。

(五) 财务收支审计中可能发现的问题

(1) 收入不进账或多收少进账。

(2) 报销不合理开支。

(3) 虚报支出,直接或变相贪污。

(4) 账物不符,集体财产被个人占用。

(六) 审计发现问题的处理办法

(1) 对于收入不入账问题,光靠审查账据是不行的,必须发动群众提供收入来源,再逐项核实是否入账、入账数与对方支付数是否一致。

(2) 对于不合理开支问题,应与有关政策规定和财务制度对照,检验支出是否合理。

(3) 对于虚报支出问题,应根据有关线索重点查账据,了解市场同类物品或劳务的价格,必要时与供货方或服务方联系,讲策略、有重点地进行核实。

(4) 对账物不符问题,采取账实核对、追根究底的办法澄清事实。

(5) 对审计过程中初步认定的问题,抓住关键搜集证据,复制原始凭证,或由有关人员写证明材料,或采取其他证明方式,以充分证据为审计结论提供依据。

二、各项收入审计

村集体经济组织收入来源包括:① 集体资源、财物发包收入,包括土地等资源承包金、企业上交利润;② 取消农业税后财政补助收入;③ 村集体直接经营项目的收入,为农户提供服务收取的服务收入;④ 对内对外投资收入;⑤ 利息等其他收入。

(一) 农村集体经济承包合同审计

1. 合同格式和手续的审计

(1) 审查合同格式。是否使用农经部门统一设置印制的合同书,合同条款是否清楚、正规、完备。

(2) 审查合同签订的程序和履行的手续。签订承包合同是否经过民主程序,公开竞标,经农经部门鉴证或公证;有无仗权承包或不正当关系承包现象;发包、承包双方是否签章;鉴证或公证机关是否加盖公章。

2. 合同条款的审计

(1) 标的审计。审查承包的集体生产资料和自然资源是否明确，承包方是否取得承包经营权并承担一定义务，发包方有无权力发包。

(2) 承包指标审计。审查合同的承包金额是否合理。

(3) 承包期限审计。审查承包期限是否符合国家政策规定，有利鼓励农民增加投资、改善生产条件，有利稳定和完善家庭承包责任制，增加集体和承包者的收益；是否与承包项目的生产周期相吻合。

(4) 发包、承包双方权利义务的审计。审查合同双方的权利义务是否明确、是否对等，有无明显偏袒一方的现象。

(5) 审查变更和解除合同条款是否明确规定、是否符合合同变更和解除的条件。

(6) 违约责任条款的审计。审查违约及承担责任的条款是否具体明确，不履行或不完全履行哪项义务、必须承担违约责任的形式、比例和款项。

3. 合同兑现的审计

(1) 承包方兑现合同的审计。审查承包金等承包指标是否按规定时间、数量完成，查明未兑现或未完全兑现的原因。

(2) 发包方兑现合同的审计。审查发包方是否按合同提供服务，有无以大压小现象。

4. 承包经营收入审计

(1) 审查承包上交款是否符合国家政策规定，有无合同外增加农民负担现象。

(2) 审查农户承包上交款是否全部入账，核对账面承包金与农户明细账上交合计数是否相符。

(3) 审查各户上交任务完成情况，将分户明细账中各户应交款、实交款张榜公布核对，分析未完成任务的原因，是否经群众讨论、村干部批准、提交缓还计划。

(4) 审查账务处理是否正确，有无收入不入账而收支相抵、与其他交款相互混淆的现象。

(二) 集体经营收入审计

(1) 各项收入是否真实、合理，入账是否及时、完整，有无收入不入账、迟入账现象。

(2) 收款手续是否完备、正确，有无收款不开票、早收款迟开票现象。

(3) 收款票据管理是否严格，领用销号是否登记备查，有无票据丢失、毁损、编码错乱现象。

(4) 产品出售价格是否合理、定价是否民主公开。

(5) 采伐林木有无滥砍滥伐盗伐问题。

(三) 补助收入的审计

(1) 财政转移支付资金中安排的村级运转资金是否按规定比例。

(2) 补助资金预算安排的支出项目及标准是否符合有关规定，现阶段规定安排村干部报酬、五保户供养费、村级办公经费等三项基本支出，其中财政转移支付，有无安排不应村级列支的项目，或不按标准安排基本支出的问题。

(3) 补助资金是否及时、足额拨入农经部门代管的村级资金账户，有无截留、挪用、用其他项目抵顶村级补助资金的问题。

(4) 补助资金是否按预算安排支出，有无年初有预算、年中无拨款的问题。

(5) 补助资金拨入、使用的凭据是否合乎规定，手续是否完整，账务处理是否及时、正确。

(四) 投资收益的审计

(1) 投资业务内部控制制度是否健全并严格执行。

(2) 投资审批人和经办人的权限、责任是否明确。

(3) 投资业务包括投资决策、评估、收回、转让及核销，是否实行集体决策，有无违背程序个人擅自决定或改变集体决策意见的问题。

(4) 投资合同或协议等文件资料是否齐全、管理是否规范。

(5) 投资获取的利息、股利及其他收益是否按期、如数入账，有无有投资而无投资收入、或未按原定分成比例分利的问题。

(6) 对外投资或收回投资的实际价值与账面价值有差额时，定价是否合理，账务处理是否正确。

三、各项支出审计

(一) 经营支出审计

审查集体直接经营所发生的支出是否合理、合法、合乎支出计划，有无盲目追求高投入、不讲经济效益的问题，有无伪造支出单据、重报冒领等贪污舞弊现象，有无将基建支出与经营支出相互混淆的问题。

(二) 管理费用审计

村级管理费用包括干部报酬、电话费、水电费、报刊费、文印费、差旅费、办公用品等。重点审查：

(1) 各项支出是否制定定项限额标准，支出范围和标准是否符合有关制度规定，管理责任是否落实。

(2) 实际支出是否超出规定的范围和标准。

(3) 支出凭证是否正规、报销手续是否完备，大额费用开支是否集体会签。

(4) 干部报酬是否经乡镇考核、审批。

(5) 支出票据是否经民主理财审核。

(三) 福利费用审计

村级福利费用包括用于集体福利、文教卫生等方面的支出(不包括公益设施支出)，“五保户”供养费，贫特困户补助，计划生育支出，干部养老金，农民因公伤亡的医疗费、生活补助及抚恤金等。重点审查：

(1) 支出是否符合计划。

(2) 供养、照顾的对象和标准是否经民主评议。

(3) 干部养老是否按规定范围和标准并经过乡镇审批。

(4) 报销凭证是否合规、手续是否完备。

(四) 其他支出审计

村级其他支出包括借款利息、财产物资损失、抗洪抢险费用等。重点审查：

(1) 利息支出与借款本金的期限、利率是否相应，有无多计息、重复计息、无本付息的问题。

(2) 财产物资损失的原因和责任是否明确，是否经过群众讨论、上报批准。

(3) 抗洪抢险费用是否真实、合理，报销手续是否完备。

四、收益分配审计

(一) 收益审计

(1) 对照年度财务收支计划，各项收入和支出是否全面入账，是否全部结转到收益账户。

(2) 审查承包收益是否适当，有无负担过重、额外收费的问题。

(3) 审查承包收益完成及入账情况。

(4) 审查直接经营收益是否真实、正确。

(5) 按照权责发生制原则，审查纳入当年分配的收益是否恰当，有无不属于当年收益的收入，如以后年度的收入或专项资金、代管资金等。

(二) 收益分配审计

(1) 审查收益分配方案是否坚持统筹兼顾、综合平衡原则，是否体现正确处理国家、集体、个人三者利益关系。

(2) 审查收益分配是否经过群众讨论和乡镇审批，分配结果是否公布于众。

五、一事一议资金审计

(一) 资金筹集审计

重点审查：

(1) 资金筹集标准、负担对象是否符合有关政策规定，有无超标准筹资、强行以资代劳问题。

(2) 减免负担的对象、资金使用方案是否经村民代表会议讨论通过，有无超越自身实力、负债办事问题。

(3) 按照“一事一议”筹资方案，收取的资金是否全面入账，有无被侵占或挪作他用。

(二) 资金使用审计

重点审查：

(1) 是否按经群众讨论通过的方案使用资金，有无改变资金用途、平调资金问题。

(2) 数额较大的工程项目是否经过公开竞标，有无暗箱操作、从中牟利问题。

(3) 工程在建过程中是否有群众代表参与监督质量和进度，有无“豆腐渣”工程、限期拖延现象。

(4) 账务处理是否及时、正确，有无与其他资金使用界限相混淆问题。

(5) 资金使用情况是否及时、全面向群众公布。

(三) 一事一议资金审计要点

(1) 审查有关资料，包括村委会研究记录，村民会议或村民代表会议讨论记录，乡镇政府审批方案，测算到户明细表，工程项目竞标承包合同或协议，资金收取、使用、入账核算情况。

(2) 实地考查资金使用项目的进展、完成情况。

(3) 听取群众意见。

(4) 综合各方面资料，寻找薄弱环节，分析存在问题原因，提出改善管理意见。

六、代管资金审计

（一）专项资金审计

专项资金主要指国家专项投资或补贴资金，如农业基本建设资金、救灾扶贫资金等。重点审查：

（1）专项资金是否及时、足额拨付，入账核算是否正确。

（2）专项资金使用是否符合政策规定、是否有效利用，有无侵占、挪作他用问题。

（3）专项资金使用结果是否向群众公布，接受群众监督。

（二）土地征用补偿资金审计

土地征用补偿资金一般包括土地补偿费、劳力安置费、青苗补贴费等。重点审查：

（1）土地征用补偿资金是否及时、足额拨入村级账户，有无被侵占、挤占问题。

（2）是否区分资金性质分别入账核算。

（3）各种补偿资金的使用是否符合政策规定，有无超出规定范围和标准使用的问题。

（4）各种补偿资金的发放是否民主、公开，有无以权谋私、特权多占、分配不公的问题。

（5）集体应得部分是否按规定比例增加集体积累，有无多分或分空、损害集体利益的问题。

（6）资金发放清单是否经过民主理财，向群众公布，有无虚报冒领、重复支出的问题。

（7）以补偿资金转为投资入股或债权的，其协议手续、条款是否完备。

（三）其他代管资金审计

重点审查：

（1）资金来源和性质有无违反国家政策、财务管理制度的规定。

（2）是否按项目设置账户，分别核算各自的收入、拨付、结余，有无相互混淆或与其他资金混淆使用的问题。

（3）代管资金是否有货币资金保证，有无被侵占、挪作他用或超余额拨付的问题。

七、农村用工审计

（一）农村用工范围

村内农田水利基本建设、修建村级道路、植树造林等集体生产和公益事业所需劳务。

（二）农村用工审计内容

（1）用工范围是否符合规定，有无跨村用工又未采取借工、换工或有偿用工的办法，有无无偿动用农村劳力的问题（除遇防洪抢险等紧急任务经县以上人民政府批准临时动用农村劳力外）。

（2）用工项目是否符合村民代表议事内容，未经村民代表讨论决定的建设项目不得筹劳，筹劳未用于村民议定的建设项目，村民有权拒绝承担筹劳任务或拒绝出工。

（3）实际用工量是否突破规定限额，实行以资代劳的其用工折币是否超过代劳金额，实行用工平衡结算的其实用工日是否超过批准的总工日（每劳 5 个工日左右，最高不超过 8 个工日）。

（4）派工用工的手续是否完备，派工人、出工人、审批人是否签章，出工事由是否具体、合理、必须，有无虚报用工、实为列支招待费等不合理开支的问题。

（5）工价是否根据农忙农闲、劳动强度等合理确定。

(6) 用工记录是否详细，各户出工数与用工总量是否相符，实际用工是否分项目、按农户予以公布，用工凭证是否经过民主理财审核。

第五节　农村干部经济责任审计

一、农村干部经济责任审计概念和特点

(一) 农村干部经济责任审计概念

农村干部经济责任审计指农村审计机构，以国家法律、法规、政策为依据，按照干部责任制目标要求，在一定期间或干部离任时，对其任职期间履行经济责任情况进行审查、评价和鉴证的一种专门审计。

(二) 农村干部经济责任审计特点

(1) 审计职能的多样化，包括经济监督职能，对干部任期目标完成情况的评价职能，对干部履行经济责任状况和经济业绩的公证职能。

(2) 审计依据的多样化，一方面以国家法律、法规、政策作为审计依据，另一方面以被审计干部所在单位的规章制度和干部任期目标责任作为审计依据。这是农村干部经济责任审计区别于其他审计的一个重要特征。

(3) 审计内容的广泛性，不仅进行财务收支审计、财经法纪审计、经济效益审计、经营管理审计，还对任职期间的经营业绩进行评价，对其经济责任进行界定。

二、农村干部经济责任审计原则和方法

(一) 农村干部经济责任审计原则

(1) 依法审计原则。以事实为依据，以法律为准绳，是我国社会主义法制的基本原则，也是农村干部经济责任审计的基本要求。

(2) 责权统一原则。农村干部任职后，既享有对生产经营活动的决策权，也对行使权力的行为和后果承担相应的责任，这种权利和责任应该是统一的。

(3) 实事求是、客观公正原则。注重事实，根据真实情况和符合客观实际的材料，认真、全面地分析研究问题，切忌主观片面、先入为主，分明是非、分清主次责任、准确定性。既充分肯定成绩，又查出农村干部违法乱纪事实，保护农村干部的工作积极性。

(4) 群众路线原则。避免单纯审查账据等“死材料”，从群众中了解有用的活材料，与账据资料相互验证，得出正确结论，既可防止局限性，也更加符合党的政策和群众意愿。

(5) 全局利益原则。个人利益不得损害集体利益，集体利益不得损害国家利益，经济效益不得损害社会效益和生态效益。防止和制止少数农村干部为捞取资本、扩大政绩，采取急功近利的短期行为，保护国家、集体和社会公共利益不受侵害。

(二) 农村干部经济责任审计方法

(1) 查账法。一方面，对被审计单位的会计资料进行详细周密的检查，以确定其是否真实正确、合理合法，并对会计工作质量作出正确的评价；另一方面，对被审计单位的集体资源资料、资产利用情况资料、内部控制制度建设资料等进行认真的审查，从中发现问题、寻找线索，为最终达到审计目的打好基础。

(2) 调查法。这是农村干部经济责任审计所必需的一种方法。既要通过召开座谈会、

访问重点人员等方式，倾听知情人对某些事实现象和问题的看法，还要通过实地观察，掌握被审计单位的生产经营管理、财物保管、资源利用、内部控制制度的执行情况。对审计过程中发现的疑点问题，要通过调查弄清事实真相；对重大的违纪违法问题，还要跟踪调查，以取得必要的证据。

（3）分析法。通过对审计项目内容的分析，揭示其本质，探求其构成要素间的相互关系；通过对调查了解情况的分析，去伪存真，从中获得有价值的资料；通过对查账获得的资料进行对比分析，借以客观评价干部任期目标或经济指标完成情况，作出正确的审计结论。

三、农村干部经济责任审计内容

（一）审查和评价经营目标的合理性、完整性及主要经济指标的完成情况

重点审查经济指标是否切合实际，计算是否准确，参照的基数是否属实。如果经营目标脱离实际或不全面，应及时提出处理意见；如果经营目标基本合理，则应以此为依据，通过对比的方法，用任职期末实绩与任期目标对比、与任职初期相应指标对比，对经营目标的完成情况、工作实绩作出评价。

（二）审查财务收支活动的合法性、合规性及经营成果的真实性、效益性

（1）财务收支审计：① 审查各项收入，农民承包上交是否符合政策规定，集体经营收入是否真实准确，其他各种收入是否全面入账，账务处理是否坚持收支两条线；② 审查各项支出，是否真实可靠，有无虚报冒领、乱支滥用现象，有无超过费用开支限额标准、追求高投入而不讲经济效益的现象；③ 审查收益分配，集体收益是否真实，分配是否合理，干部报酬是否超过规定并经过批准，农民所得是否兑现，收益分配有无违反政策的现象。

（2）集体资产管理使用情况审计：是否建立管理使用制度并坚持执行，对各种财物、设备的维修保养是否得当，账实是否相符，有无丢失、毁损、非法转让、转卖、干部及亲属长期无偿占用问题。

（3）集体债权债务真实性、合法性审计：是否存在利用职权长期占用集体资金、用虚增债权来虚增收入的问题，是否存在长期收不回的无效债权，是否虚增债务，是否有偿还债务的资金来源，新增债权债务是否合理、是否经过民主决策，债务对未来经济活动的潜在影响，作出客观评价。

（三）审查经营决策的科学性、可行性

包括：

（1）是否具有经济上、技术上的可行性。

（2）是否贯彻民主原则、经过充分讨论和严密论证。

（3）是否达到预期目的，对其成功与失误造成的后果作出评价。

（4）是否正确处理眼前利益与长远利益的关系，有无短期行为。

（四）审查法律法规和政策执行情况

包括：

（1）是否执行农业承包合同法规，自觉维护农业承包合同的法律效力，有无单方毁约或撕毁承包合同现象。

（2）是否执行农村土地承包法规，依法处理土地发包、承包经营权流转、土地承包纠纷。

（3）是否执行国家减轻农民负担政策，规范村内一事一议筹资筹劳行为。

（五）农村干部经济责任审计评价

包括：

（1）财务责任方面的审计评价，即干部任职期间，在管理使用集体财产方面应承担及履行责任情况的评价。

（2）经营管理责任方面的评价，即干部在行使经营管理权时，对有效地组织生产经营活动，提高经济效益方面应承担及履行责任情况的评价。

（3）财经法纪责任方面的审计评价，即干部任职期间，对直接或间接违反财经法纪行为应承担的责任。

（六）农村干部经济责任审计评价原则

实事求是、客观公正，既揭露问题，也肯定成绩。在确定经济责任时，分清主流与支流、前任与后任、直接与间接、主观与客观、失误与舞弊的界限。

四、农村干部离任审计

（一）农村干部离任审计概念

农村干部离任审计指对农村干部整个任职期间所承担经济责任履行情况所进行的审查、鉴定和总体评价活动。农村干部包括：村支书、村主任、村会计，农村企业的厂长、经理。离任的类型：升任、调离、退休、免职等。

（二）农村干部离任审计内容

《中华人民共和国村民委员会组织法》第三十五条规定，村民委员会成员实行任期和离任经济责任审计，审计包括下列事项：

（1）本村财务收支情况。

（2）本村债权债务情况。

（3）政府拨付和接受社会捐赠的资金、物资管理使用情况。

（4）本村生产经营和建设项目的发包管理以及公益事业建设项目招标投标情况。

（5）本村资金管理使用以及本村集体资产、资源的承包、租赁、担保、出让情况，征地补偿费的使用、分配情况。

（6）本村五分之一以上的村民要求审计的其他事项。

村民委员会成员的任期和离任经济责任审计，由县级人民政府农业部门、财政部门或者乡、民族乡、镇的人民政府负责组织，审计结果应当公布，其中离任经济责任审计结果应当在下一届村民委员会选举之前公布。

（三）农村干部离任审计的“三个结合”

（1）查账与听取群众意见相结合，既要认真审查账务，又要听取群众反映。

（2）查账与分析相结合，在查账的同时，还要查阅分析承包合同等经济活动的相关资料，以便全面分析问题。

（3）内查与外调相结合，重点问题必须调查验证。

第四章

村务、财务公开与农村民主管理

第一节 村务公开

一、村务公开的内容

《中华人民共和国村民委员会组织法》第三十条规定，村民委员会实行村务公开制度。村民委员会应当及时公布下列事项，接受村民的监督：

(1) 按规定应由村民会议、村民代表会议讨论决定的事项及其实施情况。

(2) 国家计划生育政策的落实方案。

(3) 政府拨付和接受社会捐赠的救灾救助、补贴补助等资金、物资的管理使用情况。

(4) 村民委员会协助人民政府开展工作的情况。

(5) 涉及本村村民利益，村民普遍关心的其他事项。

上述规定事项中，一般事项至少每季度公布一次；集体财务往来较多的，财务收支情况应当每月公布一次；涉及村民利益的重大事项应当随时公布。

村民委员会应当保证所公布事项的真实性，并接受村民的查询。

二、村务公开的相关要求

(1) 村民委员会应当实行少数服从多数的民主决策机制和公开透明的工作原则，建立健全各种工作制度。

(2) 村民委员会不及时公布应当公布的事项或者公布的事项不真实的，村民有权向乡、民族乡、镇的人民政府或者县级人民政府及其有关主管部门反映，有关人民政府或者主管部门应当负责调查核实，责令依法公布；经查证确有违法行为的，有关人员应当依法承担责任。

(3) 村应当建立村务监督委员会或者其他形式的村务监督机构，负责村民民主理财，监督村务公开等制度的落实，其成员由村民会议或者村民代表会议在村民中推选产生，其中应有具备财会、管理知识的人员。村民委员会成员及其近亲属不得担任村务监督机构成员。村务监督机构成员向村民会议和村民代表会议负责，可以列席村民委员会会议。

(4) 村民委员会成员以及由村民或者村集体承担误工补贴的聘用人员，应当接受村民会议或者村民代表会议对其履行职责情况的民主评议。民主评议每年至少进行一次，由村务监督机构主持。

村民委员会成员连续两次被评议不称职的，其职务终止。

(5) 村民委员会和村务监督机构应当建立村务档案。村务档案包括：选举文件和选票，会议记录，土地发包方案和承包合同，经济合同，集体财务账目，集体资产登记文件，公益设施基本资料，基本建设资料，宅基地使用方案，征地补偿费使用及分配方案等。村务档案应当真实、准确、完整、规范。

第二节　财务公开

一、财务公开概述

按照《农村集体经济组织财务公开规定》，村集体经济组织实行财务公开制度。村集体经济组织应当将其财务活动情况及其有关账目，以便于群众理解和接受的形式如实向全体成员公开，接受成员监督。实行村级会计委托代理服务的，代理机构应当按规定及时提供相应的财务公开资料，并指导、帮助、督促村集体经济组织进行财务公开。

二、财务公开的内容

财务公开的内容包括财务计划、收入支出、农村集体“三资”、债权债务、收益分配等。具体有八个方面：

(1) 财务计划，包括财务收支计划，固定资产购建计划，农业基本建设计划，公益事业建设及“一事一议”筹资筹劳计划，集体资产经营与处置、资源开发利用、对外投资等计划，收益分配计划，经村集体经济组织成员会议或成员代表会议讨论确定的其他财务计划等。

(2) 各项收入，包括产品销售收入、租赁收入、服务收入等集体经营收入，发包及上交收入，投资收入，“一事一议”筹资及以资代劳款项，村级组织运转经费财政补助款项，上级专项补助款项，征占土地补偿款项，救济扶贫款项，社会捐赠款项，资产处置收入，其他收入等。

(3) 各项支出，包括集体经营支出，村组(社)干部报酬，报刊费支出，办公费、差旅费、会议费、卫生费、治安费等管理费支出，集体公益福利支出，固定资产购建支出，征占土地补偿支出，救济扶贫专项支出，社会捐赠支出，其他支出等。

(4) 各项资产，包括现金及银行存款，产品物资，固定资产，农业资产，对外投资，其他资产。

(5) 各类资源，包括集体所有的耕地、林地、草地、园地、滩涂、水面、“四荒地”、集体建设用地等。

(6) 债权债务，包括应收单位和个人欠款，银行(信用社)贷款，欠单位和个人款，其他债权债务等。

(7) 收益分配，包括收益总额，提取公积公益金数额，提取福利费数额，外来投资分利数额，成员分配数额，其他分配数额。

(8) 其他需要公开的事项。

此外，村集体经济组织还应当对下列事列，逐项逐笔实行专项公开，包括集体土地征占补偿及分配情况，集体资产资源发包、租赁、出让、投资及收益(亏损)情况，集体工程招投标及预决算情况，“一事一议”筹资筹劳及使用情况，其他需要进行专项公开的事项等。

三、财务公开的形式

村集体经济组织财务公开，应设置固定的财务公开栏。财务公开栏应设在群众集中聚居地带、主要交通路口等群众方便阅览的地方。财务公开栏的格式、内容等由县级农村集体经济经营管理部门统一规定。同时还可以通过广播、网络、“明白纸”、会议、电子触摸屏等其他有效形式辅助公开。

四、村集体经济组织成员的监督权

村集体经济组织成员对财务公开享有下列监督权：

(1) 有权对所公布的财务账目提出质疑。

(2) 有权委托民主理财小组查阅审核有关财务账目。

(3) 有权要求有关当事人对有关财务问题进行解释或解答。

(4) 有权逐级反映财务公开中存在的问题，提出意见和建议。

五、村集体经济组织民主理财小组的监督权

村集体经济组织民主理财小组行使下列监督权：

(1) 参与制定本村集体的财务计划和各项财务管理制度。

(2) 审核原始凭证，查阅有关财务账目及相关的经济活动事项，否决不合规开支。对否决有异议的，可提交村集体经济组织成员会议或成员代表会议讨论决定。

(3) 对财务公开情况进行检查和监督，对公开中有关问题提出处理建议。

(4) 向上一级部门反映有关财务和公开中的问题。

六、财务公开的有关要求

(1) 村集体经济组织应当建立以群众代表为主组成的民主理财小组，对财务公开活动进行监督。民主理财小组成员由村集体经济组织成员会议或成员代表会议从村务监督机构成员中推选产生，其成员数依村规模和理财工作量大小确定，一般为 3 至 5 人；村干部、财会人员及其近亲属不得担任民主理财小组成员。

(2) 村集体经济组织财务至少每季度公开一次；财务往来较多的，收支情况应当每月公开一次，具体公开时间由所在地县级以上农村经营管理部门统一确定。对于多数成员或民主理财小组要求公开的内容，应当及时单独进行公开。涉及集体经济组织及其成员利益的重大事项应当随时公开。

(3) 村集体经济组织财务公开内容必须真实可靠。财务公开前，应当由民主理财小组对公开内容的真实性、完整性进行审核，提出审查意见。财务公开资料经村集体经济组织负责人、民主理财小组负责人和主管会计签字后公开，并报乡(镇)农村经营管理部门备案。

(4) 村集体经济组织财务公开后，主要负责人应当及时安排专门时间，解答群众提出的质疑和问题，听取群众的意见和建议。对群众反映的问题要及时答复解决；一时难以答复解决的，要作出解释。不得对提出和反映问题的群众进行压制或打击报复。

(5) 乡(镇)、村两级要建立村集体经济组织财务公开档案管理制度，及时搜集、整理财务公开档案，并妥善保存。财务公开档案应当包括财务公开内容及审查、审核资料，成员意见、建议及处理情况记录等。

(6) 村集体经济组织民主理财小组应当自觉接受村党支部和村务监督机构的工作指导，依法依规履行监督职责，定期向成员会议或成员代表会议汇报民主理财和财务公开监督工作情况，不得徇私舞弊、滥用职权。理财小组成员监督不力、怠于履行职责的，成员会议或成员代表会议应当终止其职务。

(7) 县级以上农村经营管理部门和乡(镇)党委、政府行使下列指导和监督职责：

① 指导和监督村集体经济组织依照《农村集体经济组织财务公开规定》实行财务公开。

② 指导和监督村集体经济组织建立健全财务公开制度。

③ 对财务公开中存在的问题进行查处。

(8) 对违反《农村集体经济组织财务公开规定》的村集体经济组织和会计委托代理服务机构，由县级以上农村经营管理部门和乡(镇)党委或政府责令限期纠正；仍不纠正的，由县级纪检监察机关和乡(镇)党委或政府依照有关规定给予相关责任人相应处分。

(9) 县、乡(镇)两级应将执行《农村集体经济组织财务公开规定》纳入党委和政府工作的目标管理，作为考核乡(镇)、村两级干部的重要内容，定期检查和监督。

第三节　农村民主管理

一、农村民主管理的概念

就本义而言，民主是指多数人的统治，或叫人民的统治，即最终的政治决定权不依赖于个别人或少数人，而是特定人群或人民全体的多数。在古代希腊的共和国，民主是贵族与自由民中多数议决的体制。就形式而言，民主分为直接民主与间接民主，前者是指多数直接参与政治决定的制度，后者则是公民通过自己的代表进行决策的制度。农村民主管理是指由全体村民或者村民代表通过召开村民大会或村民代表大会决定本村重大事项的一项制度。

二、村民委员会

村民委员会是村民自我管理、自我教育、自我服务的基层群众性自治组织，实行民主选举、民主决策、民主管理、民主监督。

村民委员会办理本村的公共事务和公益事业，调解民间纠纷，协助维护社会治安，向人民政府反映村民的意见、要求和提出建议。村民委员会向村民会议、村民代表会议负责并报告工作。

村民委员会根据村民居住状况、人口多少，按照便于群众自治，有利于经济发展和社会管理的原则设立。村民委员会的设立、撤销、范围调整，由乡、民族乡、镇的人民政府提出，经村民会议讨论同意，报县级人民政府批准。村民委员会可以根据村民居住状况、集体土地所有权关系等分设若干村民小组。

中国共产党在农村的基层组织，按照中国共产党章程进行工作，发挥领导核心作用，领导和支持村民委员会行使职权；依照宪法和法律，支持和保障村民开展自治活动、直接行使民主权利。

乡、民族乡、镇的人民政府对村民委员会的工作给予指导、支持和帮助，但是不得干预依法属于村民自治范围内的事项。村民委员会协助乡、民族乡、镇的人民政府开展工作。

村民委员会由主任、副主任和委员共三至七人组成。村民委员会成员中，应当有妇女成员，多民族村民居住的村应当有人数较少的民族的成员。对村民委员会成员，根据工作情况，给予适当补贴。

村民委员会根据需要设人民调解、治安保卫、公共卫生与计划生育等委员会。村民委员会成员可以兼任下属委员会的成员。人口少的村的村民委员会可以不设下属委员会，由村民委员会成员分工负责人民调解、治安保卫、公共卫生与计划生育等工作。

村民委员会应当支持和组织村民依法发展各种形式的合作经济和其他经济，承担本村生产的服务和协调工作，促进农村生产建设和经济发展。村民委员会依照法律规定，管理本村属于村农民集体所有的土地和其他财产，引导村民合理利用自然资源，保护和改善生态环境。

村民委员会应当尊重并支持集体经济组织依法独立进行经济活动的自主权，维护以家庭承包经营为基础、统分结合的双层经营体制，保障集体经济组织和村民、承包经营户、联户或者合伙的合法财产权和其他合法权益。

村民委员会应当宣传宪法、法律、法规和国家的政策，教育和推动村民履行法律规定的义务、爱护公共财产，维护村民的合法权益，发展文化教育，普及科技知识，促进男女平等，做好计划生育工作，促进村与村之间的团结、互助，开展多种形式的社会主义精神文明建设活动。

村民委员会应当支持服务性、公益性、互助性社会组织依法开展活动，推动农村社区建设。多民族村民居住的村，村民委员会应当教育和引导各民族村民增进团结、互相尊重、互相帮助。

村民委员会及其成员应当遵守宪法、法律、法规和国家的政策，遵守并组织实施村民自治章程、村规民约，执行村民会议、村民代表会议的决定、决议，办事公道，廉洁奉公，热心为村民服务，接受村民监督。

人民政府对村民委员会协助政府开展工作应当提供必要的条件；人民政府有关部门委托村民委员会开展工作需要经费的，由委托部门承担。

村民委员会办理本村公益事业所需的经费，由村民会议通过筹资筹劳解决；经费确有困难的，由地方人民政府给予适当支持。

驻在农村的机关、团体、部队、国有及国有控股企业、事业单位及其人员不参加村民委员会组织，但应当通过多种形式参与农村社区建设，并遵守有关村规民约。村民委员会、村民会议或者村民代表会议讨论决定与上述规定的单位有关的事项，应当与其协商。

三、村民委员会选举

村民委员会主任、副主任和委员，由村民直接选举产生。任何组织或者个人不得指定、委派或者撤换村民委员会成员。村民委员会每届任期三年，届满应当及时举行换届选举。村民委员会成员可以连选连任。

村民委员会的选举，由村民选举委员会主持。村民选举委员会由主任和委员组成，由村民会议、村民代表会议或者各村民小组会议推选产生。村民选举委员会成员被提名为村民委员会成员候选人，应当退出村民选举委员会。村民选举委员会成员退出村民选举委员会或者因其他原因出缺的，按照原推选结果依次递补，也可以另行推选。

年满十八周岁的村民，不分民族、种族、性别、职业、家庭出身、宗教信仰、教育程度、财产状况、居住期限，都有选举权和被选举权；但是，依照法律被剥夺政治权利的人除外。

村民委员会选举前，应当对下列人员进行登记，列入参加选举的村民名单：

(1) 户籍在本村并且在本村居住的村民。

(2) 户籍在本村，不在本村居住，本人表示参加选举的村民。

(3) 户籍不在本村，在本村居住一年以上，本人申请参加选举，并且经村民会议或者村民代表会议同意参加选举的公民。

已在户籍所在村或者居住村登记参加选举的村民，不得再参加其他地方村民委员会的选举。

登记参加选举的村民名单应当在选举日的二十日前由村民选举委员会公布。

对登记参加选举的村民名单有异议的，应当自名单公布之日起五日内向村民选举委员会申诉，村民选举委员会应当自收到申诉之日起三日内作出处理决定，并公布处理结果。

选举村民委员会，由登记参加选举的村民直接提名候选人。村民提名候选人，应当从全体村民利益出发，推荐奉公守法、品行良好、公道正派、热心公益、具有一定文化水平和工作能力的村民为候选人。候选人的名额应当多于应选名额。村民选举委员会应当组织候选人与村民见面，由候选人介绍履行职责的设想，回答村民提出的问题。

选举村民委员会，有登记参加选举的村民过半数投票，选举有效；候选人获得参加投票的村民过半数的选票，始得当选。当选人数不足应选名额的，不足的名额另行选举。另行选举的，第一次投票未当选的人员得票多的为候选人，候选人以得票多的当选，但是所得票数不得少于已投选票总数的三分之一。

选举实行无记名投票、公开计票的方法，选举结果应当当场公布。选举时，应当设立秘密写票处。

登记参加选举的村民，选举期间外出不能参加投票的，可以书面委托本村有选举权的近亲属代为投票。村民选举委员会应当公布委托人和受委托人的名单。

具体选举办法由省、自治区、直辖市的人民代表大会常务委员会规定。

本村五分之一以上有选举权的村民或者三分之一以上的村民代表联名，可以提出罢免村民委员会成员的要求，并说明要求罢免的理由。被提出罢免的村民委员会成员有权提出申辩意见。罢免村民委员会成员，须有登记参加选举的村民过半数投票，并须经投票的村民过半数通过。

以暴力、威胁、欺骗、贿赂、伪造选票、虚报选举票数等不正当手段当选村民委员会成员的，当选无效。

对以暴力、威胁、欺骗、贿赂、伪造选票、虚报选举票数等不正当手段，妨害村民行使选举权、被选举权，破坏村民委员会选举的行为，村民有权向乡、民族乡、镇的人民代表大会和人民政府或者县级人民代表大会常务委员会和人民政府及其有关主管部门举报，由乡级或者县级人民政府负责调查并依法处理。

村民委员会成员丧失行为能力或者被判处刑罚的，其职务自行终止。

村民委员会成员出缺，可以由村民会议或者村民代表会议进行补选。补选程序参照《中华人民共和国村民委员会组织法》第十五条的规定办理。补选的村民委员会成员的任期到本届村民委员会任期届满时止。

村民委员会应当自新一届村民委员会产生之日起十日内完成工作移交。工作移交由村民选举委员会主持，由乡、民族乡、镇的人民政府监督。

四、村民会议

村民会议是指村民委员会召集的、由本村十八周岁以上的村民组成的会议。有十分之一以上的村民或者三分之一以上的村民代表提议，应当召集村民会议。召集村民会议，应当提前十天通知村民。

召开村民会议，应当有本村十八周岁以上村民的过半数，或者本村三分之二以上的户的代表参加，村民会议所作决定应当经到会人员的过半数通过。法律对召开村民会议及作出决定另有规定的，依照其规定。召开村民会议，根据需要可以邀请驻本村的企业、事业单位和群众组织派代表列席。

村民会议审议村民委员会的年度工作报告，评议村民委员会成员的工作；有权撤销或者变更村民委员会不适当的决定；有权撤销或者变更村民代表会议不适当的决定。村民会议可以授权村民代表会议审议村民委员会的年度工作报告，评议村民委员会成员的工作，撤销或者变更村民委员会不适当的决定。

涉及村民利益的下列事项，经村民会议讨论决定方可办理：

(1) 本村享受误工补贴的人员及补贴标准。

(2) 从村集体经济所得收益的使用。

(3) 本村公益事业的兴办和筹资筹劳方案及建设承包方案。

(4) 土地承包经营方案。

(5) 村集体经济项目的立项、承包方案。

(6) 宅基地的使用方案。

(7) 征地补偿费的使用、分配方案。

(8) 以借贷、租赁或者其他方式处分村集体财产。

(9) 村民会议认为应当由村民会议讨论决定的涉及村民利益的其他事项。

村民会议可以授权村民代表会议讨论决定上述规定的事项。

法律对讨论决定村集体经济组织财产和成员权益的事项另有规定的，依照其规定。

五、村民代表会议

人数较多或者居住分散的村，可以设立村民代表会议，讨论决定村民会议授权的事项。村民代表会议由村民委员会成员和村民代表组成，村民代表应当占村民代表会议组成人员的五分之四以上，妇女村民代表应当占村民代表会议组成人员的三分之一以上。

村民代表由村民按每五户至十五户推选一人，或者由各村民小组推选若干人。村民代表的任期与村民委员会的任期相同。村民代表可以连选连任。村民代表应当向其推选户或者村民小组负责，接受村民监督。

村民代表会议由村民委员会召集。村民代表会议每季度召开一次。有五分之一以上的村民代表提议，应当召集村民代表会议。

村民代表会议有三分之二以上的组成人员参加方可召开，所作决定应当经到会人员的过半数同意。

村民会议可以制定和修改村民自治章程、村规民约，并报乡、民族乡、镇的人民政府备案。

村民自治章程、村规民约以及村民会议或者村民代表会议的决定不得与宪法、法律、法规和国家的政策相抵触，不得有侵犯村民的人身权利、民主权利和合法财产权利的内容。

村民自治章程、村规民约以及村民会议或者村民代表会议的决定违反上述规定的，由乡、民族乡、镇的人民政府责令改正。

召开村民小组会议，应当有本村民小组十八周岁以上的村民三分之二以上，或者本村民小组三分之二以上的户的代表参加，所作决定应当经到会人员的过半数同意。

村民小组组长由村民小组会议推选。村民小组组长任期与村民委员会的任期相同，可以连选连任。

属于村民小组的集体所有的土地、企业和其他财产的经营管理以及公益事项的办理，由村民小组会议依照有关法律的规定讨论决定，所作决定及实施情况应当及时向本村民小组的村民公布。

附　　录

村集体经济组织日常经济业务会计分录

1. 村级财政转移支付业务。

(1) 收到转移支付财政补助(村级财政转移支付资金):

借:银行存款、应收款

　贷:补助收入——村级转移支付资金收入(村级管理费)

(2) 用转移支付资金开支,如支付管理费用等:

借:管理费用、应付工资

　贷:现金、应收款等

2. 收到各企业占地费或租赁费。

借:银行存款

　贷:发包及上交收入——上交收入

3. 收到财政拨付的卫生所改造费、村村通修路费等。

借:银行存款

　贷:公积公益金——卫生所改造费、村道路补助收入等

4. 收到驻地各单位过节资助款。

借:银行存款(现金)

　贷:公积公益金

5. 村集体经济组织拍卖企业款。

借:银行存款

　贷:公积公益金

6. 购买、维修、更新、出售固定资产。

(1) 购买不需安装即可使用的固定资产,按其买价、采购费、包装费、运杂费、保险费、缴纳的有关税金等之和作为固定资产成本。

借:固定资产

　贷:银行存款

(2) 购买需安装才可使用的固定资产,按其买价、采购费、包装费、运杂费、保险费、缴纳的有关税金等再加上安装调试费作为固定资产成本。

购入未安装时:

借:在建工程

　贷:现金、银行存款、应付款

发生安装调试时:

借:在建工程——安装调试费

　贷:银行存款等

安装完毕使用时:

借:固定资产

　贷:在建工程(固定资产的总成本)

(3) 固定资产维修,计入有关支出项目。

借:经营支出、管理费用、其他支出

　贷:现金、银行存款、库存物资、应付工资等

7. 代收水、电及有线电视费。

借:现金

　贷:应付款——应付自来水公司

　　　　　——应付供电局

　　　　　——应付有线电视

8. 收往来款,包括经起诉后法院帮助追回的应收款。

借:银行存款(现金)

　贷:应收款、内部往来

9. 收发救济、救灾款。

(1) 收到救济、救灾款时:

借:银行存款、现金

　贷:内部往来

(2) 发放救济救灾款时:

借:内部往来

　贷:现金

10. 有关单位、个人上交承包款、租赁费。

借:银行存款、现金

　贷:发包及上交收入——上交收入

11. 有关部门土地补偿收取及发放。

(1) 收到有关部门土地补偿:

借:银行存款

　贷:公积公益金、内部往来

(2) 发放时:

借:内部往来——土地补偿款

　贷:银行存款

12. 办公费(村干部电话费、订阅报刊杂志费、日常纸张、水电费)、差旅费、培训费、汽车燃油费、村级材料打印费等。

借:管理费用——××费用

贷:现金

13. 过节开支(唱戏、歌舞开支、春节文艺开支)。

借:应付福利费

贷:现金(银行存款)

14. 为村内安装自来水管道,如大型的计入"固定资产",小型的直接冲减"应付福利费"。

借:固定资产(大额)

应付福利费(小额)

贷:现金、银行存款

15. 发放村民福利,包括米、面、水果、钱等。

借:应付福利费

贷:现金、库存物资

16. 村民杂工费。

借:管理费用、其他支出

贷:内部往来、现金

17. 一事一议筹资筹劳、公益或农业基本建设。

(1) 筹集资金:

借:现金

贷:一事一议资金——××项目

(2) 投资时:

借:在建工程

贷:银行存款等

(3) 完工交付使用:

借:固定资产

贷:在建工程

(4) 结转已使用的一事一议资金:

借:一事一议资金——××项目

贷:公积公益金

18. 整改低压线路等。

借:其他支出

贷:银行存款、现金等

19. 植树绿化补助费。

收到补助款时:

借:银行存款

贷:补助收入——植树绿化补助费

支出费用时:

借:林木资产

贷:现金或银行存款

20. 干部补助。
提取时：
借：管理费用
　贷：应付工资
发放时：
借：应付工资
　贷：现金
21. 来人招待费。
借：管理费用
　贷：现金
22. 残疾人、五保户救济费发放。
借：应付福利费
　贷：现金
23. 村集体经济组织要欠款等补助。
借：其他支出
　贷：现金
24. 收、发计划生育补助。
收到计划生育补助金时：
借：银行存款
　贷：应付福利费——计划生育补助
发放计划生育补助金时：
借：应付福利费——计划生育补助
　贷：现金
25. 防火护林费。
收到防火护林费时：
借：银行存款
　贷：补助收入——防火护林补助
实际支付时：
借：其他支出
　贷：银行存款
26. 防洪、清理河道费。
收到财政补助款时：
借：银行存款
　贷：补助收入——水利工程补助收入
支付时：
借：其他支出
　贷：银行存款（现金）
27. 治理环境卫生清倒垃圾、购买工具费。
借：固定资产、其他支出

贷:现金(银行存款)

28. 向有关单位、个人借款及利息。

借:银行存款

贷:短期借款

借:其他支出(利息)

短期借款

贷:银行存款

29. 与农户、外单位、个人发生的往来应收。

借:应收款(内部往来)

贷:经营收入

银行存款(现金)等

30. 与农户、外单位、个人发生的往来应付。

借:库存物资、固定资产、经营支出、其他支出等

贷:应付款(内部往来)

31. 道路硬化、办公室装修。

借:固定资产(大额)/其他支出、管理费用(小额)

贷:银行存款

32. 委托代理中心的办公费。

借:管理费用

贷:银行存款、应收款

33. 损益账户结转:

借:本年收益

贷:经营支出

其他支出

管理费用

借:经营收入

发包及上交收入

其他收入

贷:本年收益

村集体经济组织会计制度

（2004 年 9 月 30 日　财政部发布）

一、总　　则

（一）为适应农村集体经济组织以从事经济发展为主，同时兼有一定社区管理职能的实际情况，全面核算、反映村集体经济组织经营活动和社区管理的财务收支，做好村务公开和民主管理，加强村集体经济组织的会计工作，规范村集体经济组织的会计核算，根据《中华人民共和国会计法》及国家有关法律法规，结合村集体经济组织的实际情况，制定本制度。

（二）本制度适用于按村或村民小组设置的社区性集体经济组织（以下称村集体经济组织）。代行村集体经济组织职能的村民委员会执行本制度。

（三）村集体经济组织应按本制度的规定，设置和使用会计科目，登记会计账簿，编制会计报表。

（四）为适应双层经营的需要，村集体经济组织应实行统一核算和分散核算相结合的两级核算体制。凡是作为发包单位的村集体经济组织发生的收支、结算、分配等会计事项都必须按本制度的规定进行核算。村集体经济组织所属的各承包单位实行单独核算，所发生的经济业务不记入村集体经济组织的账内。

（五）村集体经济组织应配备必要的会计人员，也可以按照民主、自愿的原则，委托乡（镇）经营管理机构及代理记账机构代理记账、核算。

（六）村集体经济组织的会计记账采用借贷记账法。收入和支出的核算原则上采用权责发生制。

（七）本制度会计年度采用公历制，自公历 1 月 1 日起至 12 月 31 日止为一个会计年度。

会计核算以人民币“元”为金额单位，“元”以下填至“分”。

（八）财政部门依照《中华人民共和国会计法》的规定对村集体经济组织的财务会计工作进行管理和监督。

农村经营管理部门依照有关法律、行政法规等规定对村集体经济组织的财务会计工作进行指导和监督。

（九）本制度自 2005 年 1 月 1 日起施行。1996 年财政部颁发的《村合作经济组织会计制度（试行）》同时废止。

二、会计核算的基本要求

（一）村集体经济组织的资产分为流动资产、农业资产、长期投资和固定资产。

（二）村集体经济组织的流动资产包括现金、银行存款、短期投资、应收款项、存货等。

（三）村集体经济组织必须根据有关法律法规，结合实际情况，建立健全货币资金内部控制制度。

村集体经济组织应当建立货币资金业务的岗位责任制，明确相关部门和岗位的职责权限。明确审批人和经办人对货币资金业务的权限、程序、责任和相关控制措施。

村集体经济组织向单位和农户收取现金时手续要完备，使用统一规定的收款凭证。村集体经济组织取得的所有现金均应及时入账，不准以白条抵库，不准坐支，不准挪用，不准公款私存。应严格遵守库存现金限额制度，库存现金不得超过规定限额。

村集体经济组织必须建立健全现金开支审批制度，严格现金开支审批手续。对手续不完备的开支，不准付款；对不合理的开支，经办人有权向民主理财小组或上级主管部门反映。

村集体经济组织要及时、准确地核算现金收入、支出和结存，做到账款相符。要组织专人定期或不定期清点核对现金。

村集体经济组织要定期与银行、信用社或其他金融机构核对账目。支票和财务印鉴不得由同一人保管。

村集体经济组织应当定期或不定期对货币资金内部控制进行监督检查，对发现的薄弱环节，应当及时采取措施，加以纠正和完善。

（四）村集体经济组织的应收款项包括单位和个人的各项应收及暂付款项。村集体经济组织对拖欠的应收款项要采取切实可行的措施积极催收。对债务单位撤销，确实无法追还，或债务人死亡，既无遗产可以清偿，又无义务承担人，确实无法收回的款项，按规定程序批准核销后，计入其他支出。由有关责任人造成的损失，应酌情由其赔偿。

（五）村集体经济组织应当建立健全销售业务内部控制制度，明确审批人和经办人的权限、程序、责任和相关控制措施。

村集体经济组织应当按照规定的程序办理销售和发货业务。应当在销售与发货各环节设置相关的记录、填制相应的凭证，并加强有关单据和凭证的相互核对工作。

村集体经济组织应当按照有关规定及时办理销售收款业务，应将销售收入及时入账，不得账外设账，不得坐支现金。

村集体经济组织应当加强销售合同、发货凭证、销售发票等文件和凭证的管理。

村集体经济组织应当定期或不定期对销售业务内部控制进行监督检查，对发现的薄弱环节，应当及时采取措施，加以纠正和完善。

（六）村集体经济组织应当建立健全采购业务内部控制制度，明确审批人和经办人的权限、程序、责任和相关控制措施。对于审批人超越授权审批的采购与付款业务，经办人员有权拒绝办理，并及时向民主理财小组或上级主管部门反映。

村集体经济组织应当按照规定的程序办理采购与付款业务。应当在采购与付款各环节设置相关的记录、填制相应的凭证，并加强有关单据和凭证的相互核对工作。在办理付款业务时，应当对采购发票、结算凭证、验收证明等相关凭证进行严格审核。

村集体经济组织应当加强对采购合同、验收证明、入库凭证、采购发票等文件和凭证的管理。

村集体经济组织应当定期或不定期对采购业务内部控制进行监督检查，对发现的薄弱环节，应当及时采取措施，加以纠正和完善。

（七）村集体经济组织的存货包括种子、化肥、燃料、农药、原材料、机械零配件、低值易耗品、在产品、农产品和工业产成品等。

存货按照下列原则计价：购入的物资按照买价加运输费、装卸费等费用、运输途中的合理损耗以及相关税金等计价。生产入库的农产品和工业产成品，按生产过程中发生的实际支出计价。领用或出售的出库存货的核算，可在“先进先出法”、“加权平均法”、“个别计价法”等方法中任选一种，但是一经选定，不得随意变动。

村集体经济组织对存货要定期盘点核对，做到账实相符，年度终了前必须进行一次全面的盘点清查。盘盈的存货，按同类或类似存货的市场价格计入其他收入；盘亏、毁损和报废的存货，按规定程序批准后，按实际成本扣除应由责任人或者保险公司赔偿的金额和残料价值后的余额，计入其他支出。

村集体经济组织应当建立健全存货内部控制制度，建立保管人员岗位责任制。存货入库时，由会计填写入库单，保管员根据入库单清点验收，核对无误后入库；出库时，由会计填写出库单，主管负责人批准，领用人签名盖章，保管员根据出库单出库。

村集体经济组织应当定期或不定期对存货内部控制进行监督检查，对发现的薄弱环节，应当及时采取措施，加以纠正和完善。

（八）村集体经济组织的农业资产包括牲畜（禽）资产和林木资产等。

农业资产按下列原则计价：购入的农业资产按照购买价及相关税费等计价，幼畜及育肥畜的饲养费用、经济林木投产前的培植费用、非经济林木郁闭前的培植费用按实际成本计入相关资产成本。产役畜、经济林木投产后，应将其成本扣除预计残值后的部分在其正常生产周期内按直线法分期摊销，预计净残值率按照产役畜、经济林木成本的5%确定；已提足折耗但未处理仍继续使用的产役畜、经济林木不再摊销。农业资产死亡毁损时，按规定程序批准后，按实际成本扣除应由责任人或者保险公司赔偿的金额后的差额，计入其他收支。

（九）村集体经济组织根据国家法律、法规规定，可以采用货币资金、实物资产或者购买股票、债券等有价证券方式向其他单位投资，包括短期投资和长期投资。

短期投资指能够随时变现并且持有时间不准备超过一年（含一年）的有价证券等投资。

长期投资指不准备在一年内（不含一年）变现的有价证券等投资。

（十）村集体经济组织的对外投资按照下列原则计价：

以现金、银行存款等货币资金方式向其他单位投资的，按照实际支付的价款计价。

以实物资产（含牲畜和林木）方式向其他单位投资的，按照评估确认或者合同、协议确定的价值计价。

（十一）村集体经济组织以实物资产方式对外投资，其评估确认或合同、协议确定的价值必须真实、合理，不得高估或低估资产价值。实物资产重估确认价值与其账面净值之间的差额，计入公积公益金。

村集体经济组织对外投资分得的现金股利或利润、利息等计入投资收益。出售、转让和收回对外投资时，按实际收到的价款与其账面价值的差额，计入投资收益。

（十二）村集体经济组织应当建立健全对外投资业务内部控制制度，明确审批人和经办人的权限、程序、责任和相关控制措施。对于审批人超越授权审批的对外投资业务，经办人有权拒绝办理，并及时向民主理财小组或上级主管部门反映。

村集体经济组织的对外投资业务（包括对外投资决策、评估及其收回、转让与核销），应当实行集体决策，严禁任何个人擅自决定对外投资或者改变集体决策意见。

村集体经济组织应当建立对外投资责任追究制度，对在对外投资中出现重大决策失误、未履行集体审批程序和不按规定执行对外投资业务的人员，应当追究相应的责任。

村集体经济组织应当对对外投资业务各环节设置相应的记录或凭证，加强对审批文件、投资合同或协议、投资方案书、对外投资有关权益证书、对外投资处置决议等文件资料的管理，明确各种文件资料的取得、归档、保管、调阅等各个环节的管理规定及相关人员的职责权限。

村集体经济组织应当加强投资收益的控制，对外投资获取的利息、股利以及其他收益，均应纳入会计核算，严禁设置账外账。

村集体经济组织应当定期或不定期对对外投资业务内部控制进行监督检查，对发现的薄弱环节，应当及时采取措施，加以纠正和完善。

（十三）村集体经济组织要建立有价证券管理制度，加强对各种有价证券的管理。要建立有价证券登记簿，详细记载各有价证券的名称、券别、购买日期、号码、数量和金额。有价证券要由专人管理。

（十四）村集体经济组织的房屋、建筑物、机器、设备、工具、器具和农业基本建设设施等劳动资料，凡使用年限在一年以上，单位价值在500元以上的列为固定资产。有些主要生产工具和设备，单位价值虽低于规定标准，但使用年限在一年以上的，也可列为固定资产。

（十五）村集体经济组织应当根据具体情况分别确定固定资产的入账价值：

1. 购入的固定资产，不需要安装的，按实际支付的买价加采购费、包装费、运杂费、保险费和交纳的有关税金等计价；需要安装或改装的，还应加上安装费或改装费。

2. 新建的房屋及建筑物、农业基本建设设施等固定资产，按竣工验收的决算价计价。

3. 接受捐赠的固定资产，应按发票所列金额加上实际发生的运输费、保险费、安装调试费和应支付的相关税金等计价；无所附凭据的，按同类设备的市价加上应支付的相关税费计价。

4. 在原有固定资产基础上进行改造、扩建的，按原有固定资产的价值，加上改造、扩建工程而增加的支出，减去改造、扩建工程中发生的变价收入计价。

5. 投资者投入的固定资产，按照投资各方确认的价值计价。

6. 盘盈的固定资产，按同类设备的市价计价。

（十六）村集体经济组织的在建工程指尚未完工、或虽已完工但尚未办理竣工决算的工程项目。在建工程按实际消耗的支出或支付的工程价款计价。形成固定资产的在建工程完工交付使用后，计入固定资产。不形成固定资产的在建工程项目完成后，计入经营支出或其他支出。

在建工程部分发生报废或者毁损，按规定程序批准后，按照扣除残料价值和过失人及保险公司赔款后的净损失，计入工程成本。单项工程报废以及由于自然灾害等非常原因造成的报废或者毁损，其净损失计入其他支出。

（十七）村集体经济组织必须建立固定资产折旧制度，按年或按季、按月提取固定资产折旧。固定资产的折旧方法可在“年限平均法”、“工作量法”等方法中任选一种，但是一经选定，不得随意变动。

村集体经济组织的下列固定资产应当计提折旧：

1. 房屋和建筑物；

2. 在用的机械、机器设备、运输车辆、工具器具；

3. 季节性停用、大修理停用的固定资产；

4. 融资租入和以经营租赁方式租出的固定资产。

下列固定资产不计提折旧：

1. 房屋、建筑物以外的未使用、不需用的固定资产；

2. 以经营租赁方式租入的固定资产;

3. 已提足折旧继续使用的固定资产;

4. 国家规定不提折旧的其他固定资产。

村集体经济组织当月增加的固定资产,当月不提折旧,从下月起计提折旧;当月减少的固定资产,当月照提折旧,从下月起不提折旧。

固定资产提足折旧后,不管能否继续使用,均不再提取折旧;提前报废的固定资产,也不再补提折旧。

(十八) 固定资产的修理费用直接计入有关支出项目。

固定资产变卖和清理报废的变价净收入与其账面净值的差额计入其他收支。固定资产变价净收入是指变卖和清理报废固定资产所取得的价款减清理费用后的净额。固定资产净值是指固定资产原值减累计折旧后的净额。

村集体经济组织应当建立健全固定资产内部控制制度,建立人员岗位责任制。应当定期对固定资产盘点清查,做到账实相符,年度终了前必须进行一次全面的盘点清查。盘盈的固定资产,按同类设备的市价计入其他收入;盘亏及毁损的固定资产,应查明原因,按规定程序批准后,按其原价扣除累计折旧、变价收入、过失人及保险公司赔款之后,计入其他支出。

村集体经济组织应当定期或不定期对固定资产内部控制进行监督检查,对发现的薄弱环节,应当及时采取措施,加以纠正和完善。

(十九) 每年年度终了,村集体经济组织应当对短期投资、应收账款、存货、农业资产、长期投资、固定资产、在建工程等资产进行全面检查,对于已发生损失但尚未批准核销的各项资产,应在资产负债表补充资料中予以披露。这些资产包括:

1. 确实无法收回的应收款项;

2. 无法收回的短期投资和长期投资;

3. 盘亏、毁损或报废的存货;

4. 死亡毁损的农业资产;

5. 盘亏或毁损的固定资产;

6. 毁损或报废的在建工程。

(二十) 村集体经济组织的负债分为流动负债和长期负债。

流动负债指偿还期在一年以内(含一年)的债务,包括短期借款、应付款项、应付工资、应付福利费等。

长期负债指偿还期超过一年以上(不含一年)的债务,包括长期借款及应付款、一事一议资金等。

(二十一) 村集体经济组织应当建立健全借款业务内部控制制度,明确审批人和经办人的权限、程序、责任和相关控制措施。不得由同一人办理借款业务的全过程。

村集体经济组织应当对借款业务实行集体决策和审批,并保留完整的书面记录。

村集体经济组织应当在借款各环节设置相关的记录、填制相应的凭证,并加强有关单据和凭证的相互核对工作。村集体经济组织应当加强对借款合同等文件和凭证的管理。

村集体经济组织应当定期或不定期对借款业务内部控制进行监督检查,对发现的薄弱环节,应当及时采取措施,加以纠正和完善。

(二十二) 村集体经济组织的负债按实际发生的数额计价,利息支出计入其他支出。对发生因债权人特殊原因确实无法支付的应付款项，计入其他收入。

（二十三）村集体经济组织的所有者权益包括资本、公积公益金、未分配收益等。

（二十四）村集体经济组织对投资者投入的资产要按有关规定进行评估。投入的劳务要合理计价。

村集体经济组织接受捐赠的资产计入公积公益金；对外投资中，资产重估确认价值与原账面净值的差额计入公积公益金；收到的征用土地补偿费及拍卖荒山、荒地、荒水、荒滩等使用权收入，计入公积公益金。

（二十五）村集体经济组织的生产（劳务）成本是指村集体经济组织直接组织生产或对外提供劳务等活动所发生的各项生产费用和劳务成本。

（二十六）村集体经济组织的经营收入是指村集体经济组织进行各项生产、服务等经营活动取得的收入。包括产品物资销售收入、出租收入、劳务收入等。

村集体经济组织一般应于产品物资已经发出，劳务已经提供，同时收讫价款或取得收取价款的凭据时，确认经营收入的实现。

村集体经济组织的发包及上交收入是指农户和其他单位因承包集体耕地、林地、果园、鱼塘等上交的承包金及村（组）办企业上交的利润等。

村集体经济组织的农业税附加返还收入是指村集体经济组织按有关规定收到的财税部门返还的农业税附加、牧业税附加等资金。

村集体经济组织的补助收入是指村集体经济组织获得的财政等有关部门的补助资金。

村集体经济组织的其他收入是指除经营收入、发包及上交收入、农业税附加返还收入和补助收入以外的收入。

（二十七）村集体经济组织的经营支出是指村集体经济组织因销售商品、农产品、对外提供劳务等活动而发生的实际支出，包括销售商品或农产品的成本、销售牲畜或林木的成本、对外提供劳务的成本、维修费、运输费、保险费、产役畜的饲养费用及其成本摊销、经济林木投产后的管护费用及其成本摊销等。

管理费用是指村集体经济组织管理活动发生的各项支出，包括村集体经济组织管理人员及固定员工的工资、办公费、差旅费、管理用固定资产折旧费和维修费等。

其他支出是指村集体经济组织与经营管理活动无直接关系的支出。

村集体经济组织要逐步建立健全支出的预算制度，量入为出，对非经营性开支要实行总量控制，不得超支。

（二十八）村集体经济组织的全年收益总额按照下列公式计算：

收益总额＝经营收益＋农业税附加返还收入＋补助收入＋其他收入－其他支出

其中：

经营收益＝经营收入＋发包及上交收入＋投资收益－经营支出－管理费用

投资收益是指投资所取得的收益扣除发生的投资损失后的数额。

投资收益包括对外投资分得的利润、现金股利和债券利息，以及投资到期收回或者中途转让取得款项高于账面价值的差额等。投资损失包括投资到期收回或者中途转让取得款项低于账面价值的差额。

村集体经济组织在收取农户、其他单位和个人上交的承包金或利润时，要执行国家的有关规定，坚持取之有度、用之合理、因地制宜、量力而行的原则，既不能超越农户和所属单位的承受能力，又要保证集体扩大再生产和发展公益事业的需要。

（二十九）村集体经济组织在进行年终收益分配工作以前，要准确地核算全年的收入和支出；清理财产和债权、债务；搞好承包合同的结算和兑现。

三、会计科目

（一）会计科目表

顺序号	科目编号	科目名称
		一、资产类
1	101	现金
2	102	银行存款
3	111	短期投资
4	112	应收款
5	113	内部往来
6	121	库存物资
7	131	牲畜（禽）资产
8	132	林木资产
9	141	长期投资
10	151	固定资产
11	152	累计折旧
12	153	固定资产清理
13	154	在建工程
		二、负债类
14	201	短期借款
15	202	应付款
16	211	应付工资
17	212	应付福利费
18	221	长期借款及应付款
19	231	一事一议资金
		三、所有者权益类
20	301	资本
21	311	公积公益金
22	321	本年收益
23	322	收益分配
		四、成本类
24	401	生产（劳务）成本
		五、损益类
25	501	经营收入

续表

顺序号	科目编号	科目名称
26	502	经营支出
27	511	发包及上交收入
28	521	农业税附加返还收入
29	522	补助收入
30	531	其他收入
31	541	管理费用
32	551	其他支出
33	561	投资收益

附注：村集体经济组织有无形资产的，可增设“无形资产”科目(科目编号 161)；有向所属单位拨付资金业务的，可增设“拨付所属单位资金”科目(科目编号 171)；有接受国家拨入的具有专门用途的拨款的，可增设“专项应付款”科目(科目编号 241)。

(二) 会计科目使用说明

101　现金

一、本科目核算村集体经济组织的库存现金。

二、村集体经济组织应当严格按照国家有关现金管理的规定收支现金，超过库存现金限额的部分应当及时交存银行，并严格按照本制度规定核算现金的各项收支业务。

三、村集体经济组织收入现金时，借记本科目，贷记有关科目；支出现金时，借记有关科目，贷记本科目。

四、本科目的期末借方余额，反映村集体经济组织实际持有的库存现金。

102　银行存款

一、本科目核算村集体经济组织存入银行、信用社或其他金融机构的款项。

二、村集体经济组织应当严格按照国家有关支付结算办法，正确进行银行存款收支业务的结算，并按照本制度规定核算银行存款的各项收支业务。

三、村集体经济组织将款项存入银行、信用社或其他金融机构时，借记本科目，贷记有关科目；提取和支出存款时，借记有关科目，贷记本科目。

四、本科目应按银行、信用社或其他金融机构的名称设置明细科目，进行明细核算。

五、本科目的期末借方余额，反映村集体经济组织实际存在银行、信用社或其他金融机构的款项。

111　短期投资

一、本科目核算村集体经济组织购入的各种能随时变现并且持有时间不准备超过一年(含一年)的股票、债券等有价证券等投资。

二、村集体经济组织购入各种有价证券等进行短期投资时，按照实际支付的价款，借记本科目，贷记“现金”、“银行存款”等科目；出售或到期收回有价证券等短期投资时，按实际收回的价款，借记“现金”、“银行存款”等科目，按原账面价值，贷记本科目，实际收回价款与原账面价值的差额借记或贷记“投资收益”科目。

三、本科目应按短期投资的种类设置明细科目,进行明细核算。

四、本科目的期末借方余额,反映村集体经济组织实际持有的对外短期投资的成本。

112　应收款

一、本科目核算村集体经济组织与外单位和外部个人发生的各种应收及暂付款项。

二、村集体经济组织因销售商品、提供劳务等而发生应收及暂付款项时,借记本科目,贷记“经营收入”、“现金”、“银行存款”等有关科目;收回款项时,借记“现金”、“银行存款”等科目,贷记本科目。

三、对确实无法收回的应收款项,按规定程序批准核销时,借记“其他支出”等科目,贷记本科目。

四、本科目应按应收款的不同单位和个人设置明细科目,进行明细核算。

五、本科目的期末借方余额,反映村集体经济组织应收而未收回和暂付的款项。

113　内部往来

一、本科目核算村集体经济组织与所属单位和农户的经济往来业务。

二、村集体经济组织与所属单位和农户发生应收款项和偿还应付款项时,借记本科目,贷记“现金”、“银行存款”等科目;收回应收款项和发生应付款项时,借记“现金”、“银行存款”等科目,贷记本科目。

三、村集体经济组织因所属单位和农户承包集体耕地、林地、果园、鱼塘等而发生的应收承包金或村(组)办企业的应收利润等,年终按经过批准的方案结算出本期所属单位和农户应交未交的款项时,借记本科目,贷记“发包及上交收入”科目;实际收到款项时,借记“现金”、“银行存款”等科目,贷记本科目。

四、村集体经济组织因筹集一事一议资金与农户发生的应收款项,在筹资方案经成员大会或成员代表大会通过时,按照筹资方案规定的金额,借记本科目,贷记“一事一议资金”科目;收到款项时,借记“现金”等科目,贷记本科目。

五、本科目应按村集体经济组织所属单位和农户设置明细科目,进行明细核算。

六、本科目各明细科目的期末借方余额合计数反映村集体经济组织所属单位和农户欠村集体经济组织的款项总额;期末贷方余额合计数反映村集体经济组织欠所属单位和农户的款项总额。各明细科目年末借方余额合计数应在资产负债表的“应收款项”项目内反映,年末贷方余额合计数应在资产负债表的“应付款项”项目内反映。

121　库存物资

一、本科目核算村集体经济组织库存的各种原材料、农用材料、农产品、工业产成品等物资。

二、村集体经济组织在购买或其他单位及个人投资投入的原材料、农用材料等物资验收入库时,借记本科目,贷记“现金”、“银行存款”、“应付款”、“资本”等科目。会计期末,对已收到发票账单但尚未到达或尚未验收入库的购入物资,借记本科目,贷记“应付款”科目。

三、村集体经济组织生产的农产品收获入库或工业产成品完工入库时,按照其实际成本,借记本科目,贷记“生产(劳务)成本”科目。

四、库存物资领用时,借记“生产(劳务)成本”、“应付福利费”、“在建工程”等科目,贷记本科目。

五、库存物资销售时，按实现的销售收入，借记“现金”、“银行存款”等科目，贷记“经营收入”科目；按照销售物资的实际成本，借记“经营支出”科目，贷记本科目。

六、村集体经济组织的库存物资应定期盘点清查，发现物资盘盈时，经审核批准后，借记本科目，贷记“其他收入”科目；出现盘亏和毁损时，经审核批准后，按照应由责任人或保险公司赔偿的金额，借记“应收款”、“内部往来”等科目，将扣除过失人或保险公司应赔偿金额后的净损失，借记“其他支出”科目，贷记本科目。

七、本科目应按库存物资的品名设置明细科目，进行明细核算。

八、本科目的期末借方余额，反映村集体经济组织库存物资的实际成本。

131　牲畜（禽）资产

一、本科目核算村集体经济组织购入或培育的牲畜（禽）的成本。本科目设置“幼畜及育肥畜”和“产役畜”两个二级科目。

二、村集体经济组织购入幼畜及育肥畜时，按购买价及相关税费，借记本科目（幼畜及育肥畜），贷记“现金”、“银行存款”等科目；发生的饲养费用，借记本科目（幼畜及育肥畜），贷记“应付工资”、“库存物资”等科目。

三、幼畜成龄转作产役畜时，按实际成本，借记本科目（产役畜），贷记本科目（幼畜及育肥畜）。

四、产役畜的饲养费用不再记入本科目，借记“经营支出”科目，贷记“应付工资”、“库存物资”等科目。

五、产役畜的成本扣除预计残值后的部分应在其正常生产周期内，按照直线法分期摊销，借记“经营支出”科目，贷记本科目（产役畜）。

六、幼畜及育肥畜和产役畜对外销售时，按照实现的销售收入，借记“现金”、“银行存款”等科目，贷记“经营收入”科目；同时，按照销售牲畜的实际成本，借记“经营支出”科目，贷记本科目。

七、以幼畜及育肥畜和产役畜对外投资时，按照合同、协议确定的价值，借记“长期投资”等科目，贷记本科目，合同或协议确定的价值与牲畜资产账面价值之间的差额借记或贷记“公积公益金”科目。

八、牲畜死亡毁损时，按规定程序批准后，按照过失人及保险公司应赔偿的金额，借记“应收款”、“内部往来”等科目，如发生净损失，则按照扣除过失人和保险公司应赔偿金额后的净损失，借记“其他支出”科目，按照牲畜资产的账面价值，贷记本科目；如产生净收益，则按照牲畜资产的账面价值，贷记本科目，同时按照过失人及保险公司应赔偿金额超过牲畜资产账面价值的金额，贷记“其他收入”科目。

九、本科目应按牲畜（禽）的种类设置明细科目，进行明细核算。

十、本科目的期末借方余额，反映村集体经济组织幼畜及育肥畜和产役畜的账面余额。

132　林木资产

一、本科目核算村集体经济组织购入或营造的林木的成本。本科目设置“经济林木”和“非经济林木”两个二级科目。

二、村集体经济组织购入经济林木时，按购买价及相关税费，借记本科目（经济林木），贷记“现金”、“银行存款”等科目；购入或营造的经济林木投产前发生的培植费用，借记本科目(经济林木),贷记“应付工资”、“库存物资”等科目。

三、经济林木投产后发生的管护费用,不再记入本科目,借记“经营支出”科目,贷记“应付工资”、“库存物资”等科目。

四、经济林木投产后,其成本扣除预计残值后的部分应在其正常生产周期内,按照直线法摊销,借记“经营支出”科目,贷记本科目(经济林木)。

五、村集体经济组织购入非经济林木时,按购买价及相关税费,借记本科目(非经济林木),贷记“现金”、“银行存款”等科目;购入或营造的非经济林木在郁闭前发生的培植费用,借记本科目(非经济林木),贷记“应付工资”、“库存物资”等科目。

六、非经济林木郁闭后发生的管护费用,不再记入本科目,借记“其他支出”科目,贷记“应付工资”、“库存物资”等科目。

七、按规定程序批准后,林木采伐出售时,按照实现的销售收入,借记“现金”、“银行存款”等科目,贷记“经营收入”科目;同时,按照出售林木的实际成本,借记“经营支出”科目,贷记本科目。

八、以林木对外投资时,按照合同、协议确定的价值,借记“长期投资”等科目,贷记本科目,合同或协议确定的价值与林木资产账面价值之间的差额借记或贷记“公积公益金”科目。

九、林木死亡毁损时,按规定程序批准后,按照过失人及保险公司应赔偿的金额,借记“应收款”、“内部往来”等科目,如发生净损失,则按照扣除过失人和保险公司应赔偿金额后的净损失,借记“其他支出”科目,按照林木资产的账面价值,贷记本科目;如产生净收益,则按照林木资产的账面价值,贷记本科目,同时按照过失人及保险公司应赔偿金额超过林木资产账面价值的金额,贷记“其他收入”科目。

十、本科目应按林木的种类设置明细科目,进行明细核算。

十一、本科目的期末借方余额,反映村集体经济组织购入或营造林木的账面余额。

141 长期投资

一、本科目核算村集体经济组织不准备在一年内(不含一年)变现的投资,包括股票投资、债券投资和村集体经济组织举办企业等投资。

二、村集体经济组织以现金或实物资产(含牲畜和林木)等方式进行长期投资时,按照实际支付的价款或合同、协议确定的价值,借记本科目,贷记“现金”、“银行存款”等科目,合同或协议约定的实物资产价值与原账面价值之间的差额,借记或贷记“公积公益金”科目。

三、收回投资时,按实际收回的价款或价值,借记“现金”、“银行存款”等科目,按投资的账面价值,贷记本科目,实际收回价款或价值与原账面价值的差额借记或贷记“投资收益”科目。

四、被投资单位宣告分配现金股利或利润时,借记“应收款”科目,贷记“投资收益”科目;实际收到现金股利或利润时,借记“现金”、“银行存款”等科目,贷记“应收款”科目。

五、投资发生损失时,按规定程序批准后,按照应由责任人和保险公司赔偿的金额,借记“应收款”、“内部往来”等科目,按照扣除由责任人和保险公司赔偿金额后的净损失,借记“投资收益”科目,按照发生损失的投资的账面金额,贷记本科目。

六、本科目应按长期投资的种类设置明细科目,进行明细核算。

七、本科目的期末借方余额,反映村集体经济组织对外长期投资的实际成本。

151　固定资产

一、本科目核算村集体经济组织所有的固定资产的原值。

二、购入不需安装的固定资产，按原价加采购费、包装费、运杂费、保险费和相关税金等，借记本科目，贷记"现金"、"银行存款"等科目。

三、购入需要安装的固定资产，先记入"在建工程"科目，安装完毕交付使用时，按照其实际成本，借记本科目，贷记"在建工程"科目。

四、自行建造完成交付使用的固定资产，按照其实际成本，借记本科目，贷记"在建工程"科目。

五、收到捐赠的全新固定资产，按照所附发票所列金额加上应支付的相关税费，借记本科目，贷记"公积公益金"科目；收到捐赠的旧固定资产，按照经过批准的评估价值，借记本科目，贷记"公积公益金"科目。

六、投资者投入的固定资产，按照投资各方确认的价值，借记本科目，按照经过批准的投资者所拥有的资本金额，贷记"资本"科目，按照两者之间的差额，借记或贷记"公积公益金"科目。

七、对外投资投出固定资产时，按照评估确认或者合同、协议约定的价值，借记"长期投资"等科目，按已提折旧，借记"累计折旧"科目，按固定资产原价，贷记本科目，评估价或协议价与固定资产账面净值之间的差额借记或贷记"公积公益金"科目。

八、固定资产出售、报废和毁损等时，按固定资产账面净值，借记"固定资产清理"科目，按照应由责任人或保险公司赔偿的金额，借记"应收款"、"内部往来"等科目，按已提折旧，借记"累计折旧"科目，按固定资产原价，贷记本科目。

九、本科目应按固定资产的类别或名称设置明细科目，进行明细核算。

十、本科目的期末借方余额，反映村集体经济组织所有固定资产的原始价值。

152　累计折旧

一、本科目核算村集体经济组织所有的固定资产计提的累计折旧。

二、生产经营用的固定资产计提的折旧，借记"生产（劳务）成本"科目，贷记本科目；管理用的固定资产计提的折旧，借记"管理费用"科目，贷记本科目；用于公益性用途的固定资产计提的折旧，借记"其他支出"科目，贷记本科目。

三、本科目的期末贷方余额，反映村集体经济组织提取的固定资产折旧累计数。

153　固定资产清理

一、本科目核算村集体经济组织因出售、报废和毁损等原因转入清理的固定资产净值及其在清理过程中所发生的清理费用和清理收入。

二、出售、报废和毁损的固定资产转入清理时，按固定资产账面净值，借记本科目，按照应由责任人和保险公司赔偿的金额，借记"应收款"、"内部往来"等科目，按已提折旧，借记"累计折旧"科目，按固定资产原价，贷记"固定资产"科目。

三、按照发生的清理费用，借记本科目，贷记"现金"、"银行存款"等科目；按照出售固定资产的价款和残值收入，借记"现金"、"银行存款"等科目，贷记本科目。

四、清理完毕后发生的净收益，借记本科目，贷记"其他收入"科目；清理完毕后发生的净损失，借记"其他支出"科目，贷记本科目。

五、本科目应按被清理的固定资产设置明细科目，进行明细核算。

六、本科目的期末余额，反映村集体经济组织转入清理但尚未清理完毕的固定资产净值，以及固定资产清理过程中所发生的清理费用和变价收入等各项金额的差额。

154　在建工程

一、本科目核算村集体经济组织进行工程建设、设备安装、农业基本建设设施大修理等发生的实际支出。购入不需要安装的固定资产，不通过本科目核算。

二、发生购买待安装设备的原价及运输、保险、采购费用，为建筑和安装固定资产及兴建农业基本建设设施购买专用物资及支付各项工程费用，借记本科目，贷记“现金”、“银行存款”、“应付款”、“库存物资”等科目。

三、购建固定资产过程中发生的劳务投入，凡属于一事一议筹劳且不需支付劳务报酬的，按当地劳务价格标准作价，借记本科目，贷记“公积公益金”科目；支付劳务报酬的，按实际支付的款项，借记本科目，贷记“应付工资”、“内部往来”等科目；收到以劳务形式投资时，按当地劳务价格标准作价，借记本科目，贷记“资本”科目。

四、购建和安装完成并交付使用固定资产时，借记“固定资产”科目，贷记本科目。

五、工程完成未形成固定资产时，借记“经营支出”、“其他支出”等科目，贷记本科目。

六、本科目应按工程项目设置明细科目，进行明细核算。

七、本科目的期末借方余额，反映村集体经济组织尚未完工或虽已完工但尚未办理竣工决算的工程项目实际支出。

201　短期借款

一、本科目核算村集体经济组织从银行、信用社和有关单位、个人借入的期限在一年以下（含一年）的各种借款。村集体经济组织借入的期限在一年以上（不含一年）的借款在“长期借款及应付款”科目核算。

二、村集体经济组织借入各种短期借款时，借记“现金”、“银行存款”科目，贷记本科目；归还借款时，借记本科目，贷记“现金”、“银行存款”科目。

短期借款利息应按期计提，借记“其他支出”科目，贷记“现金”、“银行存款”等科目。

三、本科目应按借款单位或个人名称设置明细科目，进行明细核算。

四、本科目的期末贷方余额，反映村集体经济组织尚未归还的短期借款的本金。

202　应付款

一、本科目核算村集体经济组织与外单位和外部个人发生的偿还期在一年以下（含一年）的各种应付及暂收款项等。

二、村集体经济组织发生以上应付及暂收款项时，借记“现金”、“银行存款”、“库存物资”等科目，贷记本科目；偿付应付及暂收款项时，借记本科目，贷记“现金”、“银行存款”等科目。

三、发生确实无法支付的应付款项时，借记本科目，贷记“其他收入”科目。

四、本科目应按应付款的不同单位和个人设置明细科目，进行明细核算。

五、本科目的期末贷方余额，反映村集体经济组织应付而未付及暂收的款项。

211　应付工资

一、本科目核算村集体经济组织应付给其管理人员及固定员工的报酬总额。上述人员的各种工资、奖金、津贴、福利补助等，不论是否在当月支付，都应通过本科目核算。村集体经济组织应付给临时员工的报酬，不通过本科目核算，在“应付款”或“内部往来”科目中核算。

二、村集体经济组织按照经过批准的金额提取工资时，根据人员岗位，分别借记“管理费用”、“生产（劳务）成本”、“牲畜（禽）资产”、“林木资产”、“在建工程”等科目，贷记本科目。

三、按规定程序批准后，实际发放工资时，借记本科目，贷记“现金”等科目。

四、本科目应设置“应付工资明细账”，按照管理人员和员工的类别及应付工资的组成内容进行明细核算。

五、本科目的期末贷方余额，反映村集体经济组织已提取但尚未支付的工资额。

212　应付福利费

一、本科目核算村集体经济组织从收益中提取，用于集体福利、文教、卫生等方面的福利费（不包括兴建集体福利等公益设施支出），包括照顾烈军属、五保户、困难户的支出，计划生育支出，农民因公伤亡的医药费、生活补助及抚恤金等。

二、村集体经济组织按照经批准的方案，从收益中提取福利费时，借记“收益分配”科目，贷记本科目；发生上述支出时，借记本科目，贷记“现金”、“银行存款”等科目。

三、本科目应按支出项目设置明细科目，进行明细核算。

四、本科目的期末贷方余额，反映村集体经济组织已提取但尚未使用的福利费金额。如为借方余额，反映本年福利费超支数；按规定程序批准后，应按规定转入“公积公益金”科目的借方，未经批准的超支数额，仍保留在本科目借方。

221　长期借款及应付款

一、本科目核算村集体经济组织从银行、信用社和有关单位、个人借入的期限在一年以上（不含一年）的借款及偿还期在一年以上（不含一年）的应付款项。

二、村集体经济组织发生长期借款及应付款项时，借记“现金”、“银行存款”、“库存物资”等科目，贷记本科目；归还和偿付长期借款及应付款项时，借记本科目，贷记“现金”、“银行存款”科目。

发生长期借款的利息支出，借记“其他支出”科目，贷记“现金”、“银行存款”等科目。

三、发生确实无法偿还的长期借款及应付款时，借记本科目，贷记“其他收入”科目。

四、本科目应按借款及应付款单位和个人设置明细科目，进行明细核算。

五、本科目的期末贷方余额，反映村集体经济组织尚未偿还的长期借款及各种应付款项。

231　一事一议资金

一、本科目核算村集体经济组织兴办生产、公益事业，按一事一议的形式筹集的专项资金。

二、村集体经济组织应于一事一议筹资方案经成员大会或成员代表大会通过时，借记“内部往来”科目，贷记本科目；收到农户交来的一事一议专项筹资时，借记“现金”等科目，贷记“内部往来”科目。

三、村集体经济组织使用一事一议资金购入不需要安装的固定资产的，借记“固定资产”科目，贷记“现金”、“银行存款”等科目，同时，借记本科目，贷记“公积公益金”科目。

四、村集体经济组织使用一事一议资金购入需要安装或建造固定资产的，借记“在建工程”科目，贷记“现金”、“银行存款”等科目。固定资产完工后，借记“固定资产”科目，贷记“在建工程”科目，同时，借记本科目，贷记“公积公益金”科目。

五、村集体经济组织对于使用一事一议资金而没有形成固定资产的项目，在项目支出发生时，借记“在建工程”科目，贷记“现金”、“银行存款”等科目；项目完成后按使用一事一议资金金额，借记“管理费用”、“其他支出”等科目，贷记“在建工程”科目，同时，借记本科目，贷记“公积公益金”科目。

六、本科目应按所议项目设置明细科目，进行明细核算。同时，必须另设备查账簿对一事一议资金的筹集和使用情况进行登记。

七、本科目的期末贷方余额，反映村集体经济组织应当用于一事一议专项工程建设的资金；期末借方余额，反映村集体经济组织一事一议专项工程建设的超支数。

301　资本

一、本科目核算村集体经济组织实际收到投入的资本。

二、村集体经济组织收到以固定资产作为投资时，按照投资各方确认的价值，借记“固定资产”科目，贷记本科目；收到以劳务形式投资时，按当地劳务价格，借记“在建工程”等科目，贷记本科目；收到以其他形式投资时，借记“银行存款”、“库存物资”等有关科目，贷记本科目。将公积公益金转增资本时，借记“公积公益金”科目，贷记本科目。按照协议规定投资者收回投资时，借记本科目，贷记“银行存款”、“固定资产”等有关科目。

三、原生产队积累折股股金及农业合作化时期社员入社的股份基金，也在本科目中核算。

四、本科目应按投资的单位和个人设置明细科目，进行明细核算。

五、本科目的期末贷方余额，反映村集体经济组织实有的资本数额。

311　公积公益金

一、本科目核算村集体经济组织从收益中提取的和其他来源取得的公积公益金。

二、从收益中提取公积公益金时，借记“收益分配”科目，贷记本科目。收到应计入公积公益金的征用土地补偿费及拍卖荒山、荒地、荒水、荒滩等使用权价款，或者收到由其他来源取得的公积公益金时，借记“银行存款”科目，贷记本科目。收到捐赠的资产时，借记“银行存款”、“库存物资”、“固定资产”等科目，贷记本科目。

三、按国家有关规定，并按规定程序批准后，公积公益金转增资本、弥补福利费不足或弥补亏损时，借记本科目，贷记“资本”、“应付福利费”或“收益分配”科目。

四、本科目的期末贷方余额，反映村集体经济组织的公积公益金数额。

321　本年收益

一、本科目核算村集体经济组织本年度实现的收益。

二、会计期末结转经营收益时，应将“经营收入”、“发包及上交收入”、“农业税附加返还收入”、“补助收入”、“其他收入”科目的余额转入本科目的贷方，借记“经营收入”、“发包及上交收入”、“农业税附加返还收入”、“补助收入”、“其他收入”科目，贷记本科目；同时将“经营支出”、“其他支出”、“管理费用”科目的余额转入本科目的借方，借记本科目，贷记“经营支出”、“其他支出”、“管理费用”科目。“投资收益”科目的净收益转入本科目，借记“投资收益”科目，贷记本科目；如为投资净损失，借记本科目，贷记“投资收益”科目。

三、年度终了，应将本年收入和支出相抵后结出的本年实现的收益，转入“收益分配”科目，借记本科目，贷记“收益分配—未分配收益”科目；如为净亏损，作相反会计分录，结转后本科目应无余额。

322　收益分配

一、本科目核算村集体经济组织当年收益的分配(或亏损的弥补)和历年分配后的结存余额。本科目设置“各项分配”和“未分配收益”两个二级科目。

二、村集体经济组织用公积公益金弥补亏损时，借记“公积公益金”科目，贷记本科目(未分配收益)。

三、按规定提取公积公益金，提取应付福利费，外来投资分利，进行农户分配等时，借记本科目(各项分配)，贷记“公积公益金”、“应付福利费”、“应付款”、“内部往来”等科目。

四、年终，村集体经济组织应将全年实现的收益总额，自“本年收益”科目转入本科目，借记“本年收益”科目，贷记本科目(未分配收益)，如为净亏损，作相反会计分录。同时，将本科目下的“各项分配”明细科目的余额转入本科目“未分配收益”明细科目，借记本科目(未分配收益)，贷记本科目(各项分配)。年度终了，本科目的“各项分配”明细科目应无余额，“未分配收益”明细科目的贷方余额表示未分配的收益，借方余额表示未弥补的亏损。

五、年终结账后，如发现以前年度收益计算不准确，或有未反映的会计业务，需要调整增加或减少本年收益的，也在本科目(未分配收益)核算。调整增加本年收益时，借记有关科目，贷记本科目(未分配收益)；调整减少本年收益时，借记本科目(未分配收益)，贷记有关科目。

六、本科目应按收益的来源设置明细科目，进行明细核算。

七、本科目的余额为历年积存的未分配收益(或未弥补亏损)。

401　生产(劳务)成本

一、本科目核算村集体经济组织直接组织生产或对外提供劳务等活动所发生的各项生产费用和劳务成本。

二、发生的各项生产费用和劳务成本，应按成本核算对象归集，借记本科目，贷记“现金”、“银行存款”、“库存物资”、“内部往来”、“应付款”等科目。

三、会计期间终了，对已生产完成并验收入库的工业产成品和农产品，借记“库存物资”科目，贷记本科目。

四、对外提供劳务实现销售时，借记“经营支出”科目，贷记本科目。

五、本科目应按生产费用和劳务成本的种类设置明细科目，进行明细核算。

六、本科目的期末借方余额，反映村集体经济组织尚未完成的产品及尚未结转的劳务成本。

501　经营收入

一、本科目核算村集体经济组织当年发生的各项经营收入。

二、经营收入发生时，借记“现金”、“银行存款”等科目，贷记本科目。

三、本科目应按经营项目设置明细科目，进行明细核算。

四、年终，应将本科目的余额转入“本年收益”科目的贷方，结转后本科目应无余额。

502　经营支出

一、本科目核算村集体经济组织因销售商品、农产品、对外提供劳务等活动而发生的实际支出。

二、经营支出发生时，村集体经济组织借记本科目，贷记“库存物资”、“生产（劳务）成本”、“应付工资”、“内部往来”、“应付款”、“牲畜（禽）资产”、“林木资产”等科目。

三、村集体经济组织应根据实际情况，采用先进先出法、加权平均法和个别计价法等方法，确定本期销售的商品、农产品等的实际成本。方法一经选定，不得随意变更。

四、本科目应按经营项目设置明细科目，进行明细核算。

五、年终，应将本科目的余额转入“本年收益”科目的借方，结转后本科目应无余额。

511　发包及上交收入

一、本科目核算农户和其他单位承包集体耕地、林地、果园、鱼塘等上交的承包金及村（组）办企业上交的利润等。本科目设置“承包金”和“企业上交利润”两个二级科目。

二、村集体经济组织收到上交的承包金或利润时，借记“现金”、“银行存款”等科目，贷记本科目。年终，村集体经济组织结算本年应收未收的承包金和利润时，借记“内部往来”或“应收款”科目，贷记本科目。村集体经济组织收到以前年度应收未收的承包金和利润时，借记“现金”、“银行存款”等科目，贷记“内部往来”或“应收款”科目。

三、本科目应按项目设置明细科目，进行明细核算。

四、年终，应将本科目的余额转入“本年收益”科目的贷方，结转后本科目应无余额。

521　农业税附加返还收入

一、本科目核算村集体经济组织收到的乡（镇）农税征收部门返还的农业税附加、牧业税附加等资金。已免征农业税和牧业税的地区，不使用该科目。

二、村集体经济组织收到返还的农业税附加、牧业税附加等资金时，借记“现金”、“银行存款”科目，贷记本科目。

三、年终，应将本科目的余额转入“本年收益”科目的贷方，结转后本科目应无余额。

522　补助收入

一、本科目核算村集体经济组织收到的财政等有关部门的补助资金。

二、村集体经济组织收到补助资金时，借记“银行存款”等科目，贷记本科目。

三、本科目应按补助项目设置明细科目，进行明细核算。

四、年终，应将本科目的余额转入“本年收益”科目的贷方，结转后本科目应无余额。

531　其他收入

一、本科目核算村集体经济组织除“经营收入”、“发包及上交收入”、“农业税附加返还收入”和“补助收入”以外的其他收入。如罚款收入、存款利息收入、固定资产及库存物资的盘盈收入等。

二、发生其他收入时，借记“现金”、“银行存款”等科目，贷记本科目。

三、年终，应将本科目的余额转入“本年收益”科目的贷方，结转后本科目应无余额。

541　管理费用

一、本科目核算村集体经济组织管理活动发生的各项支出，如管理人员的工资、办公费、差旅费、管理用固定资产的折旧和维修费用等。

二、发生上述各项费用时，借记本科目，贷记“应付工资”、“现金”、“银行存款”、“累计折旧”等科目。

三、本科目应按费用项目设置明细科目，进行明细核算。

四、年终，应将本科目的余额转入“本年收益”科目的借方，结转后本科目应无余额。

551　其他支出

一、本科目核算村集体经济组织与经营管理活动无直接关系的其他支出。如公益性固定资产折旧费用、利息支出、农业资产的死亡毁损支出、固定资产及库存物资的盘亏、损失、防汛抢险支出、无法收回的应收款项损失、罚款支出等。

二、发生其他支出时，借记本科目，贷记“累计折旧”、“现金”、“银行存款”、“库存物资”、“应付款”等科目。

三、年终，应将本科目的余额转入“本年收益”科目的借方，结转后本科目应无余额。

561　投资收益

一、本科目核算村集体经济组织对外投资取得的收益或发生的损失。

二、村集体经济组织取得投资收益时，借记“现金”、“银行存款”等科目，贷记本科目；转让、收回投资或出售有价证券时，按实际取得的价款，借记“现金”、“银行存款”及有关资产科目，按原账面价值，贷记“短期投资”、“长期投资”科目，按实际取得价款和原账面价值的差额，借记或贷记本科目。

三、本科目应按投资种类设置明细科目，进行明细核算。

四、年终，应将本科目的余额转入“本年收益”科目的贷方；如为净损失，转入“本年收益”科目的借方，结转后本科目应无余额。

四、会计报表

（一）会计报表是反映村集体经济组织一定时期内经济活动情况的书面报告。村集体经济组织应按规定准确、及时、完整地编报会计报表，定期向财政部门或农村经营管理部门上报，并向全体成员公布。

（二）村集体经济组织应编制以下会计报表：

1. 月份报表或季度报表：包括科目余额表和收支明细表。

2. 年度报表：包括资产负债表和收益及收益分配表。各级农村经营管理部门，应对所辖地区报送的村集体经济组织的会计报表进行审查，然后逐级汇总上报。各省、自治区、直辖市农村经营管理部门年终应汇总年度的资产负债表和收益及收益分配表，同时附送财务状况说明书，按规定时间报农业部。

（三）月份或季度会计报表的格式由各省、自治区、直辖市的财政部门或农村经营管理部门根据本制度进行规定。

年度会计报表的格式及编制说明如下：

资产负债表

××年12月31日　　　　村会01表

编制单位：　　　　单位：元

资产	行次	年初数	年末数	负债及所有者权益	行次	年初数	年末数
流动资产：				**流动负债：**			
货币资金	1			短期借款	35		
短期投资	2			应付款项	36		
应收款项	5			应付工资	37		
存贷	8			应付福利费	38		
流动资产合计	9			流动负债合计	41		
农业资产：				**长期负债：**			
牲畜(禽)资产	10			长期借款及应付款	42		
林木资产	11			一事一议资金	43		
农业资产合计	15			长期负债合计	46		
长期资产：				负债合计	49		
长期投资	16						
固定资产：							
固定资产原价	19						
减：累计折旧	20			**所有者权益：**			
固定资产净值	21			资本	50		
固定资产清理	22			公积公益金	51		
在建工程	23			未分配收益	52		
固定资产合计	26			所有者权益合计	53		
资产总计	32			**负债和所有者权益总计**	56		

补充资料：

项目	金额
无法收回、尚未批准核销的短期投资	
确实无法收回、尚未批准核销的应收款项	
盘亏、毁损和报废、尚未批准核销的存货	
死亡毁损、尚未批准核销的农业资产	
无法收回、尚未批准核销的长期投资	
盘亏和毁损、尚未批准核销的固定资产	
毁损和报废、尚未批准核销的在建工程	

资产负债表编制说明：

1．本表反映村集体经济组织年末全部资产、负债和所有者权益状况。

2．本表“年初数”应按上年末资产负债表“年末数”栏内所列数字填列。如果本年度资产负债表规定的各个项目的名称和内容同上年度不相一致，应对上年末资产负债表各项目的名称和数字按照本年度的规定进行调整，填入本表“年初数”栏内，并加以书面说明。

3. 本表“年末数”各项目的内容和填列方法如下：

(1)“货币资金”项目，反映村集体经济组织库存现金、银行存款等货币资金的合计数。本项目应根据“现金”、“银行存款”科目的年末余额合计填列。

(2)“短期投资”项目，反映村集体经济组织购入的各种能随时变现并且持有时间不超过一年(含一年)的有价证券等投资。本项目应根据“短期投资”科目的年末余额填列。

(3)“应收款项”项目，反映村集体经济组织应收而未收回和暂付的各种款项。本项目应根据“应收款”科目年末余额和“内部往来”各明细科目年末借方余额合计数合计填列。

(4)“存货”项目，反映村集体经济组织年末在库、在途和在加工中的各项存货的价值，包括各种原材料、农用材料、农产品、工业产成品等物资、在产品等。本项目应根据“库存物资”、“生产(劳务)成本”科目年末余额合计填列。

(5)“牲畜(禽)资产”项目，反映村集体经济组织购入或培育的幼畜及育肥畜和产役畜的账面余额。本项目应根据“牲畜(禽)资产”科目的年末余额填列。

(6)“林木资产”项目，反映村集体经济组织购入或营造的林木的账面余额。本项目应根据“林木资产”科目的年末余额填列。

(7)“长期投资”项目，反映村集体经济组织不准备在一年内(不含一年)变现的投资。本项目应根据“长期投资”科目的年末余额填列。

(8)“固定资产原价”项目和“累计折旧”项目，反映村集体经济组织各种固定资产原价及累计折旧。这两个项目应根据“固定资产”科目和“累计折旧”科目的年末余额填列。

(9)“固定资产清理”项目，反映村集体经济组织因出售、报废、毁损等原因转入清理但尚未清理完毕的固定资产的账面净值，以及固定资产清理过程中所发生的清理费用和变价收入等各项金额的差额。本项目应根据“固定资产清理”科目的年末借方余额填列；如为贷方余额，本项目数字应以“－”号表示。

(10)“在建工程”项目，反映村集体经济组织各项尚未完工或虽已完工但尚未办理竣工决算的工程项目实际成本。本项目应根据“在建工程”科目的年末余额填列。

(11)“短期借款”项目，反映村集体经济组织借入尚未归还的一年期以下(含一年)的借款。本项目应根据“短期借款”科目的年末余额填列。

(12)“应付款项”项目，反映村集体经济组织应付而未付及暂收的各种款项。本项目应根据“应付款”科目年末余额和“内部往来”各明细科目年末贷方余额合计数合计填列。

(13)“应付工资”项目，反映村集体经济组织已提取但尚未支付的职工工资。本项目应根据“应付工资”科目年末余额填列。

(14)“应付福利费”项目，反映村集体经济组织已提取但尚未使用的福利费金额。本项目应根据“应付福利费”科目年末贷方余额填列；如为借方余额，本项目数字应以“－”号表示。

(15)“长期借款及应付款”项目，反映村集体经济组织借入尚未归还的一年期以上(不含一年)的借款以及偿还期在一年以上(不含一年)的应付未付款项。本项目应根据“长期借款及应付款”科目年末余额填列。

(16)“一事一议资金”项目，反映村集体经济组织应当用于一事一议专项工程建设的资金数额。本项目应根据“一事一议资金”科目年末贷方余额填列；如为借方余额，本项目数字应以"－"号表示。

(17)"资本"项目,反映村集体经济组织实际收到投入的资本总额。本项目应根据"资本"科目的年末余额填列。

(18)"公积公益金"项目,反映村集体经济组织公积公益金的年末余额。本项目应根据"公积公益金"科目的年末贷方余额填列。

(19)"未分配收益"项目,反映村集体经济组织尚未分配的收益。本项目应根据"本年收益"科目和"收益分配"科目的余额计算填列;未弥补的亏损,在本项目内数字以"－"号表示。

收益及收益分配表

村会02表

编制单位:　　　　　　　　　　　年度　　　　　　　　　　　单位:元

项目	行次	金额	项目	行次	金额
本年收益			**收益分配**		
一、经营收入	1		四、本年收益	21	
加:发包及上交收入	2		加:年初未分配收益	22	
投资收益	3		其他转入	23	
减:经营支出	6		五、可分配收益	26	
管理费用	7		减:1. 提取公积公益金	27	
二、经营收益	10		2. 提取应付福利费	28	
加:农业税附加返还收入	11		3. 外来投资分利	29	
补助收入	12		4. 农户分配	30	
其他收入	13		5. 其他	31	
减:其他支出	16				
三、本年收益	20		六、年末未分配收益	35	

收益及收益分配表编制说明:

1. 本表反映村集体经济组织年度内收益实现及其分配的实际情况。村(组)办企业和承包农户的数字不在此列。

2. 本表主要项目的内容及其填列方法如下:

(1)"经营收入"项目,反映村集体经济组织进行各项生产、服务等经营活动取得的收入。本项目应根据"经营收入"科目的本年发生额分析填列。

(2)"发包及上交收入"项目,反映村集体经济组织取得的农户和其他单位上交的承包金及村(组)办企业上交的利润等。本项目应根据"发包及上交收入"科目的本年发生额分析填列。

(3)"投资收益"项目,反映村集体经济组织对外投资取得的收益。本项目应根据"投资收益"科目的本年发生额分析填列;如为投资损失,以"－"号填列。

(4)"经营支出"项目,反映村集体经济组织因销售商品、农产品、对外提供劳务等活动而发生的支出。本项目应根据"经营支出"科目的本年发生额分析填列。

(5)“管理费用”项目，反映村集体经济组织管理活动发生的各项支出。本项目应根据“管理费用”科目的本年发生额分析填列。

(6)“经营收益”项目，反映村集体经济组织本年通过生产经营活动实现的收益。如为净亏损，本项目数字以“—”号填列。

(7)“农业税附加返还收入”项目，反映村集体经济组织按有关规定收到的财税部门返还的农业税附加、牧业税附加等资金。本项目应根据“农业税附加返还收入”科目的本年发生额分析填列。

(8)“补助收入”项目，反映村集体经济组织获得的财政等有关部门的补助资金。本项目应根据“补助收入”科目的本年发生额分析填列。

(9)“其他收入”项目和“其他支出”项目，反映村集体经济组织与经营管理活动无直接关系的各项收入和支出。这两个项目应分别根据“其他收入”科目和“其他支出”科目的本年发生额分析填列。

(10)“本年收益”项目，反映村集体经济组织本年实现的收益总额。如为亏损总额，本项目数字以“—”号填列。

(11)“年初未分配收益”项目，反映村集体经济组织上年度未分配的收益。本项目应根据上年度收益及收益分配表中的“年末未分配收益”数额填列。如为未弥补的亏损，本项目数字以“—”号填列。

(12)“其他转入”项目，反映村集体经济组织按规定用公积公益金弥补亏损等转入的数额。

(13)“可分配收益”项目，反映村集体经济组织年末可分配的收益总额。本项目应根据“本年收益”项目、“年初未分配收益”项目和“其他转入”项目的合计数填列。

(14)“年末未分配收益”项目，反映村集体经济组织年末累计未分配的收益。本项目应根据“可分配收益”项目扣除各项分配数额的差额填列。如为未弥补的亏损，本项目数字以“—”号填列。

五、会计凭证、会计账簿和会计档案

(一)会计凭证是记载经济业务发生、明确经济责任的书面文件，是记账的依据。村集体经济组织每发生一项经济业务，都要取得原始凭证，并据以编制记账凭证。各种原始凭证必须具备：凭证名称、填制日期、填制凭证单位名称或者填制人姓名、经办人员的签名或者盖章、接受凭证单位名称、经济业务内容、数量单价金额。记账凭证必须具备：填制日期、凭证编号、经济业务摘要、会计科目、金额、所附原始凭证张数等，并须由填制和审核人员签名盖章。

(二)所有会计凭证都要按规定手续和时间送会计人员审核处理。填制有误和不符合要求的会计凭证，应要求修正和重填。无效、不合法和不符合财务制度规定的凭证，不能作为收付款项、办理财务手续和记账的依据。会计人员应根据审核无误的原始凭证，填制记账凭证，并据以登记账簿。记账凭证可以根据每一原始凭证单独填制，也可以根据原始凭证汇总表填制。一定时期终了，应将已经登记过账簿的原始凭证和记账凭证，分类装订成册，妥善保管。

(三)会计账簿是记录经济业务的簿籍，是编制会计报表的依据。村集体经济组织应设置现金日记账和银行存款日记账、总分类账和各种必要的明细分类账。

现金日记账和银行存款日记账，应由出纳人员根据收、付款凭证，按有关经济业务完成时间的先后顺序进行登记，一律采用订本账。总分类账按照总账科目设置，对全部经济业务进行总括分类登记；明细分类账按明细科目设置，对有关经济业务进行明细分类登记。总分类账可用订本账或活页账；明细分类账可用活页账或卡片账。

对于不能在日记账和分类账中记录的，而又需要查考的经济事项，村集体经济组织必须另设备查账簿进行账外登记。

（四）将几个独立核算、自负盈亏的单位的账务集中到村集体经济组织，实行统一记账、代为核算的地方，必须分单位设置账簿，分别核算财务收支情况。

（五）村集体经济组织所使用的各种会计凭证和会计账簿的内容和格式，应符合《中华人民共和国会计法》、《会计基础工作规范》和《会计档案管理办法》等规定。

（六）账簿登记要做到数字正确、摘要清楚、登记及时。各种账簿的记录，应定期核对，做到账证相符、账实相符、账款相符、账账相符和账表相符。要按月结账，结账前，应将结账期内发生的经济业务全部记入账簿。

（七）启用新账，必须填写账簿启用表，并编制目录。旧账结清后，要及时整理，装订成册，归档保管。

（八）村集体经济组织的会计档案包括农业承包合同及其他经济合同或协议，各项财务计划及收益分配方案，各种会计凭证、会计账簿和会计报表、会计人员交接清单、会计档案销毁清单等。

（九）村集体经济组织要按照《会计档案管理办法》的规定，加强对会计档案的管理。建立会计档案室（柜），实行统一管理，专人负责，做到完整无缺、存放有序、方便查找。

不具备条件的村集体经济组织，可将其会计档案委托乡（镇）经营管理机构统一管理。

参考文献

[1] 本书编写组.农村党支部与村民委员会工作实务手册[M].北京:新华出版社,2015.

[2] 财政部会计司编写组.村集体经济组织会计制度讲解[M].北京:人民出版社,2005.

[3] 广东青年职业学院.农村会计[M].广州:中山大学出版社,2015.

[4] 江苏省农村合作经济经营管理站.农村财务工作指南.2005.

[5] 罗青平.当代农村集体经济组织财务会计实务教程[M].北京:中国农业科学技术出版社,2012.

[6] 乔延军,符剀.如何当好村会计[M].太原:山西出版集团 山西经济出版社,2009.

[7] 宋庄云,张凯.农民专业合作社发展理论与实践研究[M].北京:新华出版社,2015.

[8]《新编村集体经济组织会计实务》编写组.新编村集体经济组织会计实务[M].北京:中国经济出版社,2005.

[9] 徐州市农村合作经济经营管理站.农村民主理财人员手册.2005.

[10] 杨桂洁.会计基础与实务[M].第3版.北京:人民邮电出版社,2016.

[11] 中华会计函授学校.村集体经济组织财务管理[M].北京:中国财政经济出版社,2009.

[12] 中华会计函授学校.村集体经济组织会计[M].北京:中国财政经济出版社,2009.